Pablo Casacuberta est né à Montevideo en 1969. Il pratique la littérature au même titre que la peinture, la photographie et la vidéo. Il a été sélectionné en 2007 pour le groupe Bogotá 39, réunissant les écrivains latino-américains de moins de quarante ans les plus prometteurs. Il est l'auteur de cinq romans. *Scipion* est le premier traduit en français.

DU MÊME AUTEUR

Ici et maintenant
Métailié, 2016

Prix du Meilleur Roman des lecteurs de POINTS

Ce roman fait partie de la sélection 2016 du
Prix du Meilleur Roman
des lecteurs de POINTS !

D'août 2015 à juin 2016, un jury composé de 40 lecteurs et de 20 libraires, sous la présidence de l'écrivain Philippe Delerm, recevra à domicile 10 romans récemment publiés par les éditions Points et votera pour élire le meilleur d'entre eux.

Mudwoman, de la romancière américaine Joyce Carol Oates, a remporté le prix en 2015.

Pour tout savoir sur les livres sélectionnés, donner votre avis sur ce livre et partager vos coups de cœur avec d'autres passionnés, rendez-vous sur :

www.prixdumeilleurroman.com

SÉLECTION 2016
PRIX
DU MEILLEUR
ROMAN
des lecteurs de
POINTS

Pablo Casacuberta

SCIPION

ROMAN

Traduit de l'espagnol (Uruguay)
par François Gaudry

Éditions Métailié

TEXTE INTÉGRAL

TITRE ORIGINAL
Escipión

ISBN 978-2-7578-5798-4

Pour Andrea Arobba

1

Jolie fille. Je la regardai manier son interminable trousseau de clés, qu'elle palpait une à une avec ses doigts blancs, comme si elle était aveugle, mais son front incliné et une longue boucle de cheveux m'empêchaient de bien voir ses yeux. Elle écarta les deux dernières clés dorées de la série et s'attarda sur une autre, un peu rouillée, qui paraissait en acier. Alors, elle releva la tête.

– Maintenant, je me rappelle : c'est celle-là, dit-elle en me regardant dans les yeux, en proie à une joie soudaine. Je fus bien obligé de constater que sa joie me réjouissait tout autant, bien que la découverte de cette clé ne parvînt pas à dissiper mon malaise. L'idée d'avoir été contraint de faire appel à son aide et de prendre rendez-vous pour pouvoir entrer dans une maison qui aurait dû m'appartenir depuis toujours continuait de m'irriter au point de me provoquer des crampes à l'estomac.

– Vous me laissez ouvrir ? me demanda-t-elle encore souriante, en tenant la clé en l'air.

Autant que je me souvienne, c'était la première marque d'authentique considération que j'aie jamais reçue sur le seuil de cette maison.

– Je vous en prie, répondis-je. Je voulais être derrière elle pendant que nous entrerions et avoir ainsi l'occasion de revoir sa nuque, ses omoplates à peine saillantes, ainsi que ses jambes très blanches, dont j'avais eu un fugace aperçu de la délicatesse lorsque nous avions monté le perron du jardin.

Elle fit tourner la clé. Pendant que je la regardais ouvrir la porte et faire un pas à l'intérieur, je m'appuyai sur le seuil pour respirer une dernière bouffée d'air frais. Dès l'instant où sa main avait actionné le pêne, j'avais été assailli par l'odeur caractéristique du vestibule, cette puanteur de renfermé, de torchon humide, de médicaments, que chevauchaient les innombrables poussières pelucheuses des livres, telle une horde de cavaliers invisibles, et ces vieux relents de pourriture et de parfum, de teinturier et de sueur, de fruit gâté et d'anis, bref : l'odeur inimitable du professeur.

– Il y a quelques années, quand votre père a voulu mettre la maison en vente, il m'a dit qu'il me donnait une clé qui n'était pas dorée, justement pour qu'elle soit facile à identifier, expliqua la jeune femme encore en proie à l'enthousiasme. Mais vous pouvez imaginer ce qu'est l'activité mouvementée d'une agence immobilière. On a tous les jours une centaine de clés et on finit par oublier laquelle est la bonne.

J'eus un moment l'idée de lui conseiller l'ingénieux artifice consistant à les marquer, mesure qu'aurait prise n'importe quel individu un tant soit peu rationnel après une première journée de travail. Mais je me rappelai aussitôt l'intérêt soutenu avec lequel, un moment plus tôt, je l'avais vue manier entre ses doigts l'énorme trousseau de clés, avec une lenteur quasi amoureuse qui m'avait tenu quelques minutes en haleine, aussi décidai-je de ne pas priver ses futurs clients de ce petit instant de suspense.

Pesait également, dans ma tiède disposition à lui faciliter la tâche, la longue série de contrariétés que j'avais dû supporter pour être ici : me présenter de bonne heure à l'agence, prouver mon lien de parenté avec le défunt, et expliquer une fois de plus pourquoi diable je n'avais pas la clé de la maison de mon propre père, alors que ma sœur l'avait, elle qui vivait en Belgique, très loin de moi, ou de la maison, raison pour laquelle j'avais besoin que l'agence daigne m'en permettre l'accès, bref, tout un rituel auquel j'avais déjà dû me plier deux fois depuis la mort du professeur, face à des employés distincts mais tout aussi indifférents l'un que l'autre, et qui, en l'absence d'instructions de ma sœur à ce sujet, n'avaient pas voulu céder d'un pouce.

À cette nouvelle occasion, la présence de la *responsable des visites*, que je n'avais pas rencontrée jusque-là, allégeait un peu mon humiliation, car non seulement je trouvais cette femme éminemment agréable, mais en plus elle avait le bon goût de ne pas me regarder avec condescendance, de ne pas parler sans cesse et de ne pas poser de questions qui m'auraient obligé à manifester ma complète ignorance des dispositions testamentaires du professeur. Cette réserve de la jeune femme me dispensait aussi d'évoquer la façon tyrannique avec laquelle ma sœur, absente du pays depuis toujours, s'accrochait à ce qu'elle appelait « les dernières volontés » de mon père. Il s'agissait là d'une espèce de terme technique ne servant en réalité qu'à rappeler à tous que le professeur ne se serait jamais contenté d'avoir une seule dernière volonté, comme tout bon chrétien, mais toute une somme de volontés, divisée en chapitres précédés de quelque épigraphe de Pline le Jeune ou de Thucydide.

Quoi qu'il en soit, j'avais décidé de me comporter en

cette circonstance avec la plus grande dignité possible. Après tout, je venais accomplir la part de ces *volontés* qui me concernait : recueillir les trois misérables boîtes que, dans un ultime et spectaculaire accès de générosité, le professeur m'avait léguées. Par ailleurs, qu'il ait fallu deux longues années avant que je puisse concrétiser cette formalité ôtait toute hypothétique tonalité émotive à ce dernier geste inclus dans son testament, où avait été laborieusement inscrit : « Dans la penderie de la chambre jouxtant la bibliothèque, je laisse pour Aníbal trois boîtes contenant des éléments que j'ai jugés pertinents pour son développement. »

Peut-être est-il important de préciser, pour que l'on comprenne à quel point ce « développement » en question était d'actualité à ce moment de mon récit, qu'à cette époque j'avais déjà trente-huit ans. Autrement dit, presque un adolescent. Dans une certaine mesure, la façon enthousiaste et quasi fébrile qu'avait le professeur de souhaiter « développer » son fils, son très cher et décevant Aníbal, avec le désir secret qu'il atteignît un jour la grandeur de l'autre, le Hannibal célèbre et donc réellement digne de sa prédilection – c'est-à-dire Hannibal Barca, 247-183 av. JC, celui qui avait eu l'idée d'introduire ces maudits éléphants dans les guerres puniques et dont l'ascension et la chute à la tête des Carthaginois m'avaient été rabâchées comme origine de mon prénom –, aurait pu être presque émouvante, comme sont émouvantes toutes les formes extrêmes de l'espoir, si je n'avais été justement l'Aníbal d'ici-bas, l'Aníbal si chichement mentionné dans le testament, et non pas le Carthaginois. C'était cette distance abyssale entre ce que l'on espérait de moi et ce que j'avais fini par être qui faisait que cet heureux développement venait encore à propos, alors que je peignais des cheveux blancs et que la main de Dieu m'avait lâché depuis des années.

– Il y a beaucoup de poussière, personne ne vient faire le ménage ? demandai-je.

Je voulais ainsi suggérer mine de rien que ma sœur ne s'acquittait pas des fameuses obligations qu'elle invoquait avec tant d'insistance en parlant des « exécuteurs testamentaires de la fondation ».

– Une femme de ménage vient tous les quatre mois, répondit la fille en fronçant les sourcils.

Quelque chose, peut-être la combinaison de l'odeur et de ma présence dans le salon, semblait avoir réussi à l'extraire d'une sorte de léthargie sentimentale et à ce qu'elle se rende compte, peut-être pour la première fois consciemment, qu'il était un peu étrange qu'elle ait dû venir m'ouvrir la maison de mon propre père, ce qu'elle n'avait pu faire qu'après réception d'un courrier envoyé de la lointaine Belgique, lequel avait été infructueusement sollicité plus d'une fois, et que peut-être, seulement peut-être, cette séquence d'ordres et de contrordres cachait un fruit pourri invisible à l'œil nu.

Ce froncement de sourcils, si aigu et si féminin, qui accompagnait son interrogation, me permit de constater une fois de plus que c'était une jolie fille. Mais tout de suite je pensai que cette expression, « jolie fille », aurait plutôt été celle du professeur. Je rencontrais souvent dans mon discours intérieur des vestiges de sa personnalité, des traces que je tentais d'acculer dans un coin et de cribler de balles comme s'il s'agissait de rats de terrain vague, car chacune de ces découvertes ranimait en moi l'ancestrale indignation que son influence m'inspirait. Le professeur n'aurait jamais dit qu'une femme était « mignonne » ou « belle ». Une telle déclaration lui eût fait courir le risque de perdre de la hauteur. En revanche, dire « c'est une jolie fille » constituait une forme atténuée et condescendante de l'éloge, une qualité qu'il reconnaissait au lieu de la célébrer, et dont l'énoncé ne suggérait pas un degré supérieur d'implication sentimentale. Pour défier cette attitude distante, qui avait été le tourment de mon enfance, je m'imaginai un instant dans cette pièce, par terre avec la jeune femme de l'agence, nus tous les deux et nous vautrant joyeusement sur le tapis tandis que la poussière des maudits dix mille volumes de la bibliothèque tomberait sur nous comme neige sur la campagne. Un tremblement de mon visage, provoqué par cette impudente transe amoureuse, dut me trahir, car la fille se tourna brusquement vers moi. Ne pouvant que remarquer l'agitation qui palpitait sur mes traits, elle me dit, rougissante :

– À vrai dire, il faudrait nettoyer plus souvent, mais la somme que nous verse la fondation est à peine suffisante. Excusez-nous.

– Ne vous inquiétez pas, faites ce que vous pouvez, dis-je avec grande indulgence, comme si j'étais en position de l'excuser, le regard ailleurs, en m'efforçant d'afficher une grande familiarité avec l'agence et avec la maison, c'est-à-dire en me conduisant comme un authentique membre de la famille.

Nous nous engageâmes alors dans le long couloir du rez-de-chaussée avant de monter l'escalier en bois et de passer devant la bibliothèque. Pendant le trajet, je me rappelai, histoire de me tourmenter, que j'habitais dans une pension où je devais partager ma chambre avec un vieillard sénile – tellement sénile qu'à deux reprises, pour prendre un exemple, il avait jugé bon de déféquer au centre de la pièce, directement sur le parquet – tandis que la maison paternelle, pour l'heure inhabitée, qui aurait dû être ma résidence naturelle, m'était interdite à cause d'artifices juridiques embrouillés, et était administrée depuis deux ans avec un zèle intraitable, s'agissant de m'empêcher d'accéder à ses innombrables biens, mais avec beaucoup de laxisme quant aux moyens d'éviter que les fameux et si souvent cités incunables fussent dévorés par les vers ou les souris, festin évident vu la quantité presque irrespirable de poussière de papier dans l'air.

Qu'ils les bouffent tous, pensai-je avec amertume. Qu'ils commencent par les œuvres d'Hérodote et poursuivent par celles de chaque misérable historien qui s'est interposé entre la Préhistoire et le professeur, y compris les trente-deux volumes de sa plume, que j'imaginai encore pullulant sur son bureau comme des larves de mouche, sillonnés de traits et bouillonnant de notes en marge. Qu'ils les bouffent page à page, particulièrement son cher *En lisant Gibbon*, livre que, jusqu'au jour même de sa mort, il a sûrement dû continuer de griffonner en marge, « dans la perspective de futures rééditions ».

Nous entrâmes alors dans la pièce voisine de la bibliothèque. Près de la porte, contre une armoire métallique, la penderie mentionnée dans le testament laissait clairement apercevoir mes boîtes. Je les reconnus aussitôt, car elles étaient marquées de chaque côté visible par un feutre de couleur vive, comme si doutant encore que je sache lire mon nom, le professeur avait tenu à me faciliter la tâche en traçant des lettres de la taille du pouce et de couleur rouge sang. Je pris ces boîtes et tentai de les empiler sur mes bras comme pour m'échapper en courant avec le butin, mais je compris vite que c'était impossible car le volume des boîtes m'en aurait empêché. Je pensai également que fuir ainsi sans prendre le temps d'examiner un tant soit peu leur contenu risquait de me faire passer aux yeux de la fille pour un voleur ou un fugitif, en tout cas pour un individu privé pour quelque raison du droit de faire un usage normal et extensif de l'horaire qui lui avait été assigné, c'est-à-dire de profiter à sa guise du laps de temps entre quatre et cinq heures pile, car il faut dire que telle était la généreuse portion d'après-midi qui avait été destinée à mon libre arbitre. Après deux petites années de démarches pour pouvoir entrer dans la maison, on m'accordait finalement une heure complète, avec toutes ses minutes, de rencontre avec le vaste monde fleuri de mon père, une misérable heure à laquelle je n'aurais jamais renoncé, fût-ce par une légitime réaction de dépit, car j'avais décidé, quelques mois après sa mort, de faire un effort pour cesser de me battre, au moins avec son souvenir, aussi m'étais-je efforcé, dans la mesure du possible, de faire en sorte que les deux obscures clauses de son testament concernant ma personne ne sapent pas ma détermination. Jouissant donc de la prérogative de gérer en tant que propriétaire ces trois boîtes, qui de toute évidence semblaient être tout ce qu'il me reviendrait de gérer de l'héritage de mon père, je résolus de m'asseoir à la table placée sous la fenêtre, avec la plus grande de ces boîtes, de prendre un coupe-papier dans un vase de Murano et de trancher avec solennité le ruban qui la scellait.

– Vous souhaitez un moment d'intimité ? me demanda subitement la fille après avoir suivi mes manœuvres quelques instants en silence.

Bien sûr que oui, pensai-je en levant les yeux vers elle, conscient de loger dans ce mot, *intimité*, beaucoup plus le désir de frôler du dos de ma main la mèche de cheveux châtains qui lui couvrait partiellement l'œil, que l'humiliante besogne archéologique à laquelle le professeur m'avait condamné depuis l'au-delà.

– Non, non, restez. Ce sera plus facile pour moi, répondis-je en suggérant de nouveau par le ton de ma voix que je traversais cette situation avec la plus grande simplicité.

– Comme vous voulez, dit-elle, et elle s'avança vers l'autre fenêtre dont elle tira le rideau, laissant la lumière inonder soudain la pièce. Puis elle resta là, le regard perdu dans le jardin.

Au travail, me dis-je. En soulevant le couvercle en carton, la première chose que la boîte me révéla fut un morceau de tissu violet que je mis un moment à reconnaître. Ce ne fut qu'après l'avoir complètement déplié hors de la boîte que cette espèce de relique, si triste qu'elle en rayonnait presque, prit des allures d'apparition, comme si elle avait atterri sur la table sous l'effet d'une lointaine invocation spirite. Il s'agissait de la première panoplie confectionnée pour moi : un déguisement de guerrier étrusque, avec ceinturon de cuir et boucle en carton doré, frappée de la devise *Eca cepen tuthiu tuch icu tevr*, en étrusque original, ce qui, selon le souvenir que j'en gardais de mes onze ans, signifiait au pied de la lettre : « Le grand prêtre présente ses hommages au dieu lunaire. »

Aujourd'hui encore la boucle était énorme. Le jour où j'avais étrenné ce déguisement à la fête de l'école pour laquelle on me l'avait confectionné, je m'étais senti obligé d'expliquer que c'était un « costume de Romain » – ce qui aurait horrifié mon père s'il avait pu m'entendre. Et à l'inévitable question sur l'inscription de la boucle, j'avais décidé de répondre avec la même décontraction aux curieux que ces mots transcrits avec tant de précision n'étaient que des « gribouillages ». Ce jour-là resta particulièrement gravé dans ma mémoire, non tant parce que l'opiniâtreté disproportionnée du professeur avait rendu mon déguisement plus ou moins ridicule que celui de mes camarades, mais plutôt parce que, en apercevant son signe de salut dans les rangs des parents, j'avais eu pour la première fois l'impression qu'il était fier de moi.

Maintenant que je le levais devant mes yeux, ce déguisement me paraissait minuscule, tapageur et historiquement imprécis, car le ceinturon ne correspondait pas du tout à l'image des Étrusques que j'avais dans ma tête d'adulte. L'état du costume trahissait son implication dans une longue série de courses en sac, ce dont témoignaient des lignes d'éclaboussures de boue qui maculaient le haut. Il paraissait pourtant confectionné la veille : les coutures étaient intactes, bordées par ma tante Almita que mon père avait chargée de la partie la plus exténuante, car, comme on peut l'imaginer, le professeur ne se serait jamais permis d'intervenir de ses propres mains dans le travail de coupe et de confection ; restait aussi fièrement à sa place une boule de tissu où devait s'accrocher une toge, absente de la boîte, que mon père, je m'en souviens, avait exigée en lin, et surtout ce large ceinturon, disproportionné, comme celui d'un boxeur.

Je m'interrompis un moment, en essayant de ne pas attirer l'attention de la fille, pour me demander ce que diable je ressentais. J'avais vu pour la dernière fois ce morceau de tissu le lendemain de cette lointaine fête costumée, lorsque les maîtresses nous avaient renvoyés à la maison le bulletin de notes à la main et que j'étais resté caché dans le jardin jusqu'à la tombée de la nuit en espérant que cette ruse me permettrait d'éviter la remise du bulletin à mon père, ou du moins de différer sa déception en constatant que je n'étais pas le premier ni le deuxième de la classe, mais le septième. Ce soir-là, lorsque l'heure de la vérité eut sonné, le professeur m'avait dit que ce costume n'était pas destiné à n'importe quel enfant, mais à « un enfant à la hauteur des circonstances ». Puis, je me rappelle qu'il ne parla plus pendant un long moment. Finalement, il se leva et dit, sur le pas de la porte, comme si l'affaire avait été subitement tranchée par son honorable sénat intérieur : « Nous verrons à qui nous allons l'offrir. »

De sorte que dans l'examen de ce costume auquel je me livrais, plusieurs notes se faisaient entendre à l'unisson. D'une part, c'était émouvant de savoir que mon père l'avait gardé pendant trois décennies, hors de ma vue et de celle de quiconque, même si j'ignorais encore pour quel motif. Il était clair que la seule présence de ce costume dans la boîte suggérait une certaine forme de réhabilitation, car en fin de compte ce petit accoutrement revenait à son légitime propriétaire. D'autre part, le soin qu'il avait mis à le plier et à le conserver pendant la moitié de sa vie confirmait que mon père n'avait jamais perçu l'intense détestation que ce costume m'avait inspirée dès le premier jour, c'est-à-dire non seulement la fois où je l'avais porté en public, mais aussi bien avant, depuis l'après-midi où il avait été conçu, m'obligeant à assister aux longues et laborieuses recherches historiques d'où il procédait, et cela en souriant nerveusement tandis que j'enviais en secret mes camarades de classe, ces heureux gamins que leurs parents, indifférents à la gloire, déguisaient en cow-boys en recourant à l'artifice maladroit mais spontané d'un simple chapeau. J'avais alors une attitude ambivalente avec ces enfants car, bien que le professeur m'eût inculqué que c'étaient là des déguisements

« triviaux », j'avais commencé à pressentir que mon père, ma sœur Berta et moi, avec la vingtaine de livres dispersés autour de la tante Almita et de sa diligente machine à coudre, étions infiniment plus ridicules que n'importe quel autre enfant au monde, quelle que fût sa tenue vestimentaire.

Il y avait, je voulais le croire, un message implicite dans la restitution de ce costume, un message qui demandait à être déchiffré. Était-ce une manière de dire : « Je n'aurais jamais dû te faire croire que je l'avais offert à quelqu'un d'autre » ? Ou peut-être : « J'ai encore l'espoir que tu puisses devenir un bon Étrusque » ? Qui sait. Ou bien, tout simplement : « C'est maintenant ton tour de garder cette cochonnerie. » Quoi qu'il en soit, une telle incertitude était bizarre, car le professeur avait toujours fait en sorte que ses messages soient clairs comme de l'eau de roche. « J'aurais mieux fait de ne pas avoir d'enfants », un de ses refrains préférés, n'avait pas besoin de dessin. « Votre mère nous a abandonnés parce qu'elle en avait assez de vivre avec des bêtes », cet autre reproche formulé de façon plus sporadique, était lui aussi d'une signification diaphane. C'est pourquoi l'apparition aujourd'hui de ce chiffon violet m'intriguait et me remplissait de perplexité.

Il me fallut quelques instants pour remarquer que mes yeux étaient baignés de larmes. Je ne m'en rendis compte qu'au moment où je perçus que la fille de l'agence, tout en s'efforçant d'observer discrètement le jardin, ne pouvait s'empêcher de me jeter des regards furtifs. C'est la multiplication de ces regards qui me permit de découvrir que je pleurais. Ce fut une de ces constatations auxquelles on aboutit comme si nos yeux étaient ceux d'un autre. Comme si on commençait à remarquer que les yeux d'un passager assis à côté de nous dans un train se remplissent de larmes sans que nous sachions pourquoi. C'est ainsi que je me sentais, incarnant en même temps ce passager en question et son voisin intrigué, incapable d'exhumer ce sentiment pour l'observer en pleine lumière, mais pressentant qu'il s'agissait d'un tubercule tordu, piétiné et desséché.

Une de ces larmes, que je tentais de ravaler, allez savoir par quel usage inédit de la glande lacrymale, finit par se détacher de l'œil et par glisser sur ma joue pour venir se perdre dans ma barbe naissante. Comme je ne voulais pas porter mes mains au visage, l'autre œil laissa lui aussi échapper une larme, qui se traîna plus lentement en laissant une longue trace humide sur ma joue. J'aurais voulu être n'importe où sauf ici. Même la chambre misérable de ma pension aurait été un endroit plus propice pour fondre en larmes que cette pièce de mon père, à la fois si familière et si lointaine. Le regard de Lucas, le vieillard sénile qui rendait ma vie quotidienne insupportable, m'aurait moins pesé que la présence d'un seul de ces milliers de livres de la bibliothèque, qui semblaient surveiller et juger chacun de mes gestes.

– Tenez, entendis-je près de moi. La fille, qui me regardait consternée, me tendait un mouchoir. Pour accroître encore plus mon embarras, le mouchoir en question était rose avec un motif fleuri couleur lilas.

– Merci, dis-je, incapable de la regarder dans les yeux. Quelques instants plus tôt je m'imaginais en train de la posséder par terre, entre les piles de dossiers, et deux minutes après, à cause de ce misérable petit costume, je pleurais devant elle comme un gamin. Je séchai mes larmes en prenant soin de ne pas abîmer le mouchoir.

– Permettez-moi de vous dire que je vous comprends,

de tout cœur, me dit la demoiselle quand je le lui rendis. Mon père est mort quelques mois avant le vôtre. Ils ont été veillés au même funérarium. Je le sais parce que j'ai assisté à la veillée funèbre du professeur, envoyée par l'agence, mais aussi parce que j'avais de l'estime pour lui. Je regrette de n'avoir pas fait votre connaissance à ce moment-là, si je me rappelle bien vous n'avez pas pu venir à l'enterrement pour des raisons de santé. Mais comme je vous le disais, il y a presque trois ans que mon père est parti lui aussi. Et il ne se passe pas un jour sans qu'il revienne dans la conversation.

Elle expliqua tout cela d'une traite et baissa les yeux. J'en profitai pour respirer profondément. Mon Dieu !, pensai-je, cette fille languide, chargée de clés, à qui je souriais en toute innocence il y a quelques minutes, possède une fiche complète sur mon père et sur moi ! Non seulement elle avait de « l'estime » pour le professeur, mais elle avait assisté à son enterrement, avec assez de présence d'esprit pour remarquer que le fils du défunt n'avait pas participé à la cérémonie pour des raisons qu'elle qualifiait, avec une grande élégance elliptique, de « santé », mais dont il était facile de deviner qu'elle connaissait le fin mot, probablement de la bouche de Berta, qui, si elle l'avait pu, aurait clamé dans un mégaphone aux centaines d'universitaires, d'hommes de lettres et de fonctionnaires présents, qu'Aníbal, l'expérience ratée du professeur, ne se trouvait pas dans cette si digne assistance, parce qu'il était soûl comme un tonneau et peut-être même couché, comme cela lui était déjà arrivé, justement sur un campus, au fond d'un fossé. Berta eût trouvé dans ces mots l'écho idéal à laisser vibrer derrière elle en montant dans son avion pour la Belgique, départ qui avait sans doute eu lieu à peine une minute après avoir établi, en détail et devant notaire, les rituels d'humiliation auxquels j'allais être soumis dorénavant, de telle sorte qu'ils s'accordent strictement aux vœux du professeur, que Berta avait respectés comme des ordres.

La fille avait relevé la tête, cette fois avec plus de décision. Je me rendis compte alors qu'en me livrant ainsi au suivi erratique de son lien avec ma famille, j'avais oublié qu'elle venait en réalité de mentionner une perte dans la sienne, amenée en outre dans la conversation avec l'intention sincère de me consoler. Et ce souvenir l'avait visiblement attristée.

– Je suis désolé pour votre père, lui dis-je avec beaucoup de retard et en agitant une main avec maladresse. C'est comme ça. Un jour, ils ne sont plus là.

Cette bêtise que j'avais fini par proférer ne sembla pas lui déplaire, car elle acquiesça vaguement et regarda ses mains en silence. Puis, elle tenta de m'offrir une espèce de sourire, qui se figea à mi-course et s'évanouit.

– Ça me fait de la peine que vous ayez dû attendre si longtemps pour pouvoir retrouver vos affaires, dit-elle après sa longue pause méditative.

– Bon, je ne dirais pas que j'ai « dû attendre ». Je dirais qu'en réalité on m'a fait attendre exprès, pour des raisons qui, dans une large mesure, m'échappent encore, mais qui ont été spécifiées par écrit sur plusieurs documents, des raisons pour lesquelles la fondation, et tout particulièrement ma sœur, vient tout juste de me permettre de prendre connaissance de la phrase qui concerne ces trois boîtes. – Je la vis suivre mon doigt jusqu'à ce qu'il frôle celle qui était ouverte sur la table. – J'imagine que ce que je dis n'a pour vous rien d'une nouveauté.

Je ne sais pourquoi, me revint en tête le propos

maladroit par lequel j'avais tenté, quelques minutes plus tôt, d'accuser réception de sa solidarité : « C'est comme ça. Un jour, ils ne sont plus là. » Je la regardai de nouveau dans les yeux en me demandant à qui je faisais allusion par ce pluriel. Aux parents ? Aux êtres aimés ? Peut-être crut-elle que mon regard interrogatif l'impliquait parmi les responsables de mes privations, car elle releva la tête et se mit à parler avec fébrilité :

– À ce moment-là, comme j'étais nouvelle dans l'agence, je n'avais aucune idée des dispositions prises avec les avocats et les exécuteurs testamentaires. Je sais que le notaire a cherché à vous joindre pendant deux semaines et qu'il y a renoncé. Il m'a semblé qu'il n'avait pas fait beaucoup d'efforts, mais pensez qu'à cette époque, je travaillais depuis moins d'un an à ce poste et que personne ne se souciait de me demander mon avis. Pourtant cette affaire me tenait particulièrement à cœur, car... vous ne savez peut-être pas que la personne à avoir mis en contact votre père avec l'agence, eh bien, il se trouve que c'est moi.

– Mais... vous paraissez très jeune, dis-je en recourant de nouveau au modèle de galanterie du professeur. Il adorait faire remarquer aux autres qu'ils étaient jeunes. Cependant, il s'arrangeait pour qu'on ne déduise pas de cette remarque qu'il était vieux, mais plus « expérimenté ».

– Oui, en fait j'avais été son étudiante pendant un semestre, deux ans plus tôt. En cours, il introduisait souvent des questions de sa vie personnelle et il avait une fois mentionné incidemment qu'il voulait faire estimer sa maison. Il nous a alors raconté des anecdotes amusantes sur l'histoire de la maison, qu'il a reliée, je m'en souviens, dans son style si particulier, à l'histoire de la guerre entre Rome et Carthage...

Je ne pus alors que m'abstraire de ses paroles et imaginer l'illustre, le gigantesque professeur Brener, debout, face à une rangée d'étudiantes transportées, décrivant sur un ton onctueux et hypnotique une noble demeure nord-africaine, magique et opportune transfiguration de la sienne : ah, jeunes filles, quelle maison ! Ces treilles aux grappes de raisin charnu, ces fleurs qui offrent leur généreux nectar aux colibris chatoyants… Ah, jeunes filles, aimez-moi, venez butiner mes sucs secrets, explorez, connaissez de fond en comble cette humble demeure qui est vôtre… ne sentez-vous pas comme sont formidables le souffle du printemps, le ciel diaphane, l'être humain dans sa plénitude, moi-même ? Est-il possible qu'un homme comme moi, avec cet amour pour les choses de ce monde, ait pu être abandonné par une femme, ah ! si froide et toujours distante, me laissant deux jeunes enfants à charge, une femme si peu enthousiasmée par le royaume des idées et de l'histoire ? Au fait, je vous ai dit que je voulais mettre ma maison en vente ? L'une d'entre vous travaillerait-elle, par hasard, dans une agence immobilière ?

Assez, me dis-je. Je dus refouler ce monologue, craignant que le bruit de mon esprit se mette, par sa franche extravagance, à résonner dans toute la pièce, outre que son tintement m'empêchait de prêter attention au témoignage de la fille, dont j'avais perdu quelques phrases en chemin.

– … si je me souviens bien il a fini par établir, de façon brillante, une relation entre sa maison et la campagne de Scipion contre les Carthaginois. Son cours avait cette qualité. On sortait de la salle avec la sensation d'avoir juste écouté un rapport sur la vie personnelle du professeur, et pourtant on finissait mystérieusement par avoir une idée très complète sur le sujet, par exemple sur ce que Scipion voulait faire et ce qu'il avait réussi.

– Vaincre Hannibal, marmonnai-je avec amertume.

– Pardon ?

Elle me regarda un instant, brusquement arrachée à son panégyrique extatique.

– Ce que Scipion a réussi en l'an 202, c'est vaincre Hannibal. Puis il a décimé les armées des peuples qui l'avaient soutenu et soumis les Carthaginois à un régime d'oppression et de servitude. Hannibal a vécu dix-neuf années de plus, borgne, humilié et seul. Je connais cette histoire assez bien, entre autres choses parce que je lui dois mon prénom.

– Ah, mais oui, c'est vrai que vous vous appelez Aníbal. Et aussi, d'après votre sœur, vous êtes historien, n'est-ce pas ?

– Oui, j'ai fait des études d'histoire et pendant quelques années de la recherche avec le professeur. Et puis, il y a déjà longtemps, j'ai quitté le métier, dis-je en baissant les yeux et le volume de ma voix, sur un ton qui s'efforçait de clore le sujet une bonne fois pour toutes. Mais la fille s'embarquait inexorablement pour un voyage dans ce semestre doré où le lyrisme de Brener l'avait bercée, elle plissa les yeux, rêveuse, et pencha la tête de côté. D'une certaine manière, elle faisait de moi le dépositaire de l'affection rémanente qu'elle avait portée au professeur. C'était un don qui ne me revenait pas, mais moi, misérable comme toujours, j'étais tout disposé à recevoir de bon gré ce modeste flux d'amour.

– Vous avez abandonné le métier ? Ah, vous dites cela avec une telle résolution ! J'aimerais bien pouvoir en dire autant. Moi, en revanche, je sens que j'ai trahi mes rêves, je me suis mise à travailler et je suis devenue peu à peu ce que je m'étais promis de ne jamais devenir. Une employée. Au début, je suis entrée à l'agence pour financer mes études. Puis, comme cela arrive souvent, j'ai perdu le sens des priorités, et j'ai finalement cédé à la facilité. Et voilà où j'en suis aujourd'hui.

Elle devait penser, me figurai-je, que ce bref compte rendu de la trahison de ses *rêves* allait ouvrir rien de moins qu'une brèche dans mon cœur. Pourtant, je la voyais fermement plantée devant moi, bien habillée, souriante et lumineuse, laissant en l'air à chaque geste un sillage de sa peau parfumée : sous quelque angle qu'on la regarde, elle était l'image éclatante de la santé. Par ailleurs, elle était une personne qui éprouvait encore de la tendresse pour ses rêves inaccomplis. Quel individu sain d'esprit pouvait ressentir de la peine pour elle ? Et puis, à quels rêves faisait-elle allusion ? À un ou deux allègres semestres de causeries comme s'il s'agissait de soirées pour jeunes filles auxquelles, j'imagine, ne manquaient qu'une carafe de limonade et un plateau de petits-fours ? Devais-je donc m'apitoyer sur la perte de ces soirées de pur papotage domestique, alors que moi j'avais passé ma jeunesse à dévorer, livre après livre, ces classiques dont le contenu n'intéressait apparemment personne ? En quoi étais-je coupable si mon sens de l'histoire différait de celui du professeur par une petite nuance, qu'il tenait pour secondaire, et qui faisait que pour moi les données historiques étaient plus importantes que les envolées lyriques ? Bien sûr, bien sûr qu'il était plus théâtral de captiver une classe entière de naïfs en disant que Néron jouait de la lyre pendant que Rome brûlait ! Le fait que l'anecdote fût fausse n'était qu'une petite saleté dans l'œil du récit, petite saleté que mon père délogeait prestement par un élégant et bref clignement d'yeux.

Et comme il prenait plaisir, le professeur, depuis ma prime jeunesse, chaque fois que dans la collision entre les deux modalités du récit, je sortais perdant, ridiculisé par ses arguments et exposé à la pitié générale ! « Pauvre petit, entendais-je parfois dire dans mon dos, il y met du sien, il a la fougue de la jeunesse, mais il lui manque le génie de Brener : il a beau faire, il n'est qu'un rat de bibliothèque. Un gratte-papier. En plus, il paraît qu'il s'est mis à boire. On l'a vu une ou deux fois dans son cagibi d'assistant sortir du tiroir un de ces flacons en métal… Comment on appelle ça ? Une *flasque* ? Oui, une flasque… Si au moins il avait le talent de sa sœur Berta… Tu l'as entendue parler de Byzance maintenant qu'elle est titulaire ? Ah, c'est tout un poème ! Quel plaisir de l'écouter disserter, on a l'impression de survoler les minarets des premières mosquées ! » Est-il important de savoir que les premières mosquées n'avaient pas de minaret ? Allons donc ! Le plaisir avec Berta Brener, c'est de l'entendre jouer de la lyre et chanter ce monde lointain de rêves que nous avons tous oublié, même la fille au trousseau de clés !

– Vous n'avez peut-être pas perdu grand-chose, finis-je par lui répondre à l'issue de ma longue diatribe intérieure. Et j'ajoutai, en m'efforçant de sourire : j'ai l'impression que vous êtes plus heureuse dans votre travail actuel. Regardez-vous donc. Vous avez vu beaucoup d'historiens heureux ?

– À vrai dire, seulement le professeur Brener. Mais je n'ai jamais vu votre sœur dans un contexte universitaire. Nous avons juste échangé quelques mots à l'enterrement, ensuite je l'ai croisée à la réunion qui a eu lieu entre elle, l'agence et les exécuteurs testamentaires de la fondation. C'est logique qu'en de telles circonstances elle n'ait pas paru particulièrement joyeuse, mais des gens à la faculté disaient qu'elle avait hérité de l'humeur joviale de son père. Et vous, vous ne donniez pas de cours ? Depuis que nous sommes entrés, j'ai l'impression de vous avoir déjà vu.

Ah ! Est-ce que je donnais des cours ? J'aurais tellement aimé ! Mais l'absurde condition préalable au statut de professeur, un ou deux ouvrages publiés pour pouvoir monter sur l'estrade, m'en empêchait. Et il fallait voir l'acharnement avec lequel mon père faisait avorter chacune de mes tentatives. J'avais commencé, en essayant de frapper un grand coup, par *Rites funéraires pendant les campagnes de Cyrus*, une monographie qu'il rejeta après en avoir lu trois chapitres à peine, jugeant que le sujet était « trop spécifique, trop technique et trop ennuyeux ». Bien sûr, puisque le texte comportait – il faut le dire – quelques données ! Après quoi, j'avais ébauché un autre projet de livre : *Preuves historiques pour et contre l'existence matérielle de Troie*, un texte qui lui parut « une attaque hargneuse et gratuite contre *L'Iliade* », parce que, je suppose, Achille y était mentionné moins d'une fois par paragraphe, seule fréquence lyriquement acceptable pour le professeur. Et quand j'ai tenté très timidement : *Conception et distribution des services dans les bains publics selon les strates sociales de la Rome classique*, sa réponse fut d'emblée un éclat de rire. « Tu ne préférerais pas, par exemple : *Mesures des clous utilisés en travaux de menuiserie selon les strates sociales à Byzance* ? Ou encore : *Différents usages de la figue dans les recettes du banquet romain selon Pétrone*, et que dirais-tu de… ? » Ainsi de suite pendant plus de trois heures interminables, au cours desquelles il venait de son bureau jusqu'à mon clapier pour énoncer une nouvelle et stupide variante et repartait en riant dans le couloir, sans se priver bien sûr de partager la bonne blague avec les collègues ou les étudiants qu'il croisait.

En regardant maintenant la fille de l'agence, je me réjouissais qu'elle fût passée par la faculté à une époque plus récente, quand j'avais déjà abandonné tout projet d'enseignement, car au moins avais-je la consolation qu'elle ne se fût pas sentie obligée, assaillie dans le couloir et entourée par la clique du département, de saluer par son rire ces sarcasmes académiques. Mais il était tout aussi clair que si elle m'avait connu au moment de son entrée à l'université, alors que j'avais déjà déménagé dans cette pension – ce taudis où je gagnais mon sporadique pain en tapant des thèses d'étudiants en droit ou en notariat –, son impression aurait sûrement été aussi négative que si elle m'avait vu être l'objet des railleries du professeur, ou peut-être pire, car à ce moment-là j'avais commencé à boire une eau-de-vie qui était, sauf pour ses effets, une pure punition, et je sombrais dans un laisser-aller croissant. Et puis il faut bien l'avouer : le pire, au sujet des ragots qui circulaient dans les couloirs de la faculté, est que la plupart étaient vrais. En tout cas, cette cuite que je commençais à cultiver tous les jours à trois heures de l'après-midi m'aidait à chasser ou du moins à distraire l'inexorable insomnie qui me tenaillait depuis l'adolescence et parfois même à oublier la présence de Lucas dans ma chambre, cette espèce de malédiction incarnée par un colocataire, qui m'était tombée dessus le jour même où j'avais décidé d'abandonner la maison paternelle. C'était un vieillard un peu trompeur, car bien qu'il frôlât à peine les soixante-quinze ans, il semblait complètement et irrémissiblement sénile. Presque toujours sale et négligé, il passait de la contemplation vide, quasi catatonique, de mes étagères, à de subites et fébriles explosions verbales qui pouvaient durer cinq ou six minutes, mais se produisaient plusieurs fois par jour, dans lesquelles son discours se centrait sur l'énumération circulaire des raisons pour lesquelles il était, protestait-il, « enfermé ». Je l'écoutais en silence, n'intervenant que pour éviter ses débordements les plus extrêmes, comme cette habitude déjà citée de repousser ses ennemis par le subterfuge consistant à déféquer régulièrement au centre de la pièce, et j'assistais à ces atrocités en buvant des gorgées de cette eau-de-vie que parfois seulement, dans mes bons jours, je nuançais d'un demi-citron, et je finissais épuisé et ivre, en me sentant tout aussi sénile que le vieillard.

« Voilà, mademoiselle, c'était ça et rien d'autre, ces raisons de santé auxquelles vous avez fait allusion il y a un moment », fus-je brusquement tenté de lui dire. Mais je n'en fis rien, notamment parce que cette description, à première vue si sommaire et concrète, n'aurait pas rendu justice à ma maladie la plus intime et authentique, à la souffrance prolongée qui m'avait cloué au lit, même le jour où la Fondation Brener faisait entrer le cercueil de mon père à la Rotonde des Hommes Illustres, c'est-à-dire la douleur aiguë et incessante qui me forait la poitrine, cette sensation d'être en train de mourir à petit feu, comme si m'était retiré soir et matin un dé à coudre de ma substance vitale, une dose minimale mais constante, qui finissait par entraîner une perte considérable, comparable à une amputation. C'était un mal si profond que même la présence permanente de cette flasque – je la portais jour et nuit comme un talisman – ne pouvait adoucir, car chaque jour passé dans ces limbes était en soi une petite éternité. Et même à l'époque des derniers spasmes de ma vie universitaire, dans le cas improbable où la fille de l'agence aurait vu ma silhouette se traîner dans le couloir menant à la salle des professeurs, elle n'aurait croisé qu'une espèce de fantôme, une ombre desséchée, ressemblant vaguement au professeur Brener.

– En revanche, je ne me rappelle pas votre visage, lui dis-je à la fin, et je peux vous assurer que j'ai une bonne mémoire. Jamais, au grand jamais, je n'aurais pu oublier votre visage, conclus-je en m'efforçant de reprendre mon souffle dans l'accalmie de ce déferlement d'amertume et d'en profiter pour faire une pauvre tentative de galanterie.

– Excusez-moi, je suis en train de vous distraire dans un moment très personnel. Vous avez à peine pu sortir un objet de la boîte. Je suis désolée de vous déranger. Je me laisse emporter par l'effet de ma présence ici. C'est pour moi un endroit presque sacré, dit-elle avec tristesse avant de retourner dans son coin.

Je souris en silence. C'était sans aucun doute une gentille fille. Elle m'avait prêté son mouchoir ; elle m'avait traité comme si Aníbal Brener devait être traité d'une certaine manière, et même comme s'il devait être bien traité ; elle m'avait jugé comme un digne dépositaire de ces boîtes et avait manifesté au moins une certaine perplexité en apprenant qu'il m'avait fallu quatre échanges de lettres avant d'être autorisé à les recueillir. Que demander de plus ? Qu'elle commence à fouiller elle-même ces boîtes, avec ses petits doigts blancs, et me prévienne à l'apparition de chaque nouvelle machine infernale du professeur, afin que je puisse me mettre à couvert avant que n'explose sa charge mortelle ? Qu'elle me dise de loin : « Attention, petit costume étrusque », ou pire : « Attention, exemplaire complètement raturé de *Conception et distribution des services dans les bains publics...* », et ainsi de suite pendant une heure interminable, de sorte que je puisse à chaque nouvel affront enfouir la tête sous terre. Dans une certaine mesure, c'est ce qu'elle finit par faire, car une seconde après elle pointa timidement le doigt vers la boîte et dit :

– Ah, regardez cette merveille que vous avez dans la boîte !

Cette merveille, découvris-je, était *Histoire du déclin et de la chute de l'Empire romain*, dans l'édition abrégée en un volume de Saunders, un efficace compilateur qui avait réussi à condenser le meilleur des sept tomes de Gibbon en un seul volume gros comme un poing sans pour autant en supprimer le lyrisme, prouesse qui avait sûrement dû le contraindre à laisser de côté une part substantielle de données, d'événements et de faits ponctuels. Je dis « sûrement » par fanfaronnade irresponsable, car je n'avais pas alors assez d'éléments pour en être certain, puisque en réalité – et c'était là un des chevaux de bataille de mon père – je n'avais jamais eu le courage, la présence d'esprit ou simplement le loisir nécessaire pour lire les sept tomes de Gibbon dans leur version originale anglaise, une espèce de rite insupportable que mon père considérait comme essentiel pour que les vieillards de la tribu académique puissent considérer avec un minimum de sérieux quiconque postulait au titre d'historien.

Je n'avais jamais pu me soumettre à un tel engagement, à cette espèce de circoncision indispensable pour entrer dans la loge du professeur, et pour aggraver les choses j'avais eu le culot, l'audace, l'imprudence de me montrer réfractaire au culte généralisé de Gibbon, non qu'il y eût en lui quelque chose de blâmable – car la figure de Gibbon présentait peut-être beaucoup plus que des péchés concrets susceptibles de l'assombrir, une étonnante carence de péchés, une absence du désir dans toutes les acceptions du terme, une privation qu'il semblait vouloir compenser en ajoutant à son récit, à la manière du professeur, musique, couleur et drame – mais parce que en réalité chaque page que j'avais tenté de lire, d'abord dans l'édition anglaise, puis dans celle de Saunders, m'avait donné l'impression d'être écrite directement par mon père, mot à mot, et de cacher entre les lignes un plan secret de ses aspirations. Sa prose et celle de Gibbon partageaient les mêmes tics de conférencier de café, la même tartuferie, le même entortillement, de sorte que toute tentative de dépasser les cinquante premières pages, dans les deux éditions, avait été exténuante et m'avait plongé dans le type d'échec qui excitait au plus haut point le professeur, constituant à ses yeux la démonstration que je n'avais pas ce qu'il appelait « la fibre de l'histoire », quelle que fût par ailleurs la signification de cette odieuse formule.

Alors, on pouvait de nouveau entrevoir deux messages implicites dans l'apparition de ce cadeau inattendu. En tout premier lieu, ce que mon père laissait entre mes mains n'était pas l'édition complète de Gibbon, tacitement déclarée impropre à mon éternelle et incurable adolescence, mais celle qu'il considérait plus adaptée à mes facultés, c'est-à-dire la version abrégée de Saunders. Ensuite, il m'offrait le livre qui m'avait le plus irrité dans la vie, comme profitant de la circonstance de sa mort pour trancher une polémique restée en suspens et avoir finalement, comme toujours, le dernier mot.

– Moi aussi, j'ai les larmes aux yeux, dit soudain la fille, sans oser s'éloigner de son coin. Je ne peux pas m'empêcher de me rappeler qu'il disait toujours : « Ce qu'on ne trouve pas dans l'œuvre de Gibbon n'existe tout simplement pas. » Je me suis toujours reproché de ne pas m'être attaquée à cette lecture. Vous voyez ? Je vous l'ai déjà dit. Je suis là, dans la maison de mon maître, habillée comme une employée et honteuse, confrontée aux défis que je n'ai pas relevés. J'imagine la fierté que vous devez ressentir d'hériter du livre de Gibbon des mains du professeur. Ce doit être pour vous comme une décoration.

Elle prononça ces derniers mots sur un ton véritablement exalté. Je ne pus qu'admirer l'omnipotence de mon père. Il réussissait à faire fleurir la culpabilité chez une personne lointaine, quasi inconnue de lui, et cela deux ans après sa mort. Un véritable prodige d'ingénierie sentimentale.

– Oh, Gibbon, vous savez… fis-je en regardant la fille avec l'envie subite de l'embrasser, impulsion à laquelle bien sûr je ne cédai pas.

– Quoi ? réagit-elle avec une nervosité presque émouvante. Vous n'aimez pas Gibbon ?

– Gibbon est le plus grand historien depuis Pline le Jeune. Le plus investi dans son œuvre, le plus pointu, le plus lyrique. Et pourtant, comme vous l'avez deviné, je n'arrive pas à l'aimer. Dès que je commence à le lire, j'abandonne au bout de vingt ou trente pages, dis-je sur un ton messianique en faisant un pas vers elle, ce qui ne fit qu'accroître sa nervosité.

– Mais je ne comprends pas… vous dites que c'est le plus grand… comment ça se fait que vous ne l'aimiez pas ? finit-elle en murmurant, comme si le professeur pouvait nous entendre.

Cette façon de baisser la voix me parut franchement charmante. Que pouvais-je lui dire ? Allais-je céder à la tentation de me livrer à une de mes inutiles diatribes ?

Et pourtant, la candeur de son regard méritait au moins une réponse.

– Écoutez… Comment vous appelez-vous ? demandai-je sur un ton un peu fébrile.

Elle hésita un instant, car je m'étais rapproché un peu plus de son corps, juste assez pour que cette réduction de la distance se remarque.

– Alicia… Alicia Storiacci, balbutia-t-elle.

– Bon, écoutez, Alicia. Imaginez que nous ouvrions ce livre qui, vous le savez, n'est pas l'original de Gibbon, mais une version abrégée et donc très épurée de ses traditionnels ornements. On va faire une expérience. Dites-moi un numéro de page, je le cherche et on regarde si dans le premier paragraphe nous trouvons une figure du discours que nous pourrions qualifier de *poétique*. Qu'est-ce que vous en dites ?

– Je ne comprends pas bien… Que cherchez-vous à prouver ?

– Allez, soyez gentille, dites-moi un numéro de page.

– N'importe lequel ? Je ne sais pas, moi… Cent soixante-dix-sept ?

– Parfait. Cherchons. Cent soixante-dix-sept. Voilà, je prends une phrase au hasard et je lis : « Pendant tout ce processus, Fausta sacrifia ses sentiments filiaux à ses devoirs conjugaux. » Qu'est-ce que vous en pensez ? À première vue, vous trouvez qu'on peut faire cette réflexion, si légère qu'elle semble, à propos de sentiments, filiaux ou de tout autre nature, quand il s'agit de personnes mortes depuis mille sept cents ans, sans donner libre cours à la fantaisie ? Bien sûr, l'histoire est beaucoup plus fascinante si on l'écrit ainsi, mais…

– Mais… si ce n'est pas comme ça, que devient l'Histoire ? Juste de longues listes de données et de chiffres ? Comment va-t-on expliquer les actions des personnages si on n'essaie pas de comprendre leurs motivations ?

– Eh bien, c'est précisément là un premier pas pour la réconciliation avec la vérité : reconnaître que souvent on ne comprend pas les motivations de ceux qui sont vivants et près de nous, et accepter alors que statuer sur les raisons des absents ou des morts lointains suppose un gigantesque acte de foi. On va faire quelque chose. Choisissez une autre page.

– Je crois que j'ai compris ce que vous vouliez dire. C'est très bien, merci.

– Allez, dis-je en levant la main d'un geste un peu frénétique. Soyez indulgente avec un homme en deuil. Un deuil tardif, mais un deuil tout de même. Donnez-moi un autre numéro de page. Je veux juste vous montrer l'énorme fréquence de ce genre d'excès.

Elle regardait de biais la porte de la pièce. Elle paraissait en proie à un malaise croissant, comme si à la prochaine étape de mon escalade j'allais à coup sûr lui arracher ses vêtements et la culbuter. Elle hésita encore un instant et soupira.

– Quatre cent quatre-vingt-douze, dit-elle enfin. Je la regardai alors dans les yeux d'un air complice, comme si en acceptant de participer à mon exultante expérience, elle me permettait de pratiquer une sorte de conjuration, visant à exorciser et à expulser, fût-ce pour cinq minutes, l'esprit qui semblait nous guetter derrière chaque livre.

– Très bien. Passez-moi le livre. Quatre cent quatre-vingt-neuf… quatre-vingt-dix… quatre-vingt-onze… quatre cents…

En atteignant la page en question, je découvris une mince bande adhésive posée près des coutures de la reliure. Cette bande collait à la page une petite feuille de papier de soie, beaucoup plus fine que les pages du livre et d'une taille inférieure.

Ce papier, couvert d'un bord à l'autre d'une écriture bigarrée, était rédigé de la manière suivante :

Cher Aníbal,

Tu vas te demander pourquoi justement Gibbon. Simple petite charade pour m'assurer que tu auras enfin entrepris de le lire.

Tu te seras aussi probablement demandé pourquoi mon testament, étant donné l'affection que je t'ai toujours portée, te mentionne si peu. Berta a sa vie, un mari, des enfants et un avenir. Toi, tu es dépourvu de tout cela. Et, en plus, tu as ton problème.

Pour éviter des désagréments à ta sœur, j'ai établi deux testaments. L'un d'eux ne concerne que toi et j'ai voulu qu'il te soit communiqué une fois que Berta aurait regagné sa patrie d'adoption.

Maître Manzini t'expliquera les conditions. Ne t'irrite pas de ces détails. D'une façon ou d'une autre, nous sommes tous conditionnés.

Avec toute mon affection.

Papa

J'étais stupéfait. Je regardai la fille un instant et je relus deux fois cette note. *Toute mon affection, charade, Manzini, désagréments, problème, conditionnés* : il y avait çà et là des mots sur lesquels le flux de la lecture achoppait, comme si le cours d'une rivière affrontait des rochers brillants qui fendaient brusquement les eaux, en produisant un murmure chantant et un choc inattendu des courants. Qui était ce « papa » qui avait écrit la lettre ? L'écriture était incontestablement celle du professeur, car on y trouvait son classique *A* majuscule, grand et élancé, comme une maison suisse avec un toit à deux pentes, et qui sur la feuille n'avait été utilisé que pour le deuxième mot, « Aníbal » précisément ; la graphie légère et irrégulière, caractéristique d'un universitaire habitué à écrire trois ou quatre notes à la fois et qui ne peut freiner sa main pour jouer les calligraphes ; l'écriture penchée, tendue vers l'avant, comme si un vent particulier soufflait dans le dos de chaque lettre ; le trait imaginaire des lignes au parallélisme approximatif. Tout dans cette note était professoral et hâtif.

Et tandis que ces appréciations formelles nouaient le faisceau central de ma pensée, derrière, depuis ma nuque, on percevait une rumeur de nuages noirs. Je voulais articuler une parole, mais n'arrivais qu'à frotter ma langue contre la face interne des dents, de droite à gauche, de gauche à droite, tel un Carthaginois passant en revue, sous un ciel plombé, une poignée de soldats tremblants avant une terrible bataille. Incisives, canines, prémolaires : prêtes ? Ces murailles vont bientôt trembler ! Les pierres des catapultes, la poix bouillante et l'huile vont s'abattre sur elles ! Nous allons subir le siège féroce de Scipion et nos pauvres occupations quotidiennes devront passer au second plan ! Remettez à plus tard les noces et les deuils, le cœur devra différer ses urgences et courir derrière la faim et la guerre !

Carthage ? Scipion ? Mais à quoi pensais-je donc ? Ces phrases, que personne n'avait convoquées, semblaient m'arriver d'une de ces chroniques qui m'avaient brûlé les cils et consumé le meilleur de ma jeunesse. Vu mon désespoir croissant, je trouvais probablement plus de protection dans leur tonalité de parchemin que dans la simple contemplation de la situation que je devais à présent affronter seul. En tout cas, cet incongru bourdonnement de bataille obscurcissait tout raisonnement possible. Par moments, une question paraissait émerger des profondeurs pour se perdre l'instant d'après dans les ténèbres. Que signifiait ce mot de « charade » ? Quelle sorte de « désagréments » voulait-il éviter à Berta ? Quand pensait-il que j'allais découvrir ce message ? Quelques jours après l'enterrement, quand ma sœur aurait quitté le pays ? Des mois plus tard, en le découvrant à la fin de l'*Histoire du déclin et de la chute de l'Empire romain* ? Avait-il prévu, avec une anticipation machiavélique, la longue chaîne de contretemps qui m'avaient tenu à l'écart de cette maison pendant deux longues années ? Subitement, je me sentis nauséeux.

– Alicia… écoutez… lui dis-je, comme si le prénom de cette fille était pour moi le plus familier du monde. Vous connaissez cet avocat, un dénommé Manzini ?

– Manzini. Oui. Je crois qu'il travaille pour la fondation. Pourquoi ? Il est cité dans votre lettre ? Je l'ai vu dans des réunions à l'agence. Que dit cette note ?

Elle me regardait avec une véritable inquiétude, car je suppose que mon visage devait être agité comme une colonie anarchique de muscles en pleine contorsion.

– La note. Ah, oui. – En fait j'avais une respiration haletante, de sorte que je dus faire un réel effort pour lui répondre. – Des trucs, des trucs sur Gibbon et quelques détails sur le testament. Ah ! Ces boîtes… comme elles sont lourdes. À vrai dire, je me sens un peu patraque. C'est juste un malaise passager. Dites-moi, Alicia, vous seriez assez gentille pour m'appeler un taxi ?

Je prononçai ces mots sur un ton un peu aristocratique, comme un vieux comte à la santé déclinante s'adressant à sa gouvernante – un rôle qui allait bien à la jeune Alicia avec son grand trousseau de clés – et se plaignant de la goutte ou de la mélancolie en laissant échapper quelques stoïques plaintes. Le fait est que j'avais à peine entamé ce rôle involontaire d'un sujet digne d'un vrai testament que je sentis ma vue se brouiller. Cette matinée avait été riche en attentes, en pressentiments et en émotions, et mes jambes accusaient maintenant le passage de ce véritable embouteillage d'événements par un tremblement des articulations. Je fis quelques pas et m'écroulai sur une bergère en cuir, une espèce de divan que le professeur avait toujours pompeusement appelé le « lit turc ».

En attendant que l'âme revienne dans mon corps, je m'efforçai de récapituler la situation, en laissant pour l'instant ces sombres et involontaires images de bataille hors du tableau de mes sentiments. Deux doigts sur les paupières, je pressai un moment mes globes oculaires. Dégage, Scipion, invoquai-je. Je dois avant tout réfléchir à la raison pour laquelle mon père a rédigé deux versions de son testament, l'une publique et l'autre privée. Ce serait là le premier point. Bon. D'abord, donc, appeler Manzini. Je dois examiner ce qu'il y a encore dans la première boîte et dans les deux autres, car leur contenu semble avoir été pensé dans un esprit quasi chirurgical, pensai-je ensuite, et je m'arrêtai pour déglutir. Ce mot « chirurgical » me restait en travers du larynx et je dus le déloger en me raclant la gorge. Deuxièmement, examiner les boîtes. Tout va bien. Lucides. Nous réfléchissons avec clarté. Nous gérons la situation avec fermeté. Nous devons comprendre comment le professeur a eu le temps, la présence d'esprit et assez de prévoyance, en apprenant que sa propre mort était proche, pour laisser tant de dispositions légales embrouillées, établies pour la postérité. Cela tient peut-être au premier point. J'y reviens : Manzini. Nous devons écrire à Berta, me dis-je subitement. En usant de ce pluriel, « nous devons », j'incluais tacitement Berta elle-même, car je tenais pour acquis depuis toujours qu'en toute occasion où quelque chose concernant le professeur devait être communiqué, la personne avec laquelle il fallait en parler était Berta. Mais dès que je pus débroussailler l'origine de ce mot, je me rendis compte que le professeur, dans une rare exception à ses tendances habituelles, avait privé Berta de la connaissance de cet aspect particulier de sa volonté – ou dans ce cas, avec plus de justice que jamais, de « ses volontés », puisqu'il y avait au moins deux séries de dispositions différentes, chacune cachée à l'autre destinataire et apparemment excluantes. Bon. Il valait mieux ne pas écrire à Berta. Ce qui limitait alors les choses à faire à une rencontre avec Manzini et à l'exploration, quand j'aurais retrouvé mon calme, du contenu des boîtes. Voilà. Manzini et les boîtes. Et après ? Qu'allais-je en faire ? Les emporter à la pension, dans ma chambre, au risque que Lucas farfouille dedans chaque fois que je serais absent ? L'idée me sembla aberrante. Mais que pouvais-je faire d'autre ? Louer un hôtel particulier en attendant de connaître le montant et les conditions de mon improbable héritage ? Je ne savais même pas si mon père avait laissé des dettes et, bien que les reliquats financiers de sa vie professionnelle relèvent en principe de la responsabilité de la fondation, je savais que maintenir le niveau de « séduction » dont le professeur avait fait étalage toute sa vie était certainement d'un coût élevé, de sorte que je ne devais pas espérer qu'il eût laissé une grande fortune. Tout va bien, Aníbal, me dis-je de nouveau. Nous réfléchissons de façon claire et exhaustive. Je ne voulus pas revenir, une fois de plus, sur l'origine de ce nouveau pluriel. Je devais consacrer toute ma réserve rationnelle à l'analyse froide des prérogatives et des tâches qui m'attendaient. De toute façon, après avoir trouvé dans la boîte ce costume d'Étrusque, je n'écartais pas que ce testament-surprise ne fût qu'une nouvelle liste tordue d'expériences sentimentales, concoctées par mon père pour pouvoir assister depuis l'au-delà à une dernière représentation d'*Aníbal*, son interminable comédie de prédilection. Je toussai encore et déglutis, cette fois avec grande difficulté, comme si ma gorge était de plus en plus éloignée.

– Excusez-moi, mais vous avez l'air très mal. Vous voulez que j'appelle un médecin ? me dit la fille, qui avait posé le trousseau de clés sur la table pour venir s'asseoir près de moi, devant le « lit turc ». Elle ne semblait plus du tout me craindre. En la voyant ainsi libérée de toutes ses appréhensions à l'égard de ma proximité physique, je fus bien obligé de diagnostiquer que je devais avoir l'air réellement malade.

– J'ai une petite baisse de tension, c'est tout… C'est… la tension. Dites-moi… dites-moi, Alicia… Vous me donneriez… vous pourriez me donnez… la main ?

Il en fut ainsi. Mon dernier souvenir de ce moment de la matinée est que, contre toute attente, elle me donna effectivement la main.

2

Cet état inconscient ne dura pas seulement quelques secondes, comme dans les étourdissements des véritables aristocrates. Tout au contraire, mon âme s'absenta de ce divan pendant quarante-cinq longues minutes. Peut-être déambula-t-elle durant cette licence dilatée dans la chambre de mon père, une zone de la maison que je n'avais pas jugé bon de visiter à l'état de veille, ou se lança-t-elle dans l'exploration du jardin où la jeune Alicia avait rivé son regard. À vrai dire, je ne peux même pas assurer qu'une âme quelconque soit partie rôder ici ou là, car ma mémoire ne garda aucune trace du temps subjectif.

Le fait est que, lorsque j'ouvris les yeux, je me sentis en même temps exténué et léger. Dès que ma vue s'éclaircit, je découvris qu'un homme inconnu m'avait placé sous le nez le bouchon d'un flacon qui dégageait une violente odeur d'alcool. Je tendis machinalement les doigts à la recherche de la main d'Alicia. À un moment de mon absence, cette espèce d'oiseau s'était éclipsée de son refuge et mes phalanges ne se refermaient à présent que sur le vide, privées de véritable intention.

– Brener, vous vous êtes évanoui, me dit Alicia.

Je trouvai amusant qu'elle m'informe d'emblée de ce que je ne pouvais ignorer. Il y avait aussi quelque chose d'étrange dans le fait de m'appeler Brener. Commencer par ce mot donnait à sa phrase une tonalité distante et froide, comme si elle s'adressait à moi par un titre ou une fonction. Je pensai, avec une sombre mortification, que personne ne connaissant à fond mes antécédents ne m'appellerait Brener. Alors, et peut-être justement à cause de ces antécédents, je me tournai vers ces chauds effluves d'alcool qui s'éloignaient maintenant de mon nez. À vrai dire, j'aurais bien aimé boire une longue gorgée de n'importe quel liquide se trouvant dans cette maison.

– Ah… Et vous… ? dis-je en regardant l'homme qui avait déjà posé le bouchon du flacon sur la table, au pied du lit. C'était un individu corpulent, mais pas obèse, un peu chauve et moustachu, qui donnait l'impression d'être un bûcheron. Il avait des bras gros comme des petites jambes terminées par des mains ; la cage thoracique évoquait une caisse en bois, le cou avait le même diamètre que la tête d'où la veine jugulaire coulait jusqu'aux clavicules comme la cire d'une grosse bougie.

– Comment vous sentez-vous ? me demanda l'homme sans répondre à ma question, une lueur amusée dans le regard. Ses yeux brillaient d'un éclat malicieux. Il était notoire qu'il ne s'était pas senti depuis longtemps autant au-dessus d'un autre être humain et que la situation l'excitait au plus haut point.

– Bien, répondis-je avec méfiance.

– Húber travaille à l'agence, dit Alicia. Il est chargé de l'entretien. Par chance, il était dans cette rue pour faire une réparation lorsqu'il a vu les fenêtres ouvertes et il a sonné. Il va nous emmener à l'hôpital dans sa fourgonnette pour qu'on vous examine. Vous vous êtes évanoui, insista-t-elle, comme si elle croyait réellement impossible que je puisse assimiler les informations sur mon évanouissement avant que l'on m'ait appliqué des compresses ou injecté un litre de sérum intraveineux.

– Et vous étiez sacrément dans le cirage ! s'exclama le dénommé Húber en riant. Si l'alcool n'avait pas fonctionné, on aurait appelé une ambulance !

Il se tourna vers Alicia et lui adressa un clin d'œil lascif, qui fronça de façon plus que désagréable sa pommette grassouillette et moite. Il y avait une familiarité dans son attitude qui n'allait pas du tout avec la discrétion d'Alicia. Qu'est-ce qu'il croyait, ce plouc ? Qu'il allait la séduire avec ses grimaces vulgaires ?

– Je pourrais avoir de l'eau ? demandai-je en bredouillant. Je sentais plus que jamais qu'on me regardait avec pitié. Mais quand je vis qu'à peine avais-je prononcé le mot « eau », tous deux s'étaient levés, je gardai mon attitude moribonde et me laissai dorloter avec une totale désinvolture, car si je devais être considéré comme un incapable, autant l'être dans un lit plein de coussins et servi par quatre mains.

– Je vais chercher un verre, dit l'homme sans s'adresser à moi ni à personne, et il sortit de la pièce, l'air indifférent.

Alicia se tourna vers moi et soupira à fendre l'âme, avec un sourire vague et triste. Elle semblait inquiète mais soucieuse aussi de consacrer le peu de calme qui lui restait à la généreuse tâche de me tranquilliser. Pour ma part, je me sentais tranquille, si bien que ses efforts m'attendrissaient d'autant plus qu'ils étaient inutiles.

– C'est beaucoup d'émotions pour vous, dit-elle en gardant la même grimace affligée sur les lèvres.

Ce sourire mélancolique chez une femme, pensai-je, attire les hommes comme une chimère. Cette pauvre imitation du bonheur fait naître chez celui qui en est témoin le dessein, presque toujours infructueux, de rendre un jour celle qui sourit ainsi réellement heureuse.

D'où avait surgi cette digression ? Je ne le savais pas. Ou peut-être si, car cet avertissement imprévu sur les dangers d'un sourire triste n'était pas nouveau, et ne semblait pas seulement venir de la contemplation des lèvres de la jeune Alicia Storiacci, dont je venais à peine de faire la connaissance. Son origine, maintenant que j'y réfléchissais, venait de plus loin, suivant dans le souvenir le mince fil argenté qui allait de ce sourire jusqu'à celui de la lointaine et quasi mythique Selma.

J'aurais dû m'attendre, après tout, à ce que dans cette journée si riche en visites du passé, Selma vînt elle aussi se présenter. Ah ! Selma, cette créature enthousiaste qui avait consacré tant de longues journées à me découper en petits morceaux, à recomposer ces morceaux selon un ordre différent de celui qui les tenait ensemble, à tenter de me reconstruire selon son goût, puis, comme souvent dans ces cas-là, à y renoncer à mi-chemin. Comment ce souvenir était-il venu se poser sur le visage d'Alicia ? À comparer Alicia avec Selma Badembauer, il était clair qu'elles n'avaient pas grand-chose en commun, si ce n'est que toutes deux souriaient comme si cela pouvait beaucoup améliorer les choses pour leur interlocuteur ; que toutes les deux pensaient être à une place différente et pire que celle à laquelle elles auraient dû être si elles avaient répondu à leur impérieux appel intérieur ; et que toutes deux éprouvaient une fascination provinciale pour le monde des idées. En dehors de cela, elles ne partageaient rien.

Me serais-je souvenu de Selma, à laquelle je m'étais juré de ne plus penser plus de deux ans auparavant, sans ces boîtes et leur menaçante charge de douleurs, ou si je n'avais pas été victime d'un évanouissement où j'étais entré comme dans une tiède lagune en tenant la main d'Alicia ? On aurait dit que d'une certaine manière le professeur était impliqué dans ce croisement d'âmes, car il eût adoré avoir les deux femmes à ses côtés, profiter de leur présence pendant que je me débattais dans la paperasse, et ainsi pouvoir passer leurs charmes en revue, parcourir des yeux leurs croupes et les comparer comme des chevaux de course. Moi-même, devant l'image de l'une et le souvenir de l'autre, j'avais aussi cédé à la tentation de les rapprocher, en adoptant de nouveau, bien malgré moi, une conduite propre à mon père. De l'une je ne connaissais qu'un trousseau de clés, un sourire triste et quelques phrases pétries d'illusions sur l'Histoire avec un H majuscule. De l'autre, en revanche, je possédais une petite encyclopédie de souvenirs. Selma et le professeur assis à table. Selma et sa recherche permanente d'un entourage. Selma et une piscine couverte de feuilles d'hibiscus dans un hôtel de plage. Sa main caressant un chien méchant pour le calmer, pendant ces mêmes vacances. Le duvet blond de ses avant-bras. Un bonnet qui lui allait mal, rouge, avec un pompon ridicule. Sa façon de tenir les crayons de travers. Son habitude d'appeler son père « monsieur ». Sa hâte d'éteindre la lumière dès qu'un contact physique prenait une tournure amoureuse. L'inégalable sensation du réveil à ses côtés. Et, survolant ces réminiscences, le souvenir de sa recherche désespérée, de sa course permanente derrière ce qu'elle appelait « un sens 'vocationnel' de l'existence », qui finit par être, comme il arrive avec toutes les quêtes désespérées, la raison pour laquelle nous avons, elle et moi, perdu tout contact avec nos sentiments.

Pauvre Selma. Parfois elle me faisait de la peine.

Dans l'enthousiasme qui la caractérisait, on pouvait deviner la trace d'une éducation victorienne. Juché sur sa conscience chevauchait un sens du devoir aigu, presque douloureux, qui l'empêchait d'appréhender les moindres choses de la vie sans se lancer d'abord dans une dissertation interprétative. Bien qu'elle fût l'arrière-petite-fille de Badembauer, le célèbre naturaliste et entomologiste, elle n'avait pas eu la chance d'hériter de lui sa fameuse capacité d'appréciation objective des faits, mais n'en avait pas moins tenté, sous la pression résolue de sa famille, d'entreprendre des études scientifiques diverses et variées. Elle avait commencé par la chimie, qu'au bout de quelques mois elle qualifia de « ridicule illusion d'ordre face à l'évidence du caractère aléatoire de l'univers ». Puis ce fut la biologie, à laquelle elle renonça parce qu'elle la trouvait, au contraire, « trop chaotique ». Elle tâta ensuite de l'éthologie, après avoir lu avec grand enthousiasme une série d'articles de Lorenz et Tinbergen, alors qu'elle n'avait jamais eu dans sa vie la curiosité d'observer un animal plus de deux minutes, tâche à laquelle cependant elle se contraignit comme s'il s'agissait d'une pénitence, car sa famille commençait à regarder ses déambulations « vocationnelles » avec une méfiance grandissante. De sorte qu'en suivant de façon fluctuante les conseils tirés d'une bibliographie qu'elle avait trouvée sur le sujet – et qu'elle interposait de temps à autre entre ses yeux et une série de terrariums presque vides –, Selma se consacra tout d'abord à l'étude des scarabées, histoire de rendre hommage au lointain Badembauer de manière un peu ostentatoire, et certaine que sa famille approuverait avec plus d'enthousiasme son choix si elle marchait sur les traces de son arrière-grand-père. C'est ainsi que, cherchant à s'inspirer de l'esprit de l'ancêtre, elle noircit deux cahiers de notes sur la façon dont chacun des neuf scarabées, oui, neuf, de son étude, établissait, marquait et défendait son territoire pendant un mois. Horaires, mouvements, interactions, tout ce qui se passait dans ces terrariums devait être ponctuellement relevé dans des cahiers dont elle ne se séparait jamais. Un mois, estimait-elle, serait suffisant pour pénétrer le monde secret des motivations qui faisaient agir ces neuf petits agents du libre arbitre.

Cette recherche se déroulait, il faut le rappeler, avant même qu'elle prenne le moindre cours de base dans les disciplines concernées, car les expériences devaient être, selon le mot de Selma, « préparatoires ». Elle croyait qu'il fallait d'abord explorer les disciplines à un « niveau intuitif » et ensuite seulement chercher à savoir de quoi diable parlaient les livres. Comme le laissait prévoir un tel déploiement de rigueur scientifique, les petites âmes de ses neuf malheureux sujets montèrent l'une après l'autre au ciel des coléoptères. Les insectes mouraient surtout d'inanition, car les ouvrages de la bibliographie décrivaient avec force détails comment étudier les scarabées dans leur milieu naturel, où leurs épiques luttes territoriales alternaient avec de brèves pauses pour manger, mais ne consacraient pas un seul paragraphe à leur alimentation en captivité. Selma n'ayant guère réfléchi à cet aspect terre à terre de la vie animale avait vu les scarabées mourir l'un après l'autre, ulcérée, comme si ses objets d'étude la trahissaient, sans se soucier d'introduire dans les terrariums une autre population au moins vaguement prédatrice, se contentant de déposer dans un coin des épluchures de patate à moitié pourries, que nul être au monde, scarabée ou autre, n'eût regardé sans mourir de tristesse. Cette petite hécatombe mit un point final à ce que nous pourrions appeler sa « période éthologique ».

Finalement, un jour, après un repas interminable avec le professeur, où Selma et mon père remplirent non pas une, ni deux, mais trois fois leur tasse à café, elle arriva à la conclusion que toutes ses recherches antérieures n'avaient été que la lente maturation de son plus profond et véritable intérêt.

– Bien sûr, commença-t-elle à dire sous le regard quasi libidineux de mon père, que fait le chercheur devant le spectacle des interactions entre scarabées, oiseaux ou poissons, si ce n'est chercher l'analogie, la réduction en modèles simples de la richesse et de la complexité des interactions humaines ? Pourquoi alors ne pas étudier sans détour le comportement humain ?

– C'est ça ! s'exclama mon père à la fin de sa phrase, d'une voix perçante, débordante d'une agitation nettement sexuelle. Le comportement humain !

Ces occasionnelles bouffées de ferveur maniaque, qui cimentaient la réputation d'homme joyeux du Grand Brener, étaient aussi l'une des causes de mon agonie perpétuelle, car ce que l'on considérait en général comme un irréprochable accès d'enthousiasme était, vu de l'intérieur du complexe organisme vivant qu'est une famille, une ruse raffinée du professeur, destinée à absorber, mastiquer, digérer et enfin rejeter le moindre soupçon d'existence individuelle qui eût osé se manifester sous son ombre. Dans le cas de Selma, sa confiance aveugle dans la sincérité de ces emportements passionnels – du reste si semblables aux siens – était encore plus désespérante s'agissant de l'identification de sentiments quasi jumeaux par leur apparence extérieure, mais diamétralement opposés dans leur esprit et leur motivation première.

J'assistais donc à cette conversation de fin de repas, l'esprit aussi sombre que lorsqu'on apprend un diagnostic à l'hôpital : la lente et douloureuse projection des conséquences futures de ce qui semble, au moment où on nous communique le rapport médical, un pur et simple assemblage de mots techniques, mais qui laisse deviner une grosseur tangible qui palpite d'une vie propre au milieu des tissus et croît aux dépens de notre santé.

– Alors, je me dis, poursuivait Selma – qui adorait *se dire des choses* – : est-ce que je vais sombrer dans les méandres de la psychologie, une science de prophètes de malheur et de filous, sur laquelle il n'y a pas deux savants capables de se mettre d'accord ? Est-ce que je vais tenter les acrobaties statistiques de la sociologie, avec cette… pénible imitation des sciences dures, où on ne fait que représenter l'ignorance des chercheurs par de stériles tableaux synoptiques ? Alors, en soupesant le pour et le contre de toutes ces disciplines, je n'ai pu qu'arriver à la conclusion suivante : aujourd'hui, dans l'état de… raffinement des outils de la connaissance, quelle discipline peut débroussailler la société humaine plus efficacement que l'Histoire ? L'Histoire, je me suis dit ! Vous croyez que je pourrais faire mes premières armes en Histoire ?

– Ah ! – Mon père leva frénétiquement les bras, comme s'il allait la prendre par la nuque et la posséder illico sur la table. – Est-ce que je crois que vous, Selmita, vous pourriez faire vos premières armes en Histoire ? Ah ! Je vous ai vue si souvent étudier votre biologie, votre chimie, à quelques pas de mon Aníbal absorbé dans ses estimations d'artefacts romains et je pensais : « Ah, mais ce garçon ne peut donc pas inculquer d'une façon ou d'une autre à cette fille, lui insuffler, lui inoculer… le plaisir du passé, l'en féconder, fût-ce par pure osmose ? » Je ne serais pas surpris, si vous vous mettez à la tâche, que vous découvriez qu'en vous palpite l'authentique et ardente fibre de l'Histoire !

Pendant que, transpirant et enjoué, il terminait sa phrase, je me repassais mentalement sa malheureuse série de verbes et je ressentais l'envie croissante de remplacer son dentier par une des tasses à café. Cette galanterie obscène avec laquelle mon père traitait Selma, ce « vous » si clinquant qu'il lui dispensait, avait été sonore et cacophonique dès le premier jour. Il aimait avoir des jeunes filles autour de lui, et Selma était un cas particulier, car sa présence dans ma vie lui était absolument incompréhensible, aussi semblait-il la surveiller en permanence, observant chacune de ses valses-hésitations, avec l'intention de la faire tomber dans les filets de cirque de son célèbre « monde des idées », et en la désirant en secret.

Mais que voyions-nous donc, le professeur et moi, chez Selma ? Avant que l'attitude désespérée de mon père ne produisît l'impression que Selma était irrésistible, qu'on me permette de dire que c'était une femme avec laquelle on aurait pu partager un ascenseur durant vingt étages sans se sentir forcé de lui jeter un regard. Mais cette indifférence n'était concevable que parce que dans un ascenseur, comme presque tout le monde, elle avait une attitude passive. Et Selma comme pur objet passif du désir était, presque à tout point de vue, un être dépourvu d'intérêt. Elle avait la silhouette longiligne et languide des Teutonnes. Non pas l'aspect sain et campagnard des Teutonnes saines et campagnardes, mais cet air de privation spirituelle qu'ont les Nordiques des villes, qui n'ont pas bénéficié d'une seule journée de plein soleil depuis leur plus tendre enfance. Ses cheveux étaient d'un blond cendré et ses yeux tombants rappelaient ceux des chiens napolitains, avec l'iris d'un bleu céleste mais chargé d'une brume distante, comme celle qu'on imagine rencontrer en fendant les eaux d'un fjord. Sa bouche n'était généreuse en aucun sens du mot. Ce n'était qu'un modeste orifice au bas du visage, ourlé de lèvres fines et serrées. Son corps semblait avoir été suspendu dans une garde-robe durant des années, car ses bras tombaient exsangues de chaque côté du torse, comme si elle ne savait pas quoi en faire, et sa colonne vertébrale s'inclinait péniblement vers l'avant, en une espèce de permanente révérence involontaire. La seule partie de son corps digne d'être mentionnée, même en la considérant à l'état inerte, était ses très longues jambes qui, sans être spectaculaires, produisaient cette agréable sensation de rêverie qu'inspire la visite de certains monuments.

Cela dit, de même que le spectacle d'un tigre embaumé ne suggère pas grand-chose de ce qu'est un tigre réel, la description physique de Selma n'offre pas un aperçu de ce qu'elle était quand son *système* entrait en action. Une fois que sur l'obscure table d'opérations d'où elle paraissait émerger tous les matins le souffle de la vie entrait en elle, se mettait subitement en marche quelque chose qui était invisible sur la Selma des photographies : une espèce de tremblement, de tornade qui finissait par tout bousculer sur son passage.

Le sujet principal autour duquel se formait cette tornade née de Selma Badembauer était, naturellement, Selma Badembauer elle-même. Et l'avidité avec laquelle elle paraissait tout absorber réussissait à mettre l'univers entier à son service, car l'énergie qu'elle insufflait dans chacune de ses idées erronées était toujours supérieure à celle que j'avais investie dans la somme de toutes les idées correctes de ma vie. On pouvait dire, d'un point de vue thermodynamique, que Selma était l'exemple idéal de la machine impossible : un mécanisme capable de générer plus d'énergie qu'il n'en consomme. Et elle consommait, il faut le dire, une quantité astronomique d'énergie. De même qu'elle était capable de mobiliser toute sa volonté pour assassiner neuf scarabées pendant un long mois – mois où elle en arriva à revêtir, pour éviter la contamination des terrariums, un tablier blanc, bien qu'elle fût chez elle en train de prendre un café au lait –, de même elle pouvait rire au spectacle d'une comédie comme si tous ses neurones disjonctaient sous l'effet d'un soudain court-circuit, parler pendant une demi-heure à un carré de plantes pour stimuler leur croissance ou courir vingt kilomètres en remontant une pente. Devant une telle débauche d'enthousiasme, on ne pensait jamais qu'elle allait survivre plus de cinq minutes, et la constatation renouvelée que malgré tout elle était toujours là, avec un sourire satisfait, était une des principales sources de mon bref mais intense bonheur.

Comme il fallait s'y attendre, la décision de Selma de se confronter pleinement à l'Histoire fut secondée par le professeur avec une ferveur confinant au désespoir. Je suppose que mon père, en quelque recoin de son âme, espérait que l'engouement de Selma parvînt un jour à me contaminer. Et si tel n'était pas le cas, il gardait au moins l'espoir d'avoir la jeune femme près de son bureau, pour pouvoir respirer, en lisant ses monographies, le parfum fruité de sa chevelure. Si bien qu'à la seule mention de son nouveau centre d'intérêt, il l'ensevelit sous une pluie de brochures universitaires. Il voulait à tout prix qu'elle fût sa pupille.

L'une de ces brochures, plutôt succincte et fanée,

concernait l'octroi de bourses destinées à des étudiants sans expérience préalable, pour un programme de trois ans, de spécialisation en « divulgation historique ». Bien qu'il fût proposé par une prestigieuse école supérieure de Montréal, ce cours avait quelque chose de suspect, car que diable allait-on apprendre en trois ans sur la divulgation de n'importe quelle discipline ? Ne fallait-il donc pas connaître profondément un sujet avant de se lancer dans sa divulgation ? Trois ans étaient à peine suffisants pour tremper ses pieds sur le rivage de la mer de l'Histoire ! Le plus inquiétant était qu'au lieu de solliciter, pour l'évaluation du dossier, la liste complète des mérites du candidat, on ne lui réclamait qu'un bref essai historique, d'une petite vingtaine de pages. Il me parut d'emblée qu'il s'agissait d'un de ces cours fantomatiques subventionnés par des fondations culturelles pour payer moins d'impôts, aussi, devant l'intérêt croissant de Selma, je choisis de prendre la chose avec un certain humour. Je baptisai ce formulaire « La loterie académique de Montréal ». De son côté, le professeur déclara, à seule fin de me contrarier, que le prospectus semblait « plus qu'intéressant ».

Selma, dont le contact avec l'Histoire se limitait à avoir vu deux fois *Ben-Hur* – on ne savait si c'était par intérêt pour l'époque ou par admiration pour Haya Harareet, l'actrice dont le pauvre Charlton Heston était amoureux dans le film –, décida de tenter sa chance avec cette bourse et se prépara à présenter un essai sur un aspect quelconque de l'histoire romaine, qui pût être considéré comme « pointu et inexploré ». Si son obstination n'avait pas été quelque peu dramatique, la situation aurait été franchement risible. J'imaginais le professeur en train de lire cet essai de vingt pages,

« pointu et inexploré », et concluant qu'elle et moi étions vraiment faits l'un pour l'autre.

– Quel empereur romain rencontre-t-on le moins dans les essais ? me demanda Selma un après-midi, une tasse de thé fumant à la main. Nous étions assis sur la banquette à bascule du jardin. Dans son esprit, « les essais » semblaient constituer un ensemble discret et réduit d'œuvres, sur lequel je devais, pour une raison quelconque, tout savoir. Sa tasse de thé à la main, elle me regardait avec une expression débordante de foi.

Bientôt commença à se former dans mon esprit un plan machiavélique, un modèle d'intrigue palatine dont je me croyais jusque-là totalement incapable. Elle se déplia sur la face interne de mon front, comme l'eût fait à peu près le plan d'une banque sur lequel une ligne en pointillés indique le chemin exact à creuser pour atteindre la chambre forte.

– Tous les empereurs romains, sans exception, ont fait l'objet d'innombrables essais, commençai-je l'air détaché mais sur un petit ton académique. Cependant, il y en a un qui est très intéressant, pour une foule de raisons : Caracalla.

Sur quoi je me raclai la gorge avec le plus grand sérieux et parlai d'autre chose, comme si le sujet avait été suffisamment discuté.

Ce soir-là, Selma annonça au professeur qu'elle allait travailler sur la figure de Caracalla, qui lui paraissait avoir un « potentiel inexploré ». Le professeur se montra un peu amusé au début, puis voyant stimulée sa condition de spécialiste et d'érudit, il commença à empiler sur le bureau la douzaine de livres qu'il jugeait indispensables pour aborder, au moins superficiellement, la dynastie des Sévères. Il lui parla de Septime l'Africain, de Geta l'Immolé et bien sûr du sanguinaire Caracalla, sans perdre un seul instant hauteur, brillant et artifice. Malgré son enthousiasme démonstratif, mon père ne souhaitait pas du tout que Selma obtînt cette bourse, car si elle partait, il allait perdre une de ses sources d'admiration inconditionnelle, de papotage vespéral et de ce qu'il appelait « consolation de ses heures crépusculaires ». Mais il voulait néanmoins lui faire sentir qu'il la soutenait, comme sa « pupille », dans tous ses projets. Son désir intime était qu'elle échoue catégoriquement dans ses tentatives afin qu'elle voie en lui un soutien indispensable pour toute entreprise future.

Ce matin-là, après avoir lu, dans son style frénétique, un tome et demi de ces ouvrages gros comme un rouleau à pâtisserie, Selma me confia que « Lucius Septimius Bassianus, appelé aussi Marcus Antonius Antoninus et finalement surnommé Caracalla » – elle le dit ainsi, exactement dans cet ordre – semblait avoir été en vérité un individu fascinant, mais qu'elle souhaitait trouver un angle nouveau, un modèle caché de son règne, une forme invisible de l'ordre sous-jacent au chaos de son administration. Elle commençait à pressentir qu'elle ne trouverait jamais cette gemme à l'état brut. Peut-être, finit-elle par concéder, qu'elle avait un peu sous-estimé le sujet.

– Eh bien… – Je levai les yeux et perdis mon regard dans le feuillage d'un arbre et je marmonnai sur le ton avec lequel on évoque un propos très lointain entendu par hasard sur un marché : – Caracalla est devenu très célèbre, entre autres choses, à cause de l'importance qu'il a donnée aux bains… Je ne sais si je t'ai déjà parlé des idées que j'ai eues au sujet de la répartition de la clientèle aux bains de Rome, justement à cette époque. Ça ne te dit rien ?

– Je ne vois pas… On a parlé de tant de choses ! Qu'est-ce qui se passait dans ces bains ?

Alors, tandis qu'elle prenait des notes avec ce zèle si particulier que l'on a déjà pu admirer, je lui distillai à petites doses tous les arguments de mon essai raté, *Distribution des services dans les bains…*, et cætera, en lui offrant en outre tous les plans, les coupes transversales de Rome, certains de mes anciens drapeaux et aiguilles, et en lui expliquant comment le processus par lequel les plébéiens riches s'étaient approprié certains droits privés des patriciens formait un parallèle parfait avec le développement de la partie municipale des bains publics. Pendant quatre heures je lui ai parlé de façon réfléchie, didactique et critique, en présentant, dans une affable disposition au dialogue, les arguments favorables et contraires à ma thèse et en faisant bien sûr en sorte que, dans la libre arène des idées, ces misérables arguments défavorables fussent implacablement réduits en poussière de bibliothèque.

– Aníbal Brener, vous êtes un génie et vous me l'aviez caché ! s'exclama Selma en me vouvoyant, les yeux écarquillés comme des phares et avec une voix de collégienne : je savais qu'elle me réservait le vouvoiement pour les moments où elle éprouvait un pic soudain d'amour. – J'ai pris vingt-sept pages de notes. Si avec ce résumé je n'arrive pas, demain à la cafétéria, à composer un essai de vingt bonnes pages, c'est que ma place sera pour toujours dans les sciences biologiques. Vous ne voudriez pas tenter de concourir pour cette bourse de Montréal ? Ce sont vos idées, après tout, et moi je vous suivrais jusqu'au bout du monde à dos d'éléphant, Aníbal Barca !

À ce dernier mot, elle appuya tendrement sa tête sur mon épaule. Je fus ému de constater que pendant que j'organisais une vendetta sophistiquée contre le professeur, Selma pensait, au fond de son cœur, à des choses beaucoup plus simples et significatives, comme par exemple si j'étais disposé à la suivre dans le cas improbable où elle obtiendrait son absurde bourse. Souriante, elle me regardait cependant avec un plaisir inquiet, sans cesser un seul instant de scruter mon visage. Pour toute réponse, je l'embrassai résolument derrière l'oreille, ce qui sembla dissiper sur-le-champ toutes ses inquiétudes.

Le lendemain matin, après m'être levé et avoir déjeuné seul, je l'aperçus de l'autobus qui m'emmenait à la faculté. Elle était, comme elle l'avait promis, assise à une table près d'une fenêtre de la cafétéria. Elle agitait spectaculairement la main, comme si au lieu d'une machine à écrire, elle manœuvrait un métier à tisser ou une vieille presse. L'énergique déploiement de l'ouragan Selma était surveillé derrière le comptoir par un couple de serveurs accablés, qui ruminaient leur exaspération sans oser s'approcher de sa table pour lui dire que le bruit de ses doigts sur les touches était plus fort que la musique du juke-box. C'est du moins ce que j'imaginais. Mon autobus repartit. Je souris un moment, car je trouvais la scène très drôle, mais peu après je commençai à me sentir coupable. Je l'obligeais à participer à une dispute familiale pour qu'elle constate la mesquinerie du professeur et cesse de l'aimer. S'il en arrivait à la traiter avec la moitié du mépris qu'il témoignait pour mes écrits, ce serait, pensais-je, la fin de leur idylle. Mais si légitime que fussent mes motifs, je savais que j'agissais de façon très discutable.

À la faculté, j'entendis deux professeurs, près de l'accueil du département, parler d'un appel à concours. Pendant que je me penchais en faisant semblant de chercher du papier pour la photocopieuse, j'en entendis assez pour comprendre qu'au moins deux de leurs étudiants de doctorat postulaient pour la même bourse que Selma. Avais-je mal compris ? Ces types parlaient du concours, que j'avais qualifié de loterie, comme s'il s'agissait d'une authentique panacée académique ! Ils disaient que les cours étaient dispensés par de grands cracks et mentionnèrent en passant deux ou trois auteurs incontournables. Le pire fut qu'après avoir égrené cette liste d'éminences, ils laissèrent aussi entrevoir qu'une foule de chercheurs se présentait à ce concours, pour seulement six places.

Je rentrai chez moi perturbé. Qu'avais-je fait ? J'avais considéré avec légèreté une bourse très sérieuse, pour laquelle Selma, si elle persistait à postuler, pouvait finir ridiculisée et humiliée !

Je l'attendis dans un fauteuil, avec un grand verre de vin à la main, mais elle ne revint qu'à onze heures du soir. Malgré tout, comme il fallait s'y attendre, elle était encore animée de l'énergie de onze heures du matin. Elle ôta son manteau, le jeta d'un seul geste dans un coin, tel un insecte dépliant ses ailes avant de sauter sur une branche éloignée.

– Finalement, j'ai dû aller dans trois cafétérias, parce que dans la première on m'a demandé de partir et dans l'autre ils ont fermé à la tombée de la nuit. Qu'est-ce qu'ils ont les gens avec les machines à écrire ? Ils peuvent passer dix heures dans un bureau où il y a cent dactylos, mais au bout de trois minutes dans une cafétéria, on dirait qu'ils vont entrer en convulsions ! De toute façon, voilà le texte : *Autant en emporte l'eau. Une mémoire des mouvements sociaux dans les bains romains.* Comment trouves-tu le titre ?

Comment je trouvais le titre ? Cette horrible et cacophonique variante d'*Autant en emporte le vent*, encore aggravée par ce sous-titre quasi trotskyste, qui faisait apparaître les bains comme si, plus que le reflet indirect et passif de certains processus sociaux, ils étaient leur épicentre et leur moteur primitif ?

– Alors, qu'est-ce que tu en penses ? insistait-elle, tandis que ma gorge nouée et tremblante se refusait à émettre le moindre son. – Bon, je comprends. Je rentre tard, dit-elle enfin en m'avançant d'un seul geste un petit tabouret de piano. – Tiens, assieds-toi là. Je vais préparer un peu de limonade pendant que tu lis le texte.

Sur quoi elle entraîna la queue de son cyclone vers la cuisine et me laissa seul. C'est ainsi que j'eus l'occasion de lire attentivement ces dix-neuf pages cuites à la vapeur, où Selma s'était permis de réduire, en un jour et trois cafétérias, le minutieux labeur qui m'avait coûté deux longues années de travail, et je dis « réduire » par pure volonté de conciliation, car en réalité le mot pour décrire son essai devrait être « perpétrer », « équarrir », « brimer », ou dans le meilleur des cas « romancer ». Tout ce qui apparaissait dans mon essai comme une hypothèse étayée par des faits n'était plus ici qu'un trait de plume, un débordement gratuit mais jamais dépourvu de dramatisme, comme par exemple : « Caracalla empathisait plus qu'il ne systématisait », ou « par une décision non linéaire, caractéristique de l'hémisphère droit », et pire encore, « le titre de César avait-il la dimension morale d'autrefois ? », à quoi l'auteur répondait, enthousiaste et dialogique : « Mais quelle signification peut-on donner à ce mot, *morale*, une fois qu'on l'a éclairé par un tant soit peu de relativisme culturel ? » Malgré tout, et en résistant à la tentation permanente de déchirer et de brûler cette liasse de papiers, je pus arriver à la dernière page, où le texte s'achevait par un remerciement effusif « aux plébéiens pour leur participation à la démocratisation de Rome ». On aurait dit une déclaration politique destinée à être lue dans une assemblée d'étudiants. Nulle personne sensée ne pouvait trouver sérieux un article écrit sur ce ton.

Selma revint de la cuisine. Elle tenait à la main sa fameuse carafe de limonade. Je ne pus réprimer un soupir. Je devais lui dire la vérité : je l'aimais de tout mon cœur, mais j'étais aussi un ignoble individu indigne de sa tendresse. Je l'avais entraînée au bord du précipice pour lui permettre, drapée dans sa syntaxe enthousiaste et approximative, de se jeter toute seule dans le vide. En outre, je lui avais fourni, intentionnellement, un des sujets que mon père dédaignait le plus au monde. Je l'avais exposée à l'impitoyable talent du professeur pour le mépris, et cela en toute conscience.

C'est pourquoi je me sentis obligé de me justifier une bonne fois pour toutes. Je lui avouai que j'étais jaloux. Que je l'avais orientée sur les bains romains à seule fin de saper son amour pour mon père et que je comprendrais qu'elle se sente frustrée et déçue. Mais qu'en tout cas, il n'y avait rien de bon à attendre si le professeur en arrivait à lire ces pages. Je lui demandai de me pardonner, il y aurait d'autres bourses, d'autres occasions et, avec le temps, elle pourrait présenter des travaux plus dignes de considération.

Selma resta silencieuse. Elle regarda sa petite pile de dix-neuf feuillets comme on regarde un enfant pédaler pour la première fois sur une bicyclette. Puis elle sourit ouvertement et avec défi. C'était un sourire complet, inédit. Je découvris à cet instant que c'était ce sourire de plénitude que, dès le début de notre relation, j'avais guetté en vain et poursuivi comme le Saint Graal.

Peut-être parce qu'elle en devinait la signification, Selma prolongea son sourire et d'un geste très serein posa sa main sur mon avant-bras.

– Si ton père pense que le sujet n'est pas intéressant, ne t'inquiète pas. On ne lui fera pas lire mon texte. Mais moi je pense que c'est génial, que sans aucun doute c'est une idée géniale, et demain matin je l'envoie directement à Montréal. Je suis plus qu'heureuse ainsi et c'est mon dernier mot.

Et avec la même expression chimérique sur le visage, elle se servit un verre de limonade à ras bord.

Parvenu à ce moment de l'anecdote, je crois inutile de dire que Selma gagna la bourse. Bien sûr qu'elle la gagna. Et, tout naturellement, elle partit sans moi. Elle m'écrivit cependant trois fois, la dernière pour m'annoncer son mariage avec Rolf Mainers, un vieux spécialiste de Sumer qui avait décidé d'étendre le champ de son tutorat de thèse jusqu'à la chambre de Selma. Elle ne se priva pas d'adjoindre à sa lettre une enveloppe fermée pour mon père contenant, en guise d'ultime estocade, les dix-neuf pages bénies d'*Autant en emporte l'eau*, qu'il qualifia, après en avoir terminé la lecture, de « version finalement intéressante d'une idée que mon fils avait gâchée en la noyant de données ennuyeuses et d'informations inutiles ». Pour m'irriter davantage, il se garda bien de mentionner qu'elle avait présenté son texte sans le lui soumettre. Mais dès que parvint l'annonce de son mariage, il cessa tout simplement de citer son nom. Une fois seulement, en me voyant cacher la flasque dans le tiroir de mon bureau, il leva les yeux et dit, sentencieux et sans la moindre compassion dans le regard : « Si j'avais flanché comme ça chaque fois qu'une fille a croisé mon chemin, j'aurais passé ma vie au lit. »

Quelle sorte de malédiction m'infligeait de nouveau le fouet de ce tourbillon, précisément le jour où un certain commandement tacite, « tu ne te rappelleras pas », aurait dû être le principe directeur de ma visite de cette maudite maison ? Quels démons avaient provoqué cette invocation ? Les livres, peut-être, et leurs grincements ? Les boîtes ? Ces inscriptions humiliantes ? La présence d'Alicia ? Et elle était plus que jolie, cette Alicia, suffisamment pour me distraire, au moins quelques minutes, de la morsure du passé ! Une belle femme, qui en plus m'accompagnait, depuis une petite demi-heure, dans la découverte de mon héritage ! L'héritage, pensai-je tout à coup. L'héritage et la fille. Les deux choses étaient apparues presque ensemble. Peut-être que Mlle Storiacci, dès que je serais rentré en possession des biens décrits dans ce mystérieux testament, souhaiterait aussi m'accompagner pour dépenser ma fortune dans les bars et les cafés. Nous demanderions la carte d'un air insouciant et jovial en claquant des doigts. Tu as envie de quelque chose de spécial, ma chérie ? Un banquet, tiens, un banquet, comme celui de Pétrone ! Je pourrais peut-être tenter d'être galant et faire ressortir mon ancienne fibre académique, lui raconter les bains romains… Ah, Alicia ! Ah, Selma !… Allais-je un jour me libérer de cette espèce de rocher ? Arriverais-je à sentir enfin qu'il est possible de vivre à l'écart du legs dont le professeur m'accablait ? Je serrai les poings au moment précis ou Húber revenait avec le verre d'eau.

– Ne le buvez pas d'un trait, me dit-il sur un ton très professionnel.

Sans faire le moindre cas de son conseil, je l'engloutis comme si je versais de l'eau dans un radiateur brûlant au bord d'une route. Le liquide eut un effet magique car en un clin d'œil je perçus non seulement une augmentation de mon tonus musculaire, mais aussi une sensation d'allégement de la pression sanguine, me permettant une respiration profonde et régulière. Les traits de Selma s'effacèrent du visage d'Alicia et, la tête penchée, je laissai le silence insuffler à la scène un certain suspense théâtral. Puis je me tournai vers eux avec une soudaine véhémence.

– Seriez-vous assez aimables pour m'emmener tout de suite au bureau de Manzini ?

– Ah, mais… – Alicia paraissait déconcertée. Que je me mette de but en blanc, encore allongé, à vouloir résoudre mes problèmes juridiques, était bien la dernière chose à laquelle elle s'attendait. – … on allait vous conduire à l'hôpital pour qu'un médecin nous confirme que vous allez bien.

– Je vais très bien, répondis-je en me redressant brusquement. Regardez-moi !

– Mais vous êtes resté évanoui plus d'une demi-heure… vous ne pouvez pas vous lever comme ça, insista-t-elle en proie à une inquiétude attendrissante.

– Bah… Qu'est-ce que je pourrais avoir ? Une tumeur ? Une hémorragie cérébrale ?

Je me mis à rire en prononçant le mot « tumeur » d'une voix plus forte, avec une crânerie quasi fébrile.

– S'il vous plaît, ne dites pas ça, supplia-t-elle en regardant autour d'elle.

À cet instant je compris qu'en réalité elle voulait dire « Ne dites pas ça dans la maison de votre père ». Car, bien sûr, j'avais cité inconsciemment, par ordre d'apparition, les causes précises de sa mort, cette mort qu'il m'avait volée de tant de manières et dont je n'avais réussi à percevoir la trame embrouillée que des mois après le dénouement, quand j'avais pu visiter la

Rotonde des Hommes Illustres et m'arrêter devant la pierre tombale noire où était inscrit, sous son nom, *Nosce te ipsum*. Alors maintenant, avec la joie irresponsable de celui qui répand de l'alpiste dans une cage bondée d'oiseaux, j'en venais à plaisanter et sourire en agitant ces causes de mort devant une admiratrice de mon père (mais qu'elle était belle !), comme si j'étais au-dessus de la mort en général et, plus encore, au-dessus de la mort du professeur, situation très loin de correspondre à la vérité et qui était de toute façon impropre à cette maison et devant cette fille.

Je la regardai dans les yeux et commençai à lui parler très bas, presque en murmurant, afin que le ton implorant de ma voix produisît un effet presque plus profond que celui de mes mots. Si j'en avais eu le courage, je lui aurais de nouveau pris la main.

– Je vais vous confesser une chose, si vous me le permettez. Il y a un moment, quand vous m'avez questionné sur la note dans le livre, je vous ai fait une réponse évasive car j'étais bouleversé. Comme vous l'aurez deviné, en dehors de ces trois boîtes, je n'espérais pas recevoir grand-chose de mon père. C'est une longue histoire, que pour le moment je vais vous épargner. Cette note, cependant, m'a révélé qu'il existe un testament qui m'est spécifiquement destiné et dont j'ignore le contenu. D'après ce qui est indiqué, il est en possession d'un certain Manzini. C'est pourquoi je dois entrer en contact avec lui.

– Quelle grande nouvelle ! s'exclama Alicia pleine d'une illusion subite, qu'elle accompagna de son sourire triste. Vous venez d'apprendre une chose merveilleuse ! Ce matin, à l'agence, quand on m'a parlé de ces boîtes, j'ai cru un instant que votre père s'était montré mesquin… Ah, que Dieu me pardonne ! Vous n'imaginez pas la joie que me procure cette nouvelle ! Je suis tellement heureuse de savoir que toutes ces appréhensions étaient injustes.

Plus que de la joie, il émanait d'elle une véritable aspiration à monter au firmament, comme si un « sens de la vie », semblable à celui que cherchait Selma, venait de briser dans son âme la coquille d'un œuf doré et réclamait à cor et à cri une nourriture spirituelle. Je regardai un moment les mains d'Alicia, qui dans sa réaction les avait portées plusieurs fois sur sa poitrine et essayai de me rappeler s'il m'était déjà arrivé d'être la proie d'une candeur comparable. Dans ma recherche, je passai en revue une série de souvenirs d'enfance, parmi lesquels figurait souvent ma mère, et bien que je mette dans ce parcours sentimental toute mon obstination, je ne pus me remémorer un mouvement aussi paroxystique des bras, ni une caresse aussi répétée et tendre à sa poitrine. Qu'allais-je lui dire, face à son explosion de joie ? Que cette mesquinerie à laquelle elle faisait allusion avait déjà eu lieu et que nul acte présent ou futur n'allait en atténuer les irréparables conséquences ? Que je ne comprenais pas du tout son enthousiasme ? Que la vie ne consistait pas à nager d'un îlot d'espoir à un autre, mais plutôt de flotter sans cap, tout bonnement comme on peut, jusqu'à ce qu'un jour les eaux nous engloutissent ? Mais aucun de ces actes de vandalisme spirituel ne valait la peine. Elle aurait bien le temps de s'écraser contre son propre mur. Et de plus, que savais-je de la vie ?

– Écoutez, si nous sommes tellement heureux, pourquoi gâcher ce moment en déambulant dans les couloirs d'un hôpital, un endroit lugubre et accablant, alors que nous pouvons aller directement frapper à la porte de maître Manzini pour lever les doutes ? Croyez-moi, je suis aussi sain qu'une laitue, dis-je en contradiction flagrante avec ma précédente série de questions, et en donnant en guise de conclusion, pour des raisons plus que mystérieuses, un bref tapotement sur l'épaule du dénommé Húber, qui parut le prendre très mal, car il se recula brusquement en me regardant de travers.

– Mais cet homme est plus en forme que moi ! On dirait qu'il vient de boire un verre d'eau bénite ! s'exclama-t-il en se regardant l'épaule, comme si l'impact de ma main lui avait laissé une bosse.

– Vous ne croyez pas qu'il vaudrait mieux attendre demain, quand vous aurez bien récupéré ? Vous avez vu ce qui se passe quand on accumule les émotions ! dit Alicia.

Elle persistait à jouer les institutrices. Ah ! J'adorais la voir ainsi, absorbée par la tâche de tuteurer mes émotions. Avec quel plaisir je lui aurais remis les deux misérables clés de ma précaire pension, pour qu'elle les ajoute à son énorme trousseau et s'occupe alors de moi comme une de ces innombrables propriétés dont elle avait la charge. Qu'elle m'aère comme ces vieilles demeures qui constituaient sa routine quotidienne. Et même qu'elle amène, en le convainquant par sa séduction féminine, le dénommé Húber pour s'occuper de mon entretien, graisser les charnières des portes, colmater les gouttières, régler mon installation électrique fatiguée et… Tout à coup je me rendis compte que, ainsi qu'Alicia le disait, ma tête n'était pas réellement remise de l'évanouissement, car cette brusque bouffée d'énergie, qui imitait si pauvrement celle de la fille un moment plus tôt, ne me ressemblait pas du tout. Le fil emmêlé de ma pensée, chargé maintenant de clés, de maisons, de charnières, de câbles et de canalisations, ressemblait beaucoup à un délire fiévreux. Mais je ne disposais pas pour le moment de l'habileté ou de la lucidité nécessaires pour changer de cap. J'étais débordé, dépassé, plongé jusqu'au cou dans une nouvelle circonstance, et tel le requin qui sait qu'il va mourir d'asphyxie s'il s'immobilise, il ne me restait plus qu'à ramer parmi ces tuyaux, ces câbles et autres gongs intérieurs, en essayant de me dépêtrer de cet embrouillamini, de sortir de la maison, de cette poussière irrespirable et, autant que possible, de récupérer un peu d'argent pour alléger mon existence. Car en ce moment, j'avais peut-être un grain de folie mais pas de bêtise, et il me restait assez de facultés pour comprendre que, désorienté ou pas, je restais pauvre comme un moine et endetté jusqu'au cou.

– Vous savez ce qui se passe ? dis-je alors en abandonnant subitement toute pudeur, tout sens de la dignité, en oubliant que je m'adressais à une âme encore préservée des rigueurs de l'âge et du désenchantement, et finalement aussi en négligeant Húber qui continuait à me regarder avec cet air de supériorité caractéristique des *personnes qui évaluent les dégâts*. – Il se passe que mes moyens sont très, très limités. En voyant ma veste en laine un peu râpée et couverte de peluches, vous allez sûrement penser qu'il s'agit d'un vestige de la bohème universitaire. Mais comme je vous l'ai dit, il n'y a rien d'universitaire dans ma vie actuelle, ni de bohème, et rien de vivant non plus, du moins pas au sens strict. Alors, bien que je sois capable de tenir compte de l'incommensurable contenu émotionnel de ces récentes découvertes, j'ai aussi dans l'esprit que ce mois-ci, je n'ai pas les moyens de payer le loyer de ma pension. Oui, ma pension. Parce que je vis, en vérité, dans une chambre de pension, une chambre pas plus grande que la chambre de bonne de cette maison, et que je partage avec un vieillard sénile qui a, par exemple, l'horrible habitude…

Je m'arrêtai brusquement. Que diable étais-je en train de faire ? Allais-je introduire dans mes propos l'image de Lucas accroupi au milieu de la pièce, en train de déposer sur le plancher sa répugnante offrande au dieu des cinglés ? Que voulais-je donc à décharger ainsi une telle horreur sur Alicia ? La changer en une espèce de déversoir confessionnel ? N'avais-je pas honte ? Je me comportais comme si mon âme était une institution, une administration publique devant produire des actes pour que son rendement puisse être contrôlé allez savoir par quelles obscures autorités. Pourquoi ? Qui donc se souciait qu'Aníbal Brener vécût ou pas dans une pension ? Aníbal Brener pouvait bien s'envoler, éclater comme un ballon ou couler au fond de l'océan, le monde n'en poursuivrait pas moins sa marche indifférente !

– Bon, vous voyez maintenant pourquoi j'ai abandonné la carrière d'historien ? J'ai du mal à exposer les faits sans entrer dans les détails. – Je souris avec une tristesse cynique et répétai une phrase qui m'avait été soufflée mille fois par mon père. – Voltaire affirmait que le secret pour ennuyer les gens, consiste à tout dire.

Húber me regarda d'un air goguenard. Il semblait vouloir me signifier que la vie n'avait pas été meilleure pour lui, mais qu'il ne se plaignait pas. Qu'il se réveillait tous les matins, peignait laborieusement la mèche qui sillonnait son crâne chauve et sortait réparer des timbres, des persiennes, des dalles descellées et des câbles usés comme on part à la guerre, sans philosopher ni se lamenter, et qu'en trente ans de travail il n'avait jamais rencontré un fainéant aussi diplômé que moi. S'il avait pu, en surmontant les difficultés inhérentes à son origine, obtenir le diplôme universitaire que j'avais décroché avant d'avoir du poil au menton – et que je n'avais jamais songé à encadrer et à suspendre –, il serait sûrement en train d'exercer la profession avec succès et enthousiasme, et non pas à geindre devant une humble employée d'agence immobilière pour qu'elle l'aide à affronter ni plus ni moins que l'avocat de son propre père. Bien sûr qu'il avait raison, l'homme d'entretien, avec son silence et son regard ironique ! N'étais-je donc pas un homme ? S'il existait en ce monde un testament me concernant, quel qu'il soit, j'avais cent fois le droit d'en prendre connaissance, seul ou accompagné, et d'exiger son exécution sans délai ! Que pour une fois au moins, le patronyme de Brener, cette espèce d'ornement de marbre qui me courbait l'échine, me soit bénéfique !

– Vous voulez un autre verre d'eau avant qu'on parte ? demanda Húber, tranchant finalement la question de savoir si le patient était prêt ou non à sortir. Avec sa question, il m'offrit de nouveau ce sourire béat mais forcé que l'on adresse aux sujets gravement aliénés.

– Merci. Ce n'est plus nécessaire.

Et, illico, je pris une des boîtes que je hissai sur mon épaule droite.

– Allons-y, dit-il en tendant la main. J'avais fait un pas vers la porte lorsque, du coin de l'œil, je le vis hausser les sourcils en regardant Alicia. Expression typique par laquelle on signifie à un autre qu'un tiers dans la même pièce est un peu fêlé. Pour ma part, je devais accepter que, vu ma pauvre performance de ces dernières minutes, je manquais d'arguments pour dissiper cette impression.

Néanmoins, cette observation me détourna un moment de mon malaise physique. Ce n'est qu'en bas de l'escalier que je pus constater combien j'avais encore le tournis. Le poids de la boîte devenait de plus en plus pénible à supporter et j'avais mal à la tête. On aurait dit que j'étais puni pour avoir parlé en plaisantant de la tumeur de mon père et que je souffrais maintenant d'au moins un de ses symptômes. Voilà qui aurait été un héritage digne de l'affection que mon père me portait : m'offrir aussi ses souffrances finales comme le couronnement d'une vie destinée à l'inutile émulation de sa personne. Et me tordre de douleurs qui n'étaient pas les miennes, dont on pourrait même dire qu'elles m'étaient *particulièrement étrangères*, puisque je n'avais pu en être le témoin direct, étant donné que l'alcool et mon défaut manifeste de fibre historique nous avaient obligés à suivre des années durant deux voies divergentes, d'où chacun se souciait à peine de l'existence de l'autre. Bah ! De l'existence quotidienne, je veux dire, ce que nous appelons « les nouvelles », car dans le sens général et historique chacun en savait assez pour établir le sommaire de deux ou trois vies. Ce fut peut-être pour cette raison que personne n'avait cherché à me joindre à l'annonce du premier diagnostic, quand apparut, à travers un procédé que j'imagine comme un certain type de résonance – et je dis « j'imagine » parce que je n'ai jamais pu savoir comment cela s'était passé –, cette espèce d'amande hypertrophiée qui lui était née dans la zone de l'hippocampe, là où justement s'effectue l'accès à la mémoire, et qui en un peu moins de trois mois avait grossi jusqu'à prendre la taille d'un fruit mûr sur le point d'éclater, ce qui eut lieu en définitive dans la salle de soins intensifs, où aucun membre de la famille n'était présent. À aucune des étapes de ce processus on ne m'avait prévenu, donné rendez-vous ou ne s'était souvenu de mon existence. Ma condition de fils égaré ne me permettait pas, je suppose, d'être assez convenable pour accompagner le professeur pendant les dernières semaines où nous aurions pu, fût-ce seulement parce que la mort eût été assise entre nous deux avec son sablier, faire la paix, ou du moins tenter une certaine forme de réconciliation. J'aurais peut-être pu lui offrir un sourire, lui retirer le plateau avec l'assiette à soupe vide, passer la main sur le dessus-de-lit pour en ôter les miettes de pain et tenter alors, comme si de rien n'était, au moins l'imitation d'une caresse. Rien de tel n'eut lieu. En revanche, je dus constater avec amertume que mon père n'avait noté nulle part le numéro de téléphone de la pension, comme s'il n'avait même pas prévu de m'informer de sa mort, et ne l'avait pas donné non plus aux membres de la fondation, de sorte que j'avais appris son décès à la télévision, lorsque, une tasse de café à la main, j'avais assisté au spectacle des vingt et un coups de canon tirés par l'État en son honneur, et du drapeau hissé laborieusement, tout en consacrant une partie substantielle de mon attention à éviter que la tasse en question ne me tombe des mains et salisse le tapis de la pension, car depuis que j'avais entendu la nouvelle mes doigts tremblaient comme des joncs glacés dans une bourrasque. L'information dura à peine une minute, avec le rappel de deux ou trois phrases prononcées par le ministre de la Culture dans son long panégyrique, et se termina sur une image de Berta qui, affligée, recevait l'accolade du recteur de l'université. Ma sœur formait à elle seule, massive comme toujours, la totalité des membres de la famille. Tous les autres participants étaient là, convoqués par la fameuse « fibre de l'Histoire ». Aucun de ces savants chercheurs qui lui avaient rendu visite dans ses derniers moments n'avait eu la lucidité, l'honnêteté ou les moyens nécessaires pour ouvrir l'annuaire téléphonique et chercher dans la rubrique « Pensions » celle où logeait un certain individu perpétuellement tombé du lit appelé Aníbal Brener. Tous supposaient que si le professeur ne l'avait pas appelé à ses côtés, il devait avoir ses raisons. En fin de compte, il y a dans ce monde certains enfants indésirables et on ne sait jamais quand on peut tomber sur l'un d'eux.

Je me rappelle avec une singulière consternation que lorsque j'eus l'occasion, mon père mort et enterré, de me présenter à son neurochirurgien, celui-ci me déclara en toute ingénuité : « Je ne savais pas que le professeur avait un fils… vous vivez à l'étranger ? » Je ne pus que répondre oui, sans toutefois préciser que ce pays où j'habitais, différent de celui du professeur, était cependant situé sur le même territoire, mais restait inconnu de l'université.

Tous, du ministre de la Culture et du recteur de l'université jusqu'à ces horribles cameramen – qui m'offrirent, il faut le reconnaître, même si c'était sur le petit écran, l'occasion de voir Berta pleurer pour la seule et unique fois de sa vie d'adulte –, pouvaient aller en enfer, où des diablotins se chargeraient de les priver pour l'éternité de toute nouvelle les concernant.

Alors, bien sûr, vu la rancœur née de cette privation, il n'était pas étonnant que le fantôme du professeur ait maintenant choisi ce bouleversement pour me martyriser : faire que, avant que je puisse de nouveau échapper à son joug, ma santé vacille au moins pour un moment, comme un rappel que l'ombre du doute, qui dans mon cas était toujours l'ombre de mon père, m'accompagnerait jusqu'à la fin de mes jours.

Je m'appuyai avec la boîte contre le chambranle de la porte. Je respirai profondément et fermai les yeux.

Hors de cette énorme tanière suffocante et familière, le monde extérieur me parut soudain très vaste, ou très lointain, ou simplement impossible à appréhender avec mes pauvres et simples moyens. Je crus que le vertige allait me faire flancher sur mes genoux. J'eus un instant la sensation que c'était la fin et je me refusai à tomber en déclamant, en tirant des conclusions et en prononçant la pénible chronique de mon sort. Je n'avais ni les capacités ni l'envie de m'embarquer dans ces traversées inutiles. Qu'ils aillent tous au diable. Si je devais mourir, ce serait dans un insolite, un inhabituel silence. J'ignorerais moi-même la teneur de mes derniers mots intérieurs.

Deux ou trois secondes passèrent et, contre toute attente je ne mourus pas. Si une tumeur quelconque avait prévu d'éclater dans ma tête, ce ne serait pas à cet instant précis. Je rouvris les yeux, comme s'il m'était donné l'occasion de le faire pour la première fois. Bien que je fusse aveuglé par le soleil de l'après-midi, mon naissant mal de tête disparut mystérieusement. Il s'évanouit après quelques battements de paupières.

– Vous vous sentez bien ? demanda Alicia.

– Oui, merci. Parfaitement bien. Je me sens comme un gamin. Regardez-moi, je n'ai jamais été mieux, dis-je avec le sourire, en faisant d'abord quelques pas hésitants, puis presque en bondissant avec la boîte vers une fourgonnette que je supposai être celle de Húber. Alicia me regarda, pensive, puis elle pointa du doigt mon visage sans la moindre inhibition :

– Ah ! Maintenant je comprends pourquoi vous m'êtes familier : quand vous souriez, on dirait votre père !

3

Pour une raison que j'ignore, la première citation latine qui s'est gravée dans ma mémoire fut : *Stultitiam simulare loco sapientia summa est.* Je ne sais pas très bien quand ni comment. Je n'en fais mention que parce qu'à un moment mon père avait commencé à dire de moi, non pas que j'étais un pochard ou un incapable, mais carrément un fou. Et il employait ce mot précis, fou, auquel faisait aussi référence cette citation d'Érasme dans un sens particulier, ici la forme la plus haute de sagesse est de passer plutôt pour un idiot que pour un fou, car le mot *stultitiam*, que l'on pourrait traduire librement par « sottise », était en latin quelque peu ambigu et désignait indirectement le fou, mais beaucoup plus clairement l'idiot. Et même si dans la perspective du professeur j'ai fini par être un peu les deux, il est tout aussi vrai que pendant les trente premières années de ma vie, le mot « fou » avait été absent de la batterie d'insultes que je recevais régulièrement de sa part. Ce n'est qu'à la fin, les derniers mois où nous nous fréquentions encore, qu'il commença à apparaître dans son discours, et je crois alors que, par cet irrépressible débordement de rivalité qui nous fait incarner, face à un opposant, exactement ce qu'il dit que nous sommes, j'adoptai plusieurs fois des attitudes qu'un homme de son âge et de sa formation aurait cataloguées sans réfléchir un seul instant comme *folles* et que, tandis qu'elles s'incorporaient jour après jour dans ce système complexe d'opposition au professeur, je pouvais moi-même reconnaître comme étrangères et introduites dans ma conduite en vertu du choc entre deux grandes pulsions de ma vie : le besoin d'être reconnu par mon père et le désir de m'opposer à lui. De sorte que ce personnage affolé, qui correspondait si bien à ce que le professeur attendait de moi, était aussi un peu sa fantaisie, sa création, ou du moins le résidu de notre guerre, dans la succession de batailles de laquelle je fus de plus en plus belliqueusement ce qu'il désirait combattre et de moins en moins moi-même.

À présent, assis dans la fourgonnette de Húber, je récapitulais tout cela en pensant à la mimique outrageante à mon égard de cet homme d'entretien quelques minutes plus tôt, cet éloquent « ce type est fêlé » formulé par un simple haussement de sourcils, et, soupesant mon dossier, je me voyais obligé de lui accorder une certaine dose de raison ; mais ce faisant je tenais néanmoins à maintenir une vérité de plus grande et vaste portée autobiographique : je voulais affirmer très clairement, même pour moi seul, que jusqu'à ce jour, y compris dans des contextes plus extrêmes, j'avais été un homme fondamentalement sensé, qui répondait de façon un peu tordue à des stimuli encore plus tordus que mes réponses. Je sais que la rengaine classique du fou, son slogan favori et la conséquente bande sonore de toute crise de nerfs exécutée devant des gardiens en uniforme, est justement « Je ne suis pas fou », c'est pourquoi je préfère repousser cette allégation inutile et accepter que si, je le suis, que j'ai vécu dans un contexte qui favorise une conduite défaillante, une espèce de fuite vers un monde insaisissable, ou du moins trop lointain pour être gouverné par le professeur, et je revendique cette fuite comme la façon que j'ai trouvée de conserver justement une certaine raison. Dans ce sens, peut-être sans le vouloir, j'ai fini par être d'accord avec Érasme en ce que ce mode d'évasion constitue une forme de sagesse, un allégement de l'expérience, une espèce de congé permanent sans solde, qui permet d'être sans être, de telle sorte qu'on puisse être libre, dans le mètre carré exigu qui nous a été assigné. Mais, bien sûr, à quel prix ! L'adolescent, comme tout « irresponsable », est exempté de prison, mais privé aussi du droit de vote ou de se marier sans le consentement de ses parents. Et bien qu'il y ait des prisons spéciales pour adolescents, il n'y a pas de vote spécifiquement conçu pour cette forme « d'irresponsabilité », si tant est que cet état soit universel et inévitable. Si bien que, dans mon cas, le poids d'une étiquette beaucoup moins transitoire, celle de dipsomane invétéré, de brebis égarée ou de fou, m'avait pourvu d'un certain sanctuaire dans mon propre et inexpugnable terrier, d'un petit réduit dans lequel il ne m'était exigé d'autre responsabilité envers mes congénères que de taper ces horribles monographies d'étudiants pour payer le loyer de ma tout aussi horrible pension, ce taudis où, en revanche, l'entrée était tacitement interdite au professeur, à Berta et à l'Histoire avec majuscule, interdiction qui de toute façon arrangeait tout le monde, car personne n'a envie de fréquenter un fou. Ainsi, en cherchant la protection de ce douteux sauf-conduit, je finis par permettre à mes êtres chers de suspendre au-dessus de moi l'écriteau qui leur plaisait le mieux, car je voulais, plus que tout autre chose au monde, qu'ils me fichent la paix, mais dans la manœuvre je perdis aussi la voix et le vote, comme il arrive à tout irresponsable, et je dus alors renoncer aux droits les plus élémentaires, comme celui d'entrer dans la maison paternelle, de voir mourir mon géniteur ou de recevoir un héritage figurant noir sur blanc dans un testament. Quoi qu'il en soit, il était évident que j'avais contribué à ce diagnostic et à ses conséquences inévitables. Aussi ne me restait-il qu'à accepter ma part de responsabilité dans mes propres tourments.

J'étais plongé dans cette litanie de récriminations contre le monde entier et moi-même, lorsque la fourgonnette freina brusquement. Une petite auto avait débouché sans prévenir d'une rue adjacente, obligeant Húber à bondir sur la pédale de frein avec une rapidité féline. La plus petite des trois boîtes glissa de mon siège. En un geste réflexe, je serrai dans ma main le dos d'*Histoire du déclin et de la chute de l'Empire romain*, laissant tomber la boîte par terre. Heureusement, elle ne s'ouvrit pas.

– À quoi tu joues, imbécile ? Tu veux tous nous tuer ou quoi ? s'écria Húber en sortant la tête par la fenêtre, tandis que le petit homme qui conduisait la voiture, maintenant en travers au milieu de la chaussée, fronçait d'abord les sourcils, puis tout son visage, comme s'il se débattait entre la honte et la colère.

– Il n'y a pas de feu rouge ! rétorqua-t-il finalement, exténué. On aurait dit que l'étrange froncement de ses traits lui avait demandé un intense effort de concentration.

– C'est bien pour ça, imbécile, qu'il faut regarder si quelqu'un vient de ta droite, triple imbécile !

Dans sa façon quasi déclamatoire de répéter le mot « imbécile », on sentait bien que Húber trouvait une extrême satisfaction.

Je pensai que cela pourrait me faire du bien de crier dans la rue ce même mot, imbécile, un long moment, avec d'infinies et successives inflexions, jusqu'à vider mon énorme réserve de défoulements remis à plus tard, mais aussitôt je me dis que ce droit d'injurier à tue-tête était aussi un de ceux qui, vu ma condition, avaient fini par rester hors de mes possibilités. Je ne voulais pas être étiqueté et interné. C'était déjà bien assez.

– Écoutez, dit Alicia en se tournant vers moi, comme si toutes ces vociférations n'étaient pas de notre niveau et donc ne nous concernaient pas. Cette porte, un peu plus loin, est l'entrée du cabinet de Manzini. J'y suis allée plusieurs fois pour rapporter les clés. Voulez-vous qu'on vous attende ici et puis qu'on vous ramène chez vous avec les boîtes ?

Je ne m'étais pas préparé à arriver si vite. Dans mes affres autocompassionnelles, j'avais complètement oublié que j'étais dans une fourgonnette en mouvement et que la longue séquence de formes et de couleurs qui avaient défilé pendant une demi-heure devant ma fenêtre était en réalité une ville, avec ses maisons, ses arbres et ses gens, de sorte que m'extraire brusquement de mes pensées m'avait laissé hébété, comme si, sortant de la dernière séance dans une salle obscure, j'avais du mal à accommoder ma vue.

Alicia m'indiquait encore le trottoir opposé d'un air aimable et interrogateur. Pendant que je regardais fixement la porte en question, le conducteur de la petite auto – l'imbécile – dirigea son véhicule devant l'entrée même du cabinet de Manzini, où il se gara après avoir effectué un laborieux créneau. Il descendit de sa voiture et pressa la sonnette de la porte.

– Dites, le conducteur de cette voiture ne serait pas Manzini par hasard ? demandai-je en craignant que la brusquerie de Húber et son usage libéral de l'épithète ne m'éloignent pour toujours de mon héritage. J'avais suivi tout l'incident depuis le siège arrière, assis entre mes boîtes, mais je me rappelai que pendant le froncement de sourcils par lequel le petit homme avait accueilli le mot « imbécile », il avait jeté un long coup d'œil à notre fourgonnette, une inspection tellement détaillée qu'elle s'était sûrement étendue au siège arrière, à mon visage et à mon air absorbé.

– Non, non, dit Alicia en riant, comme si on venait de lui raconter la blague la plus drôle du monde. Manzini est un homme corpulent et grand, avec une grosse voix plutôt menaçante.

L'image de ce Manzini *corpulent* et *menaçant* ne fit rien pour calmer mon appréhension. Je me rappelai que, sorti ce matin dans la seule perspective d'emporter des boîtes, je n'avais pas jugé nécessaire de bien m'habiller. Rien dans ma tenue n'évoquait un universitaire ou un homme de valeur, mais bien plutôt une espèce de vagabond ou, pis encore, de parasite. Je n'avais même pas pris l'élémentaire précaution de me munir de mes papiers d'identité. Je pouvais être un vague parent lointain, ou même un voisin, ayant appris tardivement la mort du professeur et qui venait à présent solder de vieilles dettes, ou des disputes, dont il n'y aurait nulle trace. J'imaginai déjà le regard de l'avocat me toisant de la tête aux pieds. Cet air de fausse indulgence avec lequel on regarde les proches du défunt qui se présentent dans les études juridiques, l'assentiment qu'on leur accorde tout en remarquant leurs mains moites, le désordre des dossiers où ils rangent leurs papiers, leur voix mal assurée et souvent crispée, leur façon de trébucher sur des contradictions et des inexactitudes qui finissent en général par disqualifier leurs demandes bien avant que l'avocat commence à ouvrir la bouche, et cætera. Alors, cette accumulation de dangers et de menaces légales, de contrats et de clauses minuscules, de citations et de plaintes commença à s'empiler dans ma tête comme sous un auvent on empile du bois pour un gigantesque foyer, et face à une telle invasion de mon espace mental, je laissai passivement s'écouler les secondes, incapable de répondre à Alicia, car l'endroit qu'elle indiquait de son délicat index pouvait être la destination de notre trajet en voiture ou la bouche de l'enfer, selon le point de vue, et bien que j'eusse l'intention de la remercier pour son usage de ce doigt si bien disposé, je ne faisais que suivre une ligne qui reliait le bout de son doigt à la porte de Manzini, et dans cet incessant va-et-vient que mes yeux effectuèrent d'innombrables fois avant que je me résolve à lui répondre, Aníbal Brener se vit floué, dévalisé, expulsé du cabinet de l'avocat, déshérité, physiquement et spirituellement mort, et ressuscité juste à temps pour revenir dans l'ordre circulaire de mon tourment, de sorte qu'au bout de toutes ces formes prévues de disparition j'avais pu réintégrer maintes fois le corps inerte qui contemplait la scène à l'intérieur de la voiture, privé de souffle, incapable de répondre à la question d'Alicia.

– Alors, vous voulez qu'on vous attende ? demanda-t-elle de nouveau en baissant enfin ce doigt qui, après tant de meurtres hypothétiques, avait fini par ressembler à un ornement statuaire de mausolée.

– Je… murmurai-je. Dans le cours de ce balbutiement je m'efforçai de ramener les derniers cadavres d'Aníbal dans la voiture, afin que ma personne définitivement ressuscitée puisse se permettre le luxe de parler. – Ce… ce qu'il y a, c'est que je n'ai pas pris mes papiers, alors je me demandais, puisque vous connaissez Manzini… Enfin, si vous… vous qui le connaissez… peut-être qu'avec moi il se permettra… enfin si ça ne vous embête pas…

– Il veut que vous l'accompagniez pour le présenter, traduisit Húber à Alicia avec ironie, en coupant ma phrase, comme on le fait quand un adolescent tourne autour du pot pour dire quelque chose qu'il vaut mieux énoncer d'une traite.

– Comme vous le connaissez… répétai-je d'une voix montant dans les aigus, une espèce de couinement de souris qui ne fit que parachever le tableau de ma complète et irrécupérable couardise.

– Ah bon… réagit-elle, en adressant à Húber un haussement de sourcils quasi identique à celui par lequel il avait souligné mon caractère « différent » lorsque nous avions quitté la maison. – Bon… bon, d'accord, je vous accompagne, si vous y tenez… Si vous… À votre service, Brener… De toute façon, j'avais l'après-midi libre, alors allons-y.

Pauvre Alicia. Que pouvait-elle me dire d'autre ? Retournez dans votre pension minable et ne me cassez plus les pieds ? Comportez-vous en adulte et occupez-vous tout seul de vos affaires ? Pourtant, et en dépit de ces élucubrations, elle continuait de me regarder avec ce sourire triste, si particulier, et à vrai dire rien dans sa conduite n'indiquait que son dialogue intérieur adoptait les termes que j'imaginais. En cherchant à pénétrer ses pensées, comme si un tel acte de divination était possible, je tombais une fois de plus dans les extrapolations classiques du professeur, autrement dit, j'exhibais la même irritante certitude avec laquelle il se permettait de discourir sur les motivations d'une personne sans que celle-ci eût offert le moindre témoignage de son processus intérieur ; la même fausse clairvoyance avec laquelle il analysait un personnage à partir de quelques mimiques isolées, quelques attitudes, insignifiantes hors de leur contexte, vouées à s'évanouir, comme ces animaux et ces visages que forment les nuages, ces traits qui paraissent précis un instant et la seconde d'après se défont. Bref, de même qu'il ne connaissait personne comme il se le figurait, de même je ne connaissais pas Alicia et ne la connaîtrais probablement jamais. Je devais m'y résigner.

Je finis par ouvrir la porte de la fourgonnette, car malgré ce « allons-y », Alicia semblait encore hésiter à quitter son siège et je pensai alors qu'elle devait attendre que je fasse le premier mouvement. Debout sur le trottoir, je me rappelai le visage suffocant d'indignation avec lequel l'homme à la petite voiture – l'imbécile – avait réagi à l'affront. Je me demandai si j'allais le retrouver dans le bureau de Manzini, et de quel côté du comptoir, si du moins je devais le revoir. Dès que j'eus fermé la porte de la fourgonnette, je remarquai que j'avais emporté, bien malgré moi, l'ouvrage de Gibbon. Je pensai que si Manzini avait effectivement le testament, alors la lettre insérée page quatre cent quatre-vingt-douze du livre aurait rempli sa seule et unique fonction : m'amener devant cette porte. Je pensai une seconde jeter le livre vers mon siège par la fenêtre d'Alicia, mais imaginant comment elle pourrait interpréter ce geste, je décidai de le garder à la main.

Alicia descendit du véhicule après avoir échangé quelques mots, que je ne pus saisir, avec Húber. Préférant ne pas spéculer sur le contenu de ce dialogue, je décrétai de façon irrévocable qu'il avait été question du temps qu'il devrait nous attendre et de l'endroit où il pourrait garer la fourgonnette. C'est ça, me dis-je. Ils se sont juste mis d'accord sur des détails logistiques.

Ils ne se sont pas moqués de moi. Si arbitraire qu'elle fût, cette conclusion me tranquillisa.

Nous traversâmes la rue en diagonale et marchâmes jusqu'à la porte du cabinet. Près de la sonnette, une plaque de bronze brillante annonçait : Oscar Manzini, Avocat pénaliste. Pendant qu'Alicia pressait la sonnette, j'observai attentivement la plaque de bronze, avide d'informations. On aurait dit qu'elle avait été lustrée avec une peau de chamois dix minutes avant notre arrivée, car elle brillait comme un samovar. Je ne pus que comparer l'état impeccable de cette plaque avec l'atmosphère trouble qui régnait chez le professeur, cette poussière dense et omniprésente qu'on pouvait presque toucher dans l'air. Si Manzini gérait lui-même le budget destiné à l'entretien des deux endroits, il était évident qu'il valorisait davantage ses propres locaux que ceux de mon père.

En entendant grésiller un petit interphone placé sous la sonnette, j'observai de nouveau l'inscription sur la plaque de bronze. Avocat pénaliste. Pourquoi donc un avocat pénaliste était-il chargé de lire un testament et d'administrer un héritage ? Si quelqu'un relevait du droit pénal, ce n'était sûrement pas moi. J'avais tout juste assez d'énergie et de moyens pour sortir de mon lit, or, d'après ce que je savais, l'activité criminelle supposait un certain niveau d'astuce, ou du moins une capacité minimale de déplacement. Je possédais des doses très faibles de ces deux choses. Et le professeur ? Étais-je sur le point d'apprendre que j'avais hérité de gigantesques dettes de jeu, de notes impayées pour des chambres d'hôtels occupées lors de congrès inconnus, peut-être de l'éducation d'un enfant naturel conçu en secret avec quelque employée de la faculté ou, pis encore, avec une étudiante ? Quelle surprise pénale allait m'offrir cet entretien ? J'eus un instant la tentation de prendre mes jambes à mon cou, impulsion qui fut brusquement interrompue par un minuscule accord surgi de l'interphone.

– Qui c'est ? bourdonna une voix de femme.

J'approchai la bouche de l'interphone.

– Je suis Brener et je voudrais parler à maître Manzini, dis-je sans réfléchir. Aussitôt me vint à l'esprit que dire « Brener », ce mot lointain, qui désertait parfois mon lexique pendant des mois ou des années, avait été un coup de génie soudain et inattendu.

« C'est Brener », entendis-je la secrétaire répéter beaucoup plus bas, comme si elle s'était écartée de l'appareil pour parler à un tiers.

Puis le son s'éteignit après un nouveau craquement. S'installa alors un silence de longues et interminables secondes, chacune grosse comme un grain de rosaire et si lente à s'écouler que, dans ce laps de temps, je ne me permis même pas de regarder en face Mlle Storiacci, craignant que son regard *encourageant* ne finisse par me désarmer complètement.

La porte s'ouvrit à l'improviste. Sur le seuil, un homme de grande taille, mais moins gigantesque que ce que j'attendais, agitait frénétiquement les bras.

– Vous m'avez donné un coup au cœur ! dit-il en posant la main gauche sur sa poitrine.

Il s'avança ainsi vers moi et je fis instinctivement un petit pas en arrière. Il souriait, on ne savait pas très bien s'il était ému ou furieux, car son sourire rappelait celui d'un type qui vient d'abattre un canard de plomb dans un stand de tir : les yeux exorbités, sur le point de jaillir de son visage écarlate, agité de légers tremblements et affichant une expression triomphante qui me suggérait de protéger ma tête avec mon avant-bras, au cas où.

– Ma secrétaire m'a dit, sans le moindre tact, « c'est Brener », moi qui pensais ne plus jamais entendre ces mots… – Il s'interrompit et porta une main en forme de pince sur ses glandes lacrymales, et il se frotta le bord des yeux avec une telle violence qu'on aurait pu croire qu'il allait se les arracher des orbites. – Excusez, c'est que… les deux dernières années, votre père et moi, on était devenus comme des frères.

Qui était donc ce clown, ce grand histrion sentimental qui sortait du néant, de la brume spectrale de ces dernières années, et me parlait de son frère inconnu, le professeur Brener, un homme qui, d'après ce que je savais, avait été à ce point incapable d'avoir des frères que même la tante Almita, cette sainte femme, bonne comme le pain, avait préféré changer de pays et mourir de solitude plutôt que de continuer à être sa domestique à vie ? Comment, si tant est qu'ils étaient « comme des frères », ainsi que ce juriste de malheur voulait me le faire croire, était-il possible que son nom, Manzini, me fût resté jusqu'à ce jour parfaitement inconnu ?

– Laissez-moi vous regarder ! me dit-il comme s'il parlait à son fils, ou même à sa fille le jour de son mariage et devait faire un pas en arrière pour contempler ému sa robe blanche, son petit bouquet et sa coiffure. – Si vous m'aviez dit que vous veniez ici pour régler un différend quelconque et que vous vous soyez présenté sous un faux nom, j'aurais quand même passé l'après-midi à me dire : « Mais… cet homme est le sosie du professeur Brener ! » Vous ne savez pas le plaisir que vous me faites. Le professeur m'a tant et tant parlé de vous !

Alicia, près de moi, souriait nerveusement et me regardait avec insistance, l'air de dire : « Je vous avais bien dit que tout allait bien se passer. » Et même pour un moment – ce qu'on peut être crédule ! – elle faillit presque me transmettre un peu de son espoir. Manzini s'était retourné sans un mot de plus et remontait maintenant le couloir. Avant que nous nous décidions à le suivre, Alicia et moi restâmes quelques secondes sur le pas de la porte, hésitants, car il ne nous avait pas invités à le suivre.

– Doris, s'il vous plaît, préparez du café pour nos visiteurs ! s'exclamait ce dos sans avoir interrogé personne sur son éventuelle envie de boire du café, ou tout autre boisson. Il avançait dans le couloir en claquant des talons comme s'il défilait. Tout en le regardant maltraiter le carrelage de ce pas martial, j'essayai d'imaginer le professeur en train de lui parler « tant et tant » de moi. À en juger par ses propos, ou cet avocat était un fabulateur compulsif, ou il y avait toute une dimension de la réalité qui m'échappait totalement. Les années passées dans ma pension et la compagnie assidue de ma flasque avaient fini par limiter tout envol de mon imagination.

Le professeur était peut-être, sur un plan pour moi interdit, capable de considérer quelqu'un comme un frère. Mais même dans ce cas, j'avais du mal à comprendre pourquoi il aurait choisi pour ce poste vacant un Manzini, dont l'attitude et les gestes étaient si vulgaires qu'ils rendaient inimaginable toute forme de communion fraternelle.

La démarche simiesque de l'avocat lui permit d'atteindre une porte de chêne ouvragée, qui tenait du confessionnal, de l'ouvrir d'une seule poussée et de nous inviter par un autre geste brusque à entrer dans son bureau. Je me retournai pour jeter un coup d'œil fugace à la dénommée Doris, une femme plutôt obèse qui servait trois tasses avec une cafetière en cherchant à éviter à tout prix notre regard, comme si elle était paralysée par la terreur.

Lui prêter ces quelques secondes d'attention m'empêcha de remarquer, sur le seuil du bureau de Manzini, que l'endroit n'était pas complètement inhabité. C'est seulement en entrant dans la pièce que je pus découvrir, assis dans un coin, le petit homme de l'auto, l'imbécile. Cet individu nous adressait un regard amer, chargé d'une indubitable rancœur, confirmant qu'il avait bien vu nos visages au moment où Húber l'avait insulté. Pour que nous en soyons certains, il exécuta pour nous un nouveau froncement de sourcils, identique à celui de l'altercation au sujet des feux de signalisation. Le doute était donc levé.

– Ah ! Cándido, excuse-moi, mais on ne peut pas commencer tout de suite avec le contrat de la banque, dit Manzini au petit homme. Ces personnes qui viennent d'arriver sont comme ma famille. Permettez-moi de faire les présentations. Cándido Lutz, mon associé. Le professeur Brener et… je présume que vous êtes sa fiancée.

– Non… Elle…

J'agitai la main, inquiet.

– Je… Vous m'avez peut-être vue à l'agence immobilière… Celle du professeur. Alicia Storiacci. On avait parlé des dispositions de la fondation pour l'entretien de la maison… C'était après la veillée funèbre.

– Ah… Mais, oui. Excusez-moi. Je n'ai pas la mémoire des visages. Mon associé, ici présent, dit qu'avoir une mauvaise mémoire est indispensable pour être avocat. Il dit toujours qu'il faut pouvoir oublier les détails après chaque procès, ou alors se résigner à être insomniaque jusqu'à la fin de ses jours. Et moi, j'aime bien dormir de temps en temps. Ça oui !

Personne ne rit. Pas même son associé, l'auteur supposé de ce bon mot. Seule Alicia, en un authentique accès d'urbanité, esquissa un sourire malicieux. Le silence tendu se dissipa lorsque Doris entra en portant un plateau avec le café.

Affichant la même expression d'horreur avec laquelle elle l'avait servi, elle déposa les tasses devant Alicia, Manzini et moi, et sortit aussi vite qu'elle était entrée. Être privé de café ne changea en rien l'expression monocorde du dénommé Cándido. Manzini leva alors sa tasse, euphorique. Il semblait vouloir trinquer avec le café.

– Ah, vous ne savez pas quel plaisir… Quel plaisir ! Je vous vois là, mais je ne vous connais pas, pourtant j'ai l'impression de tout savoir sur vous. Regardez-vous… Comme deux gouttes d'eau… Brener… Je le revois assis, là, avec *Le Déclin de l'Empire romain* à la main, et j'ai envie de rire. Alors, ça a fini par marcher. Je me rappelle avoir tenté de dissuader votre père d'employer le procédé qu'il avait choisi pour vous communiquer ses intentions. Je veux dire, en marquant la page du livre. Et je garde gravée dans ma mémoire l'assurance avec laquelle il m'a répondu : « J'ai toute confiance. » Ce sont ses mots. Toute confiance. Je vous le dis parce que vous devez connaître sa façon de parler de vos progrès et son enthousiasme à imaginer votre avenir. Un jour il m'a dit : « Malgré les livres, les articles, les conférences, mon œuvre véritable, c'est Aníbal. »

Manzini parlait avec un air de feinte intimité, mais en gardant une voix grave, presque radiophonique, comme si au-delà de moi, il s'adressait à un public nombreux, qui dans une salle voisine buvait chaque modulation de ses cordes vocales avec un infini plaisir. Quant à moi, je dirai seulement que mon état d'esprit oscillait entre la stupéfaction et une franche impulsion homicide. Par moments, j'essayais de comprendre comment il était possible que cet homme, qui à peine une minute plus tôt m'avait présenté à son associé comme « le professeur Brener », avait le front de dire qu'il savait « tout sur moi », et au pic de ma colère je me voyais simplement en train de lui presser mes pouces sur la gorge, de lui enfoncer les doigts dans la glotte jusqu'à voir sa langue violacée se dresser, muette et inutile, comme un moignon, avant de tomber à l'intérieur de ce cloaque qui, malgré tous mes efforts imaginaires, continuait de clamer à tue-tête sa joie criarde.

– Ne me dites rien : vous êtes peut-être arrivé hier au passage où les Turcs entrent dans Constantinople. Ah, il faut voir comme c'est merveilleusement raconté ! Avec pillages, siège, batailles et tout, un suspense sans relâche… Et ce rythme ! Je me rappelle cette foule qui cherche refuge à l'église de Sainte-Sophie. Et il y a aussi beaucoup d'humour, maintenant que j'y pense… Comme dans ce passage où il parle des religieuses nues et compare les gardiens du harem avec ceux du monastère. À l'époque, il a dû payer cher cette audace ! C'est un des passages les plus beaux du livre, où Gibbon laisse tout simplement le langage s'envoler… Mais qu'est-ce que je vous raconte ! Moi, en train de parler de Constantinople à un Brener ! Il se trouve que… Comment vous expliquer ? Votre père et moi, on a passé des heures à parler de ces choses. C'était un vrai plaisir de l'écouter. J'ai fait sa connaissance à sa présentation de l'avant-dernière édition de *En lisant Gibbon*. Depuis toujours, j'étais un admirateur de votre père. J'avais déjà deux éditions de ce livre et je suis allé à la présentation de la troisième, avec l'envie d'écouter sa conférence et de le voir en face. Là, j'ai levé la main et je lui ai posé quelques questions. Si vous aviez vu la générosité avec laquelle votre père m'a répondu ! Sa subtilité à décomposer chaque facette de ma question, et l'affection… eh oui… il n'y a pas d'autre mot : l'affection qu'il y avait dans sa réponse… ! À partir de là, on n'a pas cessé de se voir tous les vendredis, c'était un rendez-vous régulier comme une horloge. Le lundi ou le mardi, on décidait d'un sujet. Les jours suivants on se rafraîchissait la mémoire par des lectures. Ou du moins, je rafraîchissais la mienne, parce que lui n'avait rien à rafraîchir. Et le vendredi on discutait du sujet choisi comme si on était Caton dans sa classique aversion pour Carthage, ou Cicéron dénonçant Catilina. Ah, comme des gosses ! Je suis avocat, une profession que j'exerce avec efficacité et aussi un certain détachement, mais là où je me sens vivre pleinement, c'est dans le monde des idées et des livres, particulièrement les ouvrages historiques. Jusqu'à ce que je lise Gibbon, plus ou moins à votre âge, je croyais que l'histoire et la littérature étaient deux disciplines distinctes. *Le Déclin et la chute de l'Empire romain* m'a fait découvrir… Excusez-moi, je recommence à déclamer, et vous êtes peut-être pressé. Je vous vois remuer la jambe, avec ce petit balancement, comme le faisait votre père quand son intérêt pour la conversation faiblissait, conclut-il brusquement avec toute l'humilité dont un individu comme Manzini était capable.

– Le problème, c'est qu'il y a un employé de l'agence qui nous attend dehors, dis-je sur un ton conciliant et aimable, malgré les images fleuries de son étranglement qui restaient encore au premier plan de mon imagination. – En plus, je viens de passer la matinée dans la maison de mon père, une visite qui, vous pouvez l'imaginer, a été une source inépuisable d'émotions. J'y ai trouvé cet ouvrage dans une boîte qui m'était destinée.

– Mais... mais... – En voyant l'indifférence avec laquelle j'évoquais le livre, il était déconcerté comme un enfant qui, le jour de Noël, constaterait que ses parents ont enlevé secrètement les décorations du sapin pendant la nuit et distribué les cadeaux à d'autres enfants. – Alors, vous ne l'avez pas encore lu ?

Il dit cela en désignant vaguement le livre de Gibbon, pointant le doigt d'un geste mou et répugnant.

– Vous parlez de ça ? dis-je en levant le livre et en prononçant « ça », comme on le ferait en décollant une chenille écrasée sur la semelle de sa chaussure. – Oh, non. Il n'y a pas de grandes nouveautés dans l'édition de Saunders, à mon avis. En fait, j'ai lu quatre fois l'édition complète de Gibbon en anglais, en sept volumes. On ne peut pas, c'est bien connu, être historien sans avoir fait cette expérience. Je l'ai toujours caché à mon père, parce que je crois que les enfants doivent garder, face à leurs parents, une part de mystère.

Me sentir capable de mentir avec un tel aplomb était nouveau pour moi. Cette désinvolture n'était-elle possible que parce que je me trouvais devant un individu qui m'inspirait une aussi forte répugnance ? Devant lui, et peut-être justement parce que sa présence me terrorisait, je ne voulais à aucun prix apparaître comme un incapable. Mais j'avais à peine terminé ma phrase qu'il s'enflammait subitement. En une seconde, sans prendre le temps d'inspirer, il avait gonflé ses joues comme une adolescente et riait, on ne savait de quoi.

– Cette phrase... – Il agitait la main en l'air en riant de plus belle. – Le « mystère » ! Cette phrase, c'est tellement... tellement Brener ! J'espère ne pas vous lasser en vous répétant que c'est un plaisir de vous avoir ici ! Alors comme ça, vous et Gibbon… ! Ah, quelle famille !… quelle famille exceptionnelle… Vous avez repris le flambeau… Les sept tomes en anglais, et lu quatre fois, pas moins ! Et vous l'avez gardé secret ! Au ciel, le professeur doit être en train de rire aux éclats… Gibbon…

J'étais exaspéré par cette lourde insistance sur ce maudit livre. En plus, je commençais à craindre que Manzini, excité par la croissante *breneritude* qu'il trouvait dans mon personnage, ne se lançât dans une compétition des mémoires et parcourût le reste de l'après-midi ces sept maudits volumes page à page.

Par ailleurs, depuis que j'avais proféré ce mensonge énorme sur ma prétendue lecture de Gibbon, je sentais le regard d'Alicia cloué sur moi. Elle savait, puisque j'avais eu le matin même la candeur de le lui dire, que je n'avais jamais pu terminer deux chapitres de l'*Histoire du déclin et de la chute de l'Empire romain*, et que j'avais réussi jusqu'à ce jour à simplement survivre dans ce monde cruel sans avoir besoin d'accomplir une telle prouesse bibliographique. De sorte qu'elle avait déjà probablement compris que derrière ce bobard ne pouvait se cacher qu'un individu à la moralité douteuse, mû par Dieu sait quelles motivations et capable de se parjurer jusque dans un cabinet juridique pour éviter l'exhibition publique de ses carences. Quelle poisse, tout allait si bien, me disje, d'abord avec cette larme solitaire versée devant la boîte – qu'elle avait secourue avec son mémorable mouchoir rose –, puis mon évanouissement et enfin la demande subite – et aussitôt exaucée – qu'elle me prenne la main. Ah ! Comme tout allait bien, si bien, oui, et maintenant ce faux pas, ce mensonge effronté, lancé sans réfléchir et au bout duquel, en quelques secondes, j'étais presque décoiffé par la bourrasque de désillusion qui soufflait de la chaise d'Alicia. Je restai un instant silencieux, sans oser la regarder, craignant que mon personnage, ce petit Brener de rien du tout, ne se désintègre sous ses yeux. Ah, j'ai perdu son affection, j'ai perdu son affection, ou ce qui en restait, pensais-je dans une ramification obscure et abandonnée de ma conscience, tandis que mes yeux s'efforçaient de demeurer rivés sur Manzini, qui ne savait pas encore, par manque de données, que mon patronyme était trop grand pour moi, comme l'aurait été sa gigantesque veste s'il l'avait à cet instant décrochée du portemanteau.

– Bon, et ce testament, alors... dis-je en levant brusquement l'index, la poitrine encore secouée par la récente perte de l'amour d'Alicia. Cette manifestation d'urgence me fit sentir encore plus seul, car personne, à part moi, ne semblait pressé.

– Ah, oui... Eh bien... – Manzini prit un air contrarié sans me quitter des yeux. – Cándido, s'il vous plaît, dans le tiroir de cette armoire, à la lettre B, il y a une enveloppe de papier kraft marquée « Aníbal Brener », et une autre plus petite, où est écrit, si je me rappelle bien, « Conditions ». Elles doivent être au début de la lettre B.

Pendant que Cándido cherchait, je restai quelques secondes sous l'influence hypnotique de ce mot, « conditions », que j'avais lu le matin même dans la note du professeur, et je sentis aussitôt le même frisson qui m'avait parcouru à la lecture de la dernière phrase : « D'une façon ou d'une autre, nous sommes tous conditionnés. »

– Les voilà, dit Cándido, l'imbécile. Sur la petite enveloppe il n'y a pas marqué « Conditions », mais

« Conditionnalités ». Je suppose que c'est quand même celle-là.

Manzini prit les deux enveloppes et sortit de la poche intérieure de sa veste des lunettes à monture d'écaille, presque identiques à celles du professeur. C'était trop. Manzini était un fanatique, un admirateur détraqué, un chasseur d'autographes excité et dangereux, et, en chaussant ses lunettes, une nouvelle version de mon père, une édition révisée et augmentée de tous ses gestes maniérés, mais reproduits de façon crue et brutale, sans y consacrer toute l'énergie inutile que mon père mettait à faire étalage de son supposé raffinement.

– Voyons, dit-il en feuilletant le document. Puis-je vous le lire à voix haute ? Je vous le demande à cause de la présence de mademoiselle, car l'usage traditionnel veut que ne soient présentes à la lecture d'un testament que les parties concernées.

– Mlle Alicia Storiacci, dis-je sur un ton solennel et quasi courroucé, est une vieille amie de la famille, qui a accepté de m'accompagner ainsi que je le lui ai demandé. C'était, comme elle-même l'a fait remarquer, un jour de grandes émotions, et sa présence me réconforte.

J'avais à peine conclu cette soudaine plaidoirie que je sentis le regard glacé d'Alicia, provoqué par mon mensonge, se radoucir. Et bien que je n'aie toujours pas le courage de tourner la tête vers elle, je perçus de nouveau son expression aussi douce que son mouchoir, ou que sa voix lorsqu'elle avait dit, en évoquant ce matin son père mort : « Il ne se passe pas un jour sans qu'il revienne dans la conversation. » Alicia, chère Alicia, je serai meilleur, plus prudent, plus sincère, pensai-je. Laissons maintenant cet homme nous lire le testament, puis allons dans ces cafés dont je parlais pour y dilapider l'héritage : ah, oui, gardons la tête haute et l'esprit ardent, qui sait si, comme l'a suggéré le brutal Manzini, tu ne finiras pas un jour par être ma fiancée…

– … novembre 1982, dit Manzini qui se racla la gorge. Je me rendis compte qu'absorbé dans mon dialogue fantomatique avec Alicia, j'avais perdu le début de la lecture.

– En présence de l'intéressé, Wolfgang Federico Brener Hofner, et de son avocat, Óscar Ítalo Manzini Razzo, est établi le présent testament comme unique et univoque témoignage de la volonté de l'intéressé concernant son fils, Aníbal Tesino Brener Gómez.

Ah, quelle horreur, quel entassement de prénoms et de noms, quelle alarmante promiscuité généalogique ! Tous ces morceaux de sons, sédimentés les uns sur les autres comme des minéraux et témoignant maintenant, dans leur fatras, des accidents qui nous ont donné naissance : Brener et Hofner, des paysans allemands probablement analphabètes, que mon père voulait faire passer pour des « personnes avec des aspirations » ; Gómez, le nom de ma mère, l'innommable, et qui se mariait si mal, dans tous les sens du mot, avec celui de Brener ; enfin, mon deuxième prénom, Tesino, enseveli depuis tant d'années dans ma mémoire, qui figurait à peine sur deux documents lointains, et dont la ridicule grandiloquence faisait référence à la bataille du Tessin où les Carthaginois, sous les ordres de mon homonyme détesté, avaient réussi à surprendre l'ennemi en traversant le Rhône à l'aide d'outres en guise de flotteurs. Mon Dieu ! Qu'avait donc dit Manzini dans ces trois phrases que j'avais perdues pendant cette nouvelle escarmouche imprévue ? Si seulement je pouvais obtenir des Romains et des Carthaginois une courte, très courte trêve, juste le temps de la lecture du testament !

– … il est établi, en conformité avec la liste du patrimoine inventorié le 15 octobre de l'année en cours que : a) Aníbal Tesino Brener Gómez, plus loin désigné comme « le destinataire », recevra en pleine propriété et usufruit, avec tous les droits y compris celui de cession, la maison actuellement enregistrée comme immeuble 13 745 sur le cadastre, dans laquelle habite celui qui souscrit, et qu'elle sera, jusqu'au moment où seront remplies les conditions pour son transfert effectif, administrée par une fondation *ad hoc* ; b) le destinataire recevra de même la collection complète de livres inclus dans la maison, ainsi que les trois collections placées dans les chambres froides bancaires, composées d'incunables et de manuscrits ; et enfin c) le destinataire deviendra ainsi l'héritier absolu des droits et royalties générés par la publication de tous les livres et manuscrits de l'intéressé…

Mais, que signifiait donc tout ce que j'entendais ? S'agissait-il d'une hallucination auditive ? Mon père me léguait sa maison ? La maison Brener, pour moi ! Toujours, j'avais toujours senti que cette maison m'appartenait beaucoup plus qu'à lui ou qu'à quiconque, car j'étais né entre ces murs, j'avais grimpé sur chacun des arbres de ce jardin maintenant à l'abandon, sur le tilleul, l'arbousier, le châtaignier, l'énorme gommier dont j'escaladais les branches pour me cacher dans le ventre hospitalier de sa cime, et j'avais aussi improvisé des refuges dans le sous-sol et dans un coin de la terrasse près de la balustrade, si bien qu'ayant honoré ces lieux saints toute ma vie, j'avais souffert à la mort de mon père de devoir demander l'autorisation d'entrer dans mon propre monde, ce que je prenais pour une forme particulièrement grave de spoliation. Et maintenant, apparemment, la maison Brener – celle dont tous, y compris le recteur de l'université et le ministre de la Culture, avaient accepté qu'elle fût gérée par la fondation pour être transférée un jour à Berta, ou en tout cas à quelque homme de bien – m'était assignée, attribuée, à moi, l'âne bâté de la famille, ainsi que l'établissait un testament séparé, ne comportant aucune allusion à Berta, ni à son odieux mari Aristide, ni à leurs tout aussi odieux enfants, Bastien, Odile et Cocó, avec lesquels je n'avais jamais échangé un seul mot, mais que je trouvais odieux justement pour cette raison, celle de n'avoir jamais daigné adresser la parole à leur oncle, l'intouchable, lors de leurs trois séjours à Noël dans notre pays. Il n'était spécifié dans aucun des paragraphes lus par Manzini si quelques-uns des biens qu'elle défendait si âprement comme « patrimoine culturel » seraient retirés de ces espèces de limbes pour lui être au moins partiellement attribués, ou si, au contraire, l'intégralité de l'héritage me serait remise sans la moindre explication de cette iniquité. Quoi qu'il en soit, un nain loqueteux et bondissant caché dans ma poitrine levait au ciel ses bras meurtris et dansait en clamant victoire.

– … la validité des mêmes, qui sont sujettes au respect satisfaisant des conditions explicitées dans le document annexe… – Manzini suspendit sa lecture et baissa ses lunettes à mi-nez, en me regardant jovialement par-dessus la monture. – On comprend jusque-là ce qu'implique le document ?

– Il me laisse la maison ? demandai-je en écarquillant les yeux, plein d'anxiété, en tapotant légèrement du pied contre le bureau de Manzini.

– Pas seulement. Il vous laisse la maison et la totalité de son patrimoine matériel et éditorial. Ses livres, mais aussi les droits de ceux qu'il a écrits. Pour le dire autrement, il vous laisse absolument tout ce qu'il possédait.

– Je ne comprends pas… Et Berta ?

– Eh bien… Berta a reçu à un moment donné une somme considérable en espèces. Votre père a jugé que cela suffisait. Je me souviens que le professeur disait qu'elle n'aurait aucun souci matériel. En plus, vous vous rappelez ce que vous avez dit sur les enfants et le mystère ? Je suppose que dans une certaine mesure, c'est la même chose pour les parents.

– Mais ce que je ne comprends pas… Cela fait de moi à cet instant un propriétaire ? – Ma tête était une ruche bourdonnante d'où les abeilles sortaient sous forme de mots, de regards, de battements de cils, et de bouffées d'un air raréfié de plus en plus chaud. Je voulus me tourner vers Alicia et l'embrasser, poser sa tête sur mon épaule, et ainsi nous reposer ensemble après toutes ces émotions. Appuyer sa très blanche oreille sur mon épaule pour pouvoir lui donner appui, souffle, partager sa charge, étiqueter son énorme trousseau de clés, noter avec un marqueur sur des bandes de couleurs une série d'inscriptions utiles, telles que « Famille Badembauer, Wellington 1480 », ou « Domicile du professeur Brener Jr., sis auparavant dans une pension infecte », bref, une interminable série d'inscriptions que j'exécuterais d'une main de calligraphe et dont elle serait à jamais reconnaissante, surtout lorsque de retour dans notre nid d'amour après une dure journée de travail, elle me donnerait un baiser et dirait en écartant à peine ses lèvres des miennes : « Mon chéri, aujourd'hui tu m'as épargné tellement, mais tellement de confusions grâce à ton idée », et avec le trousseau multicolore en collier, nous danserions un…

– … allez me permettre maintenant d'ouvrir l'enveloppe relative à ces conditions, car… Bon, vous verrez vous-même… L'exécution de ce contrat est subordonnée… – Il se tut, regarda Cándido et se racla soudain la gorge, comme s'il était arrivé au nœud de la question.

C'était un type de raclement de gorge qui n'augurait rien de bon. Selon mon expérience, lorsqu'une personne introduit au milieu d'une pause un raclement de gorge immotivé, c'est qu'elle va nous asséner un coup mortel dont elle cherche, par ce procédé théâtral, à s'exonérer, à s'estimer autant victime que nous, un peu comme si la mésaventure qui va s'abattre sur nous était aussi imprévue que son raclement de gorge, une façon de dire : « C'est fou ce qu'on découvre par hasard, d'abord une légère irritation de la gorge et maintenant cette enveloppe pleine de conditions pour toucher l'héritage béni. » Ah, comme si ces fichues conditions, quelles qu'elles fussent, n'avaient pas été rédigées devant lui, sur un coin de son bureau et probablement de sa main ! Cette toux qu'il voulait faire passer pour spontanée m'irrita tellement, que malgré un petit embouteillage de salive dans ma gorge, je me retins énergiquement de toussoter, comme une forme muette de protestation. Protestation que personne, par conséquent, ne remarqua.

Manzini fit mine de reprendre la lecture à haute voix, mais décida finalement d'ôter ses lunettes et de me tendre la feuille de papier. Il me sembla qu'il me regardait avec peine, voire un peu de honte. Quand je pris la feuille, il tenta une espèce de sourire, qui heureusement ne dura pas plus d'une seconde.

Je dépliai le papier et lus :

L'héritage décrit dans le testament portant le numéro 152347 et enregistré sous le même numéro dans les archives des actes légaux et patrimoniaux, ne pourra être effectif que si sont remplies les conditions suivantes :

a) Aníbal Tesino Brener Gómez, aussi nommé, selon la nomenclature du document susmentionné, le destinataire, devra publier dans une maison d'édition reconnue, et sous forme de livre original, un essai historique sur un sujet strictement contemporain. Aucune civilisation du monde antique ne pourra venir, sous aucun prétexte, effleurer sa thématique fondamentale.

b) Ledit livre devra avoir un volume minimal de 500 (cinq cents) pages et son contenu devra être approuvé, avant publication, par la fondation chargée d'administrer les biens mentionnés dans le testament. Une fois cet ouvrage publié, il sera procédé à la remise des biens patrimoniaux et à la signature des contrats de propriété prospective des biens intellectuels figurant dans cette enveloppe.

Déclarent d'un commun accord, en pleine possession de leurs facultés, les signataires ci-dessous : Wolfgang Federico Brener Hofner, l'intéressé, et Óscar Ítalo Manzini Razzo, avocat représentant et exécuteur testamentaire.

Je restai un moment silencieux, regardant cette feuille trembler dans mes mains comme s'il soufflait de mes paumes un vent de colère. Dix, vingt questions, se bousculaient dans ma gorge. Que… ? Qui… ? Comment était-ce possible ? Y avait-il, alors, comme on le redoutait dans l'enfance, un esprit maléfique à l'affût dans l'ombre, tournoyant au pied du lit et tapi dans la nuit noire ? Qui pouvait concevoir un plan aussi machiavélique que celui que je tenais à cet instant déplié dans mes mains ? Il était clair que, comme l'avait dit Manzini, j'étais l'œuvre principale de mon père, son expérience de prédilection, le bouffon de sa cour, et cette nouvelle tentative de tirer les ficelles d'outre-tombe ne faisait que le confirmer ! Aníbal Brener, la marionnette, avait abandonné son taudis de la pension ce matin-là, marché le long des trente pâtés de maisons qui le séparaient de la vieille demeure paternelle, y était entré assisté par une adulte responsable et à partir de ce moment avait vu sa vie complètement bouleversée. Quels détails d'un infini raffinement dans ce dernier coup de griffe du professeur ! Un livre d'histoire contemporaine, rien de moins que le genre qu'il détestait le plus ! Il le détestait tellement, cette espèce de boucanier, que dans ce cas le mot « histoire », son vieux petit cheval de bataille, commençait par une minuscule ! Il exigeait que je produise cinq cents pages de *ce* genre, qui seraient ensuite soumises à sa maudite fondation, et dans la même phrase, il avait le culot d'exiger que ce demi-millier de pages soit publié par un éditeur reconnu.

De toute évidence, ce livre ne serait jamais accepté. Il s'agissait d'un ultime râle d'infamie, destiné à prolonger pour toujours son empire sur moi. Bien sûr, j'allais présenter, aussi dupe que conciliant, cinq ou six projets de livre et quelqu'un, caché derrière un paravent dans un cagibi de cette obscure fondation, dont je ne connaissais même pas l'adresse ni les membres – et qui n'était, je pouvais en être sûr, qu'un ténébreux prolongement de sa personne –, les rejetterait en tournant son pouce vers le sol comme au Circus Maximus on refusait la clémence aux esclaves tombés en disgrâce.

C'en était trop. J'avais subi trop d'épreuves pour une seule journée. J'allais me lever illico. Mais oui, me lever de ma chaise et me diriger vers la porte, que j'allais claquer derrière moi pour que le bruit résonne dans toute la rue. Ils allaient voir, ces traîtres. J'allais partir, voilà ce que j'allais faire. Et comment !

Mais tout en me promettant avec grande conviction cette énergique réaction, je restais immobile sur ma chaise, comme si quelque chose m'empêchait de me dévisser du siège. Malgré mon impulsion, je demeurais assis, incapable de dissimuler le tremblement de mes jambes et le rougissement de mes yeux.

– Vous ne connaissez peut-être pas bien l'étendue du patrimoine de votre père, dit Manzini. Comme dans tous les aspects de sa vie, il était très discret sur la situation éditoriale de son œuvre, mais la vérité est que ses droits d'auteur sont beaucoup plus substantiels que ce que sa frugale vie universitaire permettrait de penser. *En lisant Gibbon* compte à lui seul douze traductions dans le monde entier. À titre d'exemple, l'édition française des *Barbares* s'est vendue à douze mille exemplaires, seulement en France. Aucun des vingt-sept titres de sa bibliographie n'a eu, dans aucun pays où ils ont été publiés, moins de deux ou trois réimpressions. Vous comprenez ce que cela signifie ?

– Mais… Pourquoi diable m'expliquez-vous tout ça ? lui dis-je sur un ton exaspéré, alors qu'en fait j'étais surtout surpris de la révélation imprévue de tous ces chiffres. Je voyais bien qu'en me désintéressant de la campagne victorieuse de mon père, j'avais négligé un certain nombre de données.

– Je vous en parle pour que vous compreniez que ces conditions ne procèdent pas de l'envie de vous mortifier. Ne croyez pas que je n'aie pas remarqué les changements sur votre visage pendant que vous parcouriez des yeux ce document. Comme vous pouvez l'imaginer, j'ai beaucoup discuté de ces clauses avec votre père, car j'ai tout de suite considéré qu'elles étaient exceptionnellement dures pour un membre de sa propre famille. Son argument était qu'il ne s'agissait pas de conditions pour hériter, car l'héritage en soi était pour lui la partie la moins importante du testament, mais de conditions requises pour devenir l'exécuteur testamentaire qualifié d'une œuvre vaste et féconde.

– Je suis son fils. Il a eu une vie entière pour évaluer ma « qualification », répliquai-je en me retenant de me mordre le poing.

– Oui. Je suis d'accord avec vous. Réclamer à un fils d'éprouver la douleur d'une disparition tout en produisant cinq cents pages de texte, c'est trop demander. C'est même inhumain. Je dois en convenir, malgré toute l'amitié et l'admiration qui me liaient, qui me lient encore, au professeur. Cependant, en tant qu'exécuteur testamentaire légal, je ne peux fermer les yeux sur ses conditions, car la volonté d'un défunt est par définition impossible à modifier. Dans mon cœur, je gardais deux espoirs. L'un était que pendant les années où vos vies s'étaient éloignées, vous auriez écrit quelque chose qui remplirait ces conditions. Vous n'avez pas dans un fond de tiroir un inédit quelconque sur l'histoire contemporaine ?

La question était révoltante. Cet avocaillon de mes deux s'imaginait que j'étais comme lui, un amateur enthousiaste, et que je passais mes soirées à composer des essais pour impressionner les jeunes filles. Est-ce que j'avais un petit inédit ? Pourquoi ne pas demander à ces petits étudiants hystériques et boutonneux, incapables de dactylographier leur thèse, si après avoir tapé leurs assommantes sottises, il me restait du temps libre pour réfléchir aux grands sujets de l'histoire contemporaine ? La seule histoire contemporaine qui passait sous mes yeux était la très sporadique lecture du journal, en général un misérable torchon qui arrivait entre mes mains à la pension après avoir été lu et relu par des vieillards qui avaient complété la première page de taches de café et de beurre ! Et même dans ce cas, engourdi par les vapeurs de ma flasque et le siège ininterrompu de mes clients irascibles, je pouvais à peine discerner de quoi diable parlait ce fatras de lettres, ce que voulaient les chiites, et quid des sunnites, qui luttait pour l'indépendance du Timor oriental, et pourquoi montait ou baissait le prix du pétrole. Comme lorsqu'on lit des bandes dessinées, mon regard glissait sur ces colonnes de texte sans espoir de saisir la moindre bribe d'information, et au bout d'une séance de lecture infructueuse je finissais par m'endormir sur ma chaise, la tête posée sur le journal et le front moite, imprégné d'attentats et de massacres en tous genres. C'était là tout le contemporain qui arrivait à moi dans mes meilleurs jours. Et maintenant, cet horrible avocaillon avec les lunettes du professeur sur le nez et le menton en galoche osait me demander si je n'avais pas quelque part, au pied de mon lit ou oublié dans un coin, un petit bouquin inédit de cinq cents pages. Je dus me retenir de prendre ma chaise et de la lui casser sur la tête. Je réprimai cependant mon envie et consacrai un instant à fouiller dans ma mémoire, ou du moins à imaginer qu'il pouvait y avoir un matériau assez copieux pour mériter un tel effort.

– J'ai un ou deux inédits d'histoire ancienne. Un livre sur les rites funéraires pendant les campagnes de Cyrus. Un autre sur les preuves matérielles de l'existence de Troie, qui…

– Non, non, quel dommage, m'interrompit-il avec la même insolence que mon père lorsqu'il m'interrompait. Brener a été très précis sur la définition thématique.

Il faut que ce soit, sans discussion possible, un livre d'histoire contemporaine. Je me rappelle que c'est un point sur lequel nous nous étions beaucoup opposés. Excusez-moi d'introduire dans notre aimable conversation une idée qui risque de vous heurter, mais il disait avoir toujours senti chez vous, comme chez tant d'universitaires, un « lien faible avec la réalité ». Ce sont ses mots exacts. Un lien faible. Il pensait donc que vous replonger dans l'histoire ancienne n'aurait fait qu'accroître la faiblesse de ce lien, car il considérait que votre tempérament vous prédisposait à trop explorer le passé lointain, au risque de vivre le présent de façon encore plus… intangible. C'était son opinion. Ce n'est pas à moi de le contredire ou de lui donner raison. Mais il était de notoriété publique que le professeur détestait l'histoire contemporaine, qui convenait davantage aux revues qu'aux livres, c'est pourquoi je pense qu'exiger de vous cette condition particulière doit avoir signifié pour lui tout un parcours, un chemin de croix personnel qu'il a effectué poussé par l'amour et la grandeur qui le caractérisaient.

Un lien faible avec la réalité ! Ah, fadaises ! Quelle sorte de lien avec la réalité peut avoir un individu qui pose des *conditions* dans son testament ? Je me levai brusquement, résolu. J'allais envoyer au diable tout ce tas de paperasse !

– Eh bien, c'est fort dommage. Je ne vais pas pouvoir recevoir l'héritage de mon père. Pas de chance. Peut-être a-t-il indiqué, dans une autre enveloppe secrète, le nom d'un étudiant qu'il considérait davantage comme son fils et qui serait disposé à exécuter les pirouettes qu'il exige. Malheureusement, j'ai une vie structurée, des étudiants qui dépendent de l'usage rationnel que je fais de mon temps et je ne suis pas disposé à les décevoir en m'empêtrant dans ces jeux sadiques. Bonsoir, dis-je en lui tendant ma main d'un geste solennel et professoral. Manzini la prit et la serra avec un air de perplexité confinant à la fascination.

– Brener, je vous comprends. Vous êtes admirable ! Oh, oui, je vous comprends, et de tout cœur ! Je suis comme vous contraint à ces conditions. En fin de compte, vous savez, la fondation Brener, c'est *moi*, son fondé de pouvoir et l'exécuteur testamentaire de votre père. Vous pouvez imaginer que veiller à l'accomplissement de ses dernières volontés est pour moi un honneur mais aussi un poids. Alors, je comprends très bien pourquoi cette liste de conditions vous pèse également. Mais avant que vous partiez, permettez-moi de vous dire que ce tableau que vous affrontez maintenant, ce… tableau qui à première vue est si… noir et blanc… comporte aussi des parties grises comme dans tout paysage.

Pendant qu'il terminait, par épisodes, de décrire cette magnifique figure picturale, Manzini ne me lâchait pas la main et me regardait si fixement dans les yeux qu'on aurait pu dire que son intérêt pour ma personne était de nature amoureuse.

– Quelles parties grises ? demandai-je perturbé, et je jetai un regard en coin à Alicia en souhaitant que la prison où se trouvaient mes doigts lui rappelle le moment fugace où nous étions main dans la main. Mon envie de partir, maintenant que j'avais appris que la fondation, c'était Manzini, et vice-versa, se heurtait à une nouvelle raison paralysante.

– Eh bien… Par où commencer ? dit Manzini en me lâchant subitement la main. Ici, on ne peut qu'évoquer la façon dont Pline introduit la déesse Fortuna dans ses récits, comme si c'était un personnage parmi d'autres.

Car dans ce que je vais vous dire, il y a une intervention magique de la fortune, ou de la providence, si vous préférez. L'histoire que je vais vous raconter est presque aussi ancienne que mon intérêt pour l'Histoire avec un grand H, et c'est là qu'intervient cet autre espoir dont je parlais il y a un instant. Mais permettez-moi de commencer par le début. Voilà : j'ai épousé il y a vingt ans une jeune femme de la campagne, une fille charmante pour laquelle j'ai eu jusqu'à aujourd'hui une grande dévotion. Malheureusement, son état de santé n'a pas accompagné notre bonheur et je me vois aujourd'hui obligé d'adoucir ses multiples souffrances physiques par quelques initiatives occasionnelles destinées à lui apporter un peu de joie et à alléger la charge que nous subissons. C'est long à expliquer et je suis sûr que l'occasion se présentera de le faire. L'important, pour le moment, est l'aspect « historiographique » de l'affaire. Une seule personne peut m'être comparée, au fil des années, pour ce qui est de sa dévotion à mon épouse : son grand-père, le célèbre Dogliani, que vous connaissez sûrement en raison de sa grande stature.

– Dogliani… le philanthrope ? balbutiai-je, en me demandant où Manzini voulait en venir avec cet interminable baratin biographique.

– Oui, le philanthrope, mais aussi l'homme de lettres, le philosophe et par-dessus tout le plus célèbre alphabétiseur des femmes de nos campagnes : Dogliani, un homme dont la liste des mérites occuperait, en petits caractères, un volume entier, et dont il n'est fait qu'accessoirement mention dans des ouvrages consacrés à des sujets plus généraux. Il y a trois ans, comme vous le savez, il est mort sans que l'État lui offre le dernier hommage qu'il est d'usage d'accorder en pareil cas. De vieilles rivalités politiques ont fait que son décès a été tristement ignoré des sphères officielles. J'avais gardé des coupures de presse, des documents et des témoignages depuis le jour où je m'étais fiancé avec Matilde, car elle avait pris le soin de me transmettre l'importance, le poids de Dogliani dès le début de notre relation, si bien qu'ayant réuni toute cette documentation, je n'attendais plus qu'un appel de l'État pour contribuer à l'inauguration du musée Dogliani, ou en tout cas de la collection Dogliani. De fait, le professeur Brener m'a donné de nombreux conseils sur la manière de préserver les documents de ce fonds, et le zèle qu'il m'a vu mettre dans ce travail de conservation a fini par le convaincre de me confier la gestion de ses affaires. Le problème est que l'intérêt de la part de l'État, sur lequel je fondais de grands espoirs, ne s'est jamais concrétisé. Cela dit, il y a quelques mois, un de mes clients, rien de moins que le propriétaire et directeur des éditions Xerxès, a appris l'existence de mes archives et m'a chargé de l'élaboration d'un livre sur Dogliani. J'ai commencé à organiser le matériel, mais je me suis vite rendu compte qu'il me manquait l'habileté littéraire, la fluidité et surtout la distance nécessaire pour faire un *racconto* objectif de sa vie. Chaque fois que j'ai entrepris d'écrire le texte, j'ai découvert au bout de quelques pages que je rédigeais une espèce de brochure de propagande, pleine d'enthousiasme, mais sans la moindre objectivité, et après beaucoup d'efforts et d'examens de conscience, je me suis vu obligé d'abandonner. C'était comme faire un livre sur mon propre père. Que pourrais-je dire sur lui qui ne ressemblerait pas à une prière pour le repos de son âme ? Pourtant, l'éditeur continue de me réclamer le livre, dont la réalisation reste de toute façon une des plus hautes aspirations de ma vie, et je crois que c'est là qu'entre en scène la déesse Fortuna, car à la lumière du document que vous venez de lire, quel sujet peut être plus contemporain que la vie et l'œuvre de Dogliani, dont l'histoire s'est écoulée parallèlement à celle du siècle comme une rivière qui en aurait été un contrepoint ? Et quelle maison d'édition est plus reconnue que Xerxès, dont la collection d'histoire contemporaine compte, d'après ce que m'a dit une fois son directeur, au moins deux cent quarante titres ? Étant donné l'attente suscitée par ce projet, je pourrais vous obtenir une avance significative, suffisante pour couvrir tous les frais de recherche. Il ne vous resterait plus qu'à classer ces archives, à vous entretenir avec certains anciens collaborateurs de Dogliani, qui en compte des centaines à la campagne, et à dresser un tableau général de sa vie. Votre problème, croyez-moi, ne serait pas d'écrire cinq cents pages, mais de pouvoir vous arrêter avant trois mille. Vous voyez que votre visite aujourd'hui est donc…

– Excusez-moi de vous interrompre, Manzini, mais cet enchaînement de… faits que vous me racontez n'apaise en rien l'indignation que soulèvent en moi les conditions imposées par mon père. Ou plus que les conditions concrètes, le simple fait qu'il existe une condition à la remise de ce qui me revient, et même s'il est vrai que ce matin je pensais que tout son héritage tenait dans trois boîtes moyennes, je ne peux m'empêcher de penser que ce nouveau tour dans ses plans est inacceptable.

– Je comprends ! s'exclama Manzini, de façon emportée et quasi fébrile, en me posant cette fois une main sur l'épaule. Je vous comprends de tout mon cœur ! Car, qu'y a-t-il de plus fort au monde que les sentiments ? Quoi d'autre, si ce n'est mon amour torturé pour Matilde, me permettrait de vous prier, de vous supplier d'accepter cette modeste commande ?

Je profitai d'une brève pause dans l'opérette enflammée de Manzini pour regarder Alicia dans les yeux. La pauvre fille avait une patine d'humidité sur la cornée et deux larmes sur le point de noyer ses cils. Un instant je me mis à croire que son émotion était due à la souffrance ostensible qui m'affectait, mais je découvris aussitôt alarmé qu'elle était émue par Manzini, c'est-à-dire par l'amour que l'avocat déclarait éprouver pour la dénommée Matilde, ainsi que par « l'offre généreuse » que Manzini me faisait, une offre qui lui semblait entièrement destinée à me sauver et qui ne pouvait être qu'un fruit marginal de cet amour infini. Elle regardait l'avocat, puis se tournait vers moi, convaincue que notre rencontre était une manifestation du bien universel, ou quel que soit le nom de ce en quoi elle croyait. Du fond de mon désespoir et de ma désillusion, je me mis de nouveau à l'envier, à m'attendrir sur son acceptation crédule de tout ce qui lui était présenté comme beau, une acceptation qui paraissait faire totalement abstraction des parasites infernaux qui pouvaient grouiller dans les entrailles de chacune des bestioles qui passaient sous ses yeux.

Encore en proie à une transe visionnaire, Manzini continuait de me presser l'épaule avec ses doigts. Quand je me tournai de nouveau vers lui, j'eus l'impression qu'il allait m'embrasser. Il s'approcha de mon visage, comme s'il allait se livrer à une confession très intime, et il me regarda fixement dans les yeux.

– Brener, Brener ! Quelle autre chose, quel que soit notre regard, vaut pour nous, pauvres humains, plus que les sentiments ? Homme intègre ! Intègre ! Comment pourrais-je ne pas comprendre votre refus ?

Comment croire qu'une maison, un petit immeuble de deux étages avec terrasse et jardin, et une rente à vie de plusieurs salaires mensuels, puissent peser, dans votre cœur endolori, plus que ce que pèsent vos *sentiments* ? Que représente le besoin, que représente la pauvreté, lorsque défile devant nous, éblouissante, l'inextinguible torche de la liberté ?

Je regardai de nouveau les yeux larmoyants d'Alicia et je dus un instant fermer les miens, sentant que j'étais moi aussi sur le point de pleurer. Je pensai à ma mère, Hilda Gómez, me laissant en rade dans l'enfance, à la charge d'un père comme celui qui m'était échu, pour des raisons qu'elle n'expliqua jamais mais que j'avais toujours estimées légitimes. Je pensai à Berta, déjà grosse et fanée, mais jouant encore à l'Histoire avec un grand H, comme on joue à la poupée. Je pensai à la patronne de la pension, me menaçant de jeter mes valises dans la rue si je ne réglais pas dans la semaine la moitié de mes dettes. Je pensai à l'odieux et cher Lucas, à son odeur rance et tenace, à mon inquiétude de voir que le froid de l'hiver ne l'avait pas emporté, je pensai à sa toux, à sa maigreur, à sa pauvreté franciscaine et, en passant, à la mienne aussi. Derrière ma liberté proclamée il y avait une chaîne d'actes circulaires et insupportables qui constituaient la logistique quotidienne de cette pauvreté que j'avais choisie en quittant le monde du professeur : laver mon linge à la main et à l'eau froide ; le faire sécher pendant les longues journées d'hiver dans une cour glaciale ; raccommoder mes poches le plus souvent vides avec une aiguille, du fil et une vue déficiente ; empiler du papier dérobé à la faculté des années plus tôt et le couper avec un rasoir au format réglementaire pour la remise des maudites thèses ; faire des courses pour quelques vieillards et garder un peu de monnaie ;

échapper par des moyens malhonnêtes mais nécessaires à mes innombrables créanciers ; acheter une fois par quinzaine ma ration d'eau-de-vie dans un magasin de gros, de façon à épargner onze pour cent de son prix, et cætera. Telle était ma vie, décrite selon mon strict emploi du temps. Le simple manque de moyens me faisait beaucoup moins souffrir que la répétition obligatoire de ces actes misérables, exécutés de force et aux dépens de ma dignité. De sorte que j'accueillais le discours libertaire de Manzini avec plus que de l'ironie. Il savait parfaitement que le mot « pauvreté », dès que je l'aurais entendu, se collerait à moi comme un rémora et qu'il n'aurait plus qu'à l'exalter pour que je sente de nouveau sa torturante morsure. Car, beaucoup plus que libre, j'étais pauvre, et même la déclaration d'indépendance la plus enflammée n'allait pas payer mes additions.

Je me souvins que, malgré les éléphants d'Hannibal et son épique invasion de l'Europe en 218 av. JC, Scipion avait réussi à l'emporter en s'occupant plus efficacement de questions matérielles dénuées de tout héroïsme, telles que la direction du vent et de la pluie, les soins aux malades et aux animaux, la distribution d'eau et de nourriture, ou l'évacuation des ordures, c'est-à-dire en se souciant de petites choses que les livres d'histoire ne mentionnent pas ni ne célèbrent, mais qui constituent l'essence cachée de la guerre. Après un siècle de batailles acharnées et d'attente, ce fut finalement le poids cumulé de ces détails d'économie domestique simples et presque dédaignés qui avait fini, un jour, par rayer Carthage de la carte.

4

Le chemin poussiéreux s'interrompit soudain, comme si le paysage l'avait simplement oublié. Pendant presque soixante-dix kilomètres, des nuages de poussière avaient poursuivi furieusement les roues de la camionnette, comme le font les chiens dans les hameaux, et dans cette dernière partie du trajet, ce sillage avait fini par évoquer, quand on regardait derrière, un long voile effrangé de mariée parcourant les montagnes jusqu'à se perdre de vue.

L'homme qui conduisait, un autochtone à la peau tannée qui s'était présenté à la gare comme « Rojel, le contremaître », arrêta alors le véhicule. Pendant le premier instant de silence, je me demandai de nouveau s'il ne s'appelait pas en réalité Rogelio. L'accent des hommes de la campagne produit parfois ces apocopes involontaires : peu de mots et la plupart tronqués, comme si dans ces vastes étendues pelées il fallait réduire les fioritures du langage au minimum indispensable. En ouvrant la portière, je me rendis compte qu'au-delà de quelques mots lâchés à la gare, l'individu avait conduit pendant tout le trajet sans émettre le moindre son. Même maintenant, après avoir freiné, il ne s'était pas permis l'inutile redondance de dire « on est arrivés ». Je le vis simplement hausser les sourcils et incliner légèrement la tête en guise de discret assentiment.

Puis, je regardai par-dessus son épaule et découvris, émergeant à contre-jour dans la poussière qui finissait de se dissiper, la silhouette singulière de Manzini, debout sous un auvent de tuiles, levant un bras avec enthousiasme, et l'instant d'après j'aperçus près de lui une chaise roulante sur laquelle émergeait, plus posée qu'assise, une forme alanguie que j'identifiai comme celle de Matilde Dogliani. La lumière filtrée par la poussière qui flottait encore en l'air retarda un instant la définition de ses traits. Ses cheveux blonds, légèrement cendrés, rendaient son âge indéchiffrable. Trente-cinq ans, peut-être quarante. Je ne l'avais jamais imaginée à ce point plus jeune que Manzini. Pourtant, si l'on tenait compte de l'âge probable de Dogliani au moment de sa mort, on pouvait en déduire que sa petite-fille n'avait pas aujourd'hui plus de quarante ans. Mais je n'y avais pas pensé. Je compris au premier coup d'œil une partie de cette dévotion dont Manzini avait parlé. Quand il l'avait épousée, elle frôlait à peine les vingt ans, alors qu'il était sans doute déjà un avocat accompli, avec bedaine et cheveux blancs, de quarante ans et plus. Nul besoin d'être devin pour remarquer qu'elle était d'une certaine façon sa fille.

Je levai moi aussi le bras et descendis de la camionnette. Rojel, Rogelio, ou quel que soit son nom, alla chercher mes boîtes à l'arrière. Dans sa docile célérité transparaissait une longue, très longue tradition de servitude. Son grand-père avait peut-être porté ici les bagages de Dogliani. Je fis un pas vers lui et m'arrêtai aussitôt. Cette voix, qui avait si souvent résonné dans ma tête la semaine dernière, s'éleva sur ma gauche comme sortie d'un haut-parleur.

– Regardez comme vous me l'avez amené, couvert de poussière ! Eh, Rojel, je ne vous avais pas dit de remonter la vitre sur le chemin de terre ? Cet homme a l'air d'un poisson pané ! – Manzini sourit alors à Matilde. – Trésor, c'est lui, enfin, le professeur Brener. Approchez, s'il vous plaît.

Perdant de vue mon manteau et mon sac, je m'avançai vers la chaise roulante. J'observai un instant sur le visage de cette femme une certaine euphorie dans le regard, soulignée par des cernes ronds et bleutés.

– Enchanté, dis-je courtoisement, ne sachant pas si je devais lui tendre la main, car elle n'avait pas fait mine de pouvoir bouger les siennes.

– Tu avais raison, Ítalo ! C'est le portrait craché de Wolf ! – Ce n'est qu'après cette remarque qu'elle s'adressa directement à moi. – Vous ne pouvez pas savoir à quel point je trouve que vous ressemblez à Wolfgang ! C'est comme l'avoir de nouveau devant moi, mais plus jeune et plus beau. On va donc profiter de votre compagnie. Le pavillon vous plaît ?

Sa voix débordait d'une malice enfantine, à laquelle je n'étais pas du tout préparé. Ce « profiter de votre compagnie » prononcé sur un ton presque peccamineux m'avait paru très insolite, mais il avait été plus surprenant d'entendre le prénom de mon père, et plus encore son abréviation confinant à un franc érotisme, ce Wolf, comme une allusion à un loup ayant rôdé dans les environs.

– Comment s'est passé le voyage ? Êtes-vous content d'être ici ? me demanda-t-elle sur le même ton euphorique.

– Trésor, ne harcèle pas ce pauvre homme avec toutes ces questions. On ne lui a même pas offert à boire ! Camarade Brener, que puis-je vous offrir ?

Je tardai à répondre. J'étais encore occupé à essayer de comprendre l'expression de Matilde Dogliani, ce regard presque insolent qu'elle accompagnait d'une cataracte de paroles. Oui, elle pouvait remuer les mains, ainsi que je le constatai pendant qu'elle parlait. De fait elle les remuait d'une manière électrique, qui contrastait avec la quiétude funèbre de ses jambes. Tout le reste en elle paraissait branché sur un voltage différent de celui des autres humains. Quand elle parlait, ses paupières papillotaient à chaque mot, comme si un essaim invisible de guêpes menaçait ses yeux et la forçait à regarder alternativement son interlocuteur et cent autres directions.

Que je sois pendu, pensai-je, si cette femme n'est pas morphinomane. J'avais déjà observé un regard semblable, une des fois où Lucas avait dû être hospitalisé. J'étais allé lui rendre visite pendant cette fatidique semaine aussi régulièrement que possible, car j'avais beau trouver ce vieillard extrêmement désagréable, je ne pouvais m'empêcher de penser que j'étais ce qui ressemblait le plus à la seule famille qui lui restait en ce monde. Il partageait, bien sûr, la chambre où on l'avait installé pour son hospitalisation, et le lit voisin était occupé par un chimiste à la retraite, souffrant d'un rhumatisme invalidant, qui devait être veillé jour et nuit par sa femme. Tous deux, le chimiste et son épouse, s'injectaient régulièrement une substance incertaine, en doses généreuses, sous nos yeux étonnés, avec un tel naturel que j'en étais arrivé à penser qu'ils étaient deux diabétiques s'administrant de l'insuline, car ils rangeaient leurs seringues dans une élégante boîte en écaille, et semblaient rester, après chaque injection, des gens plutôt raisonnables. Pourtant, leur conversation, comme maintenant celle de Matilde, se caractérisait dès lors par une joie électrique et comme absente, et bien que leurs propos restent presque normaux, ils accusaient un manque quasi dramatique de désir de communiquer avec l'interlocuteur. Ils parlaient comme un chien hurle à la lune : comme pour se rappeler incidemment à eux-mêmes qu'ils étaient là. Parfois s'installait entre eux un silence insondable, qu'ils brisaient soudain par un mot isolé ou un éclat de rire qui semblait toujours disproportionné par rapport à la plaisanterie qui l'avait provoqué. Si on la regardait avec attention, Matilde avait une expression presque identique à celle de ces vieillards, sauf qu'elle avait trente ans de moins qu'eux et était invalide depuis beaucoup plus longtemps.

Tu vois, Aníbal ? Tu recommences, me dis-je. Un raisonnement atroce, bien dans le style Brener. À peine avais-je remarqué les cernes et le regard euphorique de Matilde, que l'instant d'après j'avais composé le tableau clinique d'une morphinomane. Et si cette femme était simplement heureuse à sa façon, même si la santé n'accompagnait pas ce sentiment ? Ne pouvait-elle pas être une femme clouée sur sa chaise mais encore enjouée ?

Manzini attendait ma réponse. Il arrivait souvent dans mes relations avec les autres qu'une simple question comme « que voulez-vous boire ? » me demande un effort rationnel exténuant. Il arrivait aussi que leur question stimule mon envie de plonger dans la première bouteille qui se présentait et que toute cette longue élucubration soit ma façon de repousser un peu la tentation.

– Peut-être une sieste, dis-je finalement, en m'efforçant de ne pas réfléchir. Si j'acceptais un verre, je n'allais pas arrêter de boire.

– Mais oui, bien sûr ! répondit l'avocat en se donnant une tape sur le front. Une douche, une sieste et les rafraîchissements plus tard… On est tellement habitués à ces trajets qu'on oublie que les autres ont les jambes engourdies !

Je trouvai que cette mention de jambes engourdies était peu délicate en présence d'une femme condamnée à ne plus pouvoir bouger les siennes. Mais il n'avait pas terminé de parler que Matilde, toute guillerette, lui avait déjà passé mon sac qu'elle avait pris par terre comme si de rien n'était. Retourné à l'arrière de la camionnette, Rojel descendait mes boîtes. J'hésitai à aller lui donner un coup de main – après tout, ces boîtes avaient été conçues pour m'enfoncer, moi en particulier et non pas lui – ou poursuivre mon chemin. Mais à en juger par l'attitude de mes hôtes, il semblait bien qu'ils n'attendaient de moi aucun effort physique. D'un geste résolu, Manzini fit tourner la chaise roulante et la poussa, indiquant ce que sa femme avait appelé « le pavillon » et qui maintenant se présentait clairement comme l'endroit où j'allais loger. Je choisis de les suivre les mains vides, tout en voyant du coin de l'œil Rojel exécuter avec les boîtes une manœuvre simiesque d'empilement et je me demandai alors si les avoir emportées était une décision raisonnable. La pure et simple vérité était que, les jours qui avaient suivi la première découverte, je n'avais pas eu le courage nécessaire pour me plonger dans leur contenu, et que je ne pouvais pas bien sûr les laisser sur place, à la merci de la patronne de la pension, ou pis encore des fantaisies gastroentérologiques de Lucas.

Depuis le moment précis où j'avais pris possession de ce douteux butin, ma vie s'était déroulée dans un étrange demi-sommeil. Seul dans ma chambre – seul, mais accompagné de Lucas, soit qu'il ronfle comme une énorme scie, soit qu'il maudisse dans un coin ses innombrables ennemis invisibles – je m'étais d'abord agité sur le lit et ses environs sans parvenir à conjurer ni le sommeil ni la veille, et au bout de ces routines circulaires, je finissais toujours par contempler les trois boîtes empilées sur la table, dont la présence m'inoculait des doses égales de curiosité, d'angoisse et de fureur. Un soir enfin, prenant mon courage à deux mains, j'ouvris la plus petite et découvris sous le couvercle la note suivante :

Inventaire complet du legs pour Aníbal :
1 trousseau de bébé. Enfance d'Aníbal (nombril, dent)
1 photo de la mère, dans un cadre en fer-blanc
3 disques de Dixieland
1 costume étrusque avec boucle
Édition abrégée de Gibbon (Saunders, 1 volume)
1 cartable avec toute ma correspondance sentimentale
1 journal intime relié, 1967-1972
1 journal int. relié, tome V, 1972-1974
1 j. int. rel. Tome VI, 1975-1978 (tome volumineux)
8 albums photos (voyages Rome/Grèce/Turquie)
L. inédit de poèmes : La Nouvelle Énéide*, 1981*
Dossier clinique et 12 radiographies du thorax et du crâne

Bien sûr, la lecture de cette liste convoquait en moi toutes les inquiétudes possibles. Je m'étais promis, surtout après avoir trouvé cachée dans le livre la piste de mon nouvel héritage, d'examiner attentivement le contenu de ces boîtes. Mais mon récent évanouissement m'avait montré le pouvoir dévastateur des objets ici réunis, de sorte que j'avais différé cet examen exhaustif par crainte de rechutes et de nouvelles douleurs. Il ne fallait pas oublier que la *stultitiam* si redoutée rôdait dans ma chambre, avec sa menace imminente d'idiotie et d'abrutissement, et que tout cahot inattendu pouvait la raviver presque autant qu'une invocation satanique. Une chose était de passer pour fou aux yeux de ma famille, comme pour leur faire la faveur d'incarner celui qu'ils voulaient que je sois ; une autre, très différente, était de l'être seul à seul avec mon singulier compagnon de chambre, c'est-à-dire comme un fou de plus. Aussi, au cas où il arriverait que tout ce fameux héritage de mon père ne fût, comme je le craignais déjà, qu'une longue liste de recommandations, d'ordres et de pirouettes destinés à éteindre ce qu'il me restait d'esprit, je m'étais promis de ne pas explorer ces boîtes d'un seul coup, mais par incursions épisodiques, pour lesquelles je prendrais auparavant certaines précautions. La présence de cet inventaire m'aidait au moins à mitiger un peu l'incertitude. Il était clair qu'une surprise comme celle que m'avait réservée la découverte de cette page de l'ouvrage de Saunders pouvait me perdre, à cause de ma lâcheté, mais le monde du professeur avait déjà été suffisamment douloureux, vu du rivage, pour que je plonge, seul et pris au dépourvu, dans sa partie la plus profonde. J'avais examiné alors superficiellement les boîtes pour constater qu'elles contenaient, en effet, la correspondance sentimentale de mon père, rangée dans un vieux cartable en cuir qui avait appartenu à ma mère, ainsi que ces « journaux intimes », que je me promettais d'ouvrir dès que je serais en meilleure santé et que j'en aurais le courage. La campagne pouvait être l'environnement idéal pour une saignée de cette importance.

Mais incapable de résister à la tentation, j'avais feuilleté le manuscrit inédit de poèmes du professeur, intitulé en toute humilité *La Nouvelle Énéide*, auquel j'appliquai la même méthode que j'avais employée, aux côtés de la jeune Alicia, pour explorer l'édition abrégée de Gibbon. Je tournai les pages du bout de mon index et m'arrêtai sur une au hasard. En bas de page, je lus : « Si je dois fouiller l'Averne pour partager ton drame, que s'allume en mon âme la flamme éternelle de l'enfer. » Ah, pensai-je, c'est bien là son lyrisme déchaîné ! Un homme mûr, un universitaire, qui cède à la tentation de faire figurer dans une même phrase trois mots terminés par *-ame*, comme pour éviter que la rime passe inaperçue aux yeux du lecteur profane. J'avais aussitôt refermé ce petit manuscrit, car entamer un colloque intérieur sur les lourdeurs stylistiques de mon père était bien la dernière chose que je souhaitais faire. Il me suffisait, en guise de punition, de savoir que j'étais condamné à me coltiner ce manuscrit pour toujours. Il était inutile de continuer à fouiller avec le doigt jusqu'à trouver le fond d'une telle plaie. Aussi avais-je décidé d'arrêter là, une semaine avant de partir à la campagne et avec une grande force de volonté, mon exploration de son monde. Là-bas, j'aurais du bon air et du temps. La seule chose que j'avais à revendre.

De plus, emporter ces boîtes m'avait fourni un prétexte pour que Manzini invite Mlle Alicia à nous rejoindre à la campagne le mercredi et le jeudi, les deux jours où elle ne travaillait pas à l'agence, car après cette funeste journée, passée d'abord dans la maison de mon père, puis au cabinet de l'avocat, la jeune femme avait éprouvé une secousse si intense de sa fibre historique susmentionnée qu'elle s'était offerte d'examiner avec moi « les journaux académiques du professeur, si vous n'y voyez pas une intrusion de ma part ». Je ne laissai pas d'être surpris par la singulière disposition de cette fille à vénérer sa mémoire de toutes les façons possibles. Mais comme je bénéficiais d'une infime dîme de cette vénération, qui pouvait éventuellement consister en sourires et paroles aimables, et comme les longues heures de la campagne promettaient des frôlements occasionnels et des échanges de regards, je ne voulais pour rien au monde décourager cette nouvelle et pressante soif académique. En fin de compte, sa présence pourrait aussi alléger la lecture de ces cahiers que j'imaginais aussi arides et saturés de notes en marge que les pages des célèbres fatras historiques du professeur. Peut-être même allais-je pouvoir, en profitant d'un instant de distraction, lui faire parfois détourner les yeux de l'autel du grand Brener pour qu'elle m'aide à organiser mes recherches sur cet autre insupportable apôtre, Dogliani, en examinant avec moi certains de ses documents et en y mettant le même zèle. Manzini, de son côté, présupposait que ces boîtes allaient être la pierre fondatrice d'une longue amitié, qu'il escomptait sans doute riche en dialogues professoraux et déclamations en tout genre, aussi la perspective d'avoir près de lui le contenu de ces trois sarcophages de carton lui causait-elle une excitation encore plus intense qu'à Mlle Storiacci, et beaucoup plus insupportable pour moi, car je n'avais pas avec lui la compensation qu'Alicia m'offrait avec le plaisir de sa présence.

– J'espère que dans votre logement vous vous sentirez comme chez vous. Nous avons posé sur une étagère les livres que Wolf nous a offerts, quelques ornements et une photo de lui encadrée, qu'il a eu la gentillesse de nous dédicacer, dit Matilde, tandis que les roues de sa chaise mordaient le gravier du chemin.

Ce bruit désagréable, comme celui d'une charrette,

me permit d'oublier un instant la liste des cadeaux provenant de ce personnage inconnu, Wolf, qui avait tout d'un sujet à la générosité compulsive, plein d'amis qu'il comblait d'attentions, à l'exact opposé en tout du père spartiate qu'il m'avait été donné de connaître.

Je me concentrai sur le léger grincement de l'axe des roues, le contact des pneus avec le gravier chauffé par le soleil de midi et le chant lointain d'un martin-pêcheur. Je tendis l'oreille. Oui, c'était bel et bien un martin-pêcheur. Je l'imaginai posé sur une branche, scrutant d'en haut le courant d'un ruisseau, en quête de poissons. Ah ! S'il y avait une rivière à côté, pensai-je, ce calvaire pourrait au moins être adouci par un peu de paix, car il resterait toujours la consolation de contempler, d'un rocher de la rive, le flux inexorable des eaux coulant vers la mer. Je me figurai aussi, grâce au martin-pêcheur, que cette hypothétique rivière aurait assez de profondeur pour la pêche et peut-être une onde sereine sillonnée d'iris et de jacinthes d'eau. Le chant de l'oiseau avait éveillé en moi un brusque jaillissement d'espoir, une sensation d'apaisement et de légèreté que je n'avais pas éprouvée depuis des mois. Je me rappelai que ce brave Aníbal Brener était après tout un animal, un être susceptible non seulement de souffrir de la faim et des privations mais aussi de jouir de la brise par une journée fraîche, d'observer avec étonnement les formes capricieuses des nuages, ou de sentir la chaleur des rayons de soleil sur la peau. Peut-être, me dis-je, avais-je sous-estimé l'effet de la campagne sur ma santé physique et mentale. Pourquoi allais-je entreprendre cette tâche en pensant qu'elle ne m'apporterait que de nouvelles humiliations ? Et si Dogliani se révélait un personnage fascinant et qu'écrire sa biographie finissait par être une récompense plus qu'une punition ?

– Entrez, s'il vous plaît, et dites-moi ce que vous en pensez, me dit Manzini de la porte ouverte du pavillon. Matilde était restée près du seuil et me regardait avec une expression d'espoir presque émouvante. Elle guettait ma réaction comme si j'étais un enfant sur le point de découvrir, derrière une porte, un train électrique en marche, et qu'elle seule savait que m'attendait une grande joie. Elle s'était semble-t-il, chargée en personne d'aménager mon logement, car son regard inquiet passait alternativement de mes yeux à l'intérieur du pavillon, trahissant une vive excitation, et elle appuyait une main sur sa poitrine comme si son cœur défaillait.

J'entrai dans le salon et regardai vers le coin le plus proche de la fenêtre. Au mur était accrochée une reproduction d'une gravure de Piranèse dans un cadre doré, un vaste paysage du forum romain envahi par des plantes et des vaches, que je reconnus aussitôt, car pendant les années où j'avais été l'assistant de mon père, ce cadre était suspendu dans son bureau. Je me souvenais que les innombrables fois où la conversation avec lui devenait désagréable, il me restait le recours de perdre mon regard dans cette gravure, avec le même abandon que ces vaches errant dans le forum. Je me retournai vers Matilde et lui fis un aimable geste d'approbation, à mi-chemin de l'assentiment et de la révérence. Elle semblait sur le point d'applaudir.

Puis, je remarquai, posé sur le rebord d'une petite cheminée, la photo encadrée avec l'autographe. C'était un portrait que j'avais également vu dans le bureau de mon père à la faculté, et sur lequel, ne portant pas ses traditionnelles lunettes, il paraissait jeune et même bel homme. Sur cette photo, il devait avoir plus ou moins mon âge, on ne remarquait pas de cheveux blancs et son visage n'était pas encore déformé par ce rictus permanent de bouledogue qu'il avait pris après le départ de ma mère. Il affichait un sourire espiègle, non exempt d'innocence et même un brin d'illusion dans le regard. Au bas de la photo, il avait écrit : *Amicus certus in re incerta cernitur*. On reconnaît l'ami authentique au moment de la plus grande incertitude. Je compris que cette phrase faisait référence à son état de santé précédant son décès, car avant cela, il n'avait jamais donné témoignage d'avoir rien affronté qui rappelât de près ou de loin l'incertitude. En tout cas pas devant moi.

– N'est-ce pas que sur cette photo la ressemblance entre vous deux est frappante, dit Manzini avec enthousiasme.

En regardant de près, je dus convenir, en l'honneur de la vérité, qu'il avait un peu raison. À trente ans et quelques, sous cette lumière et cet angle, mon père n'était qu'une joyeuse et robuste version de ma personne. Il avait, pensai-je, le visage que j'aurais eu si je n'avais pas été piétiné, écarté et détruit, justement par lui-même. Sans lui, j'aurais peut-être eu une expression similaire à la sienne, un sourire épanoui, publicitaire, et la même lueur de sapin de Noël dans le regard. L'instant d'après, je corrigeai. Sans ton père, tu n'aurais aucune expression, ni triste ni heureuse, car tu ne serais même pas venu au monde. Je devais au moins au professeur cette contingence, et lui nier quelque mérite sur ce plan était décidément mesquin.

Je me demandai comment il était possible que, les dizaines de fois où j'avais regardé cette photo sur l'étagère de son bureau, je n'aie pas remarqué à quel point ce portrait me ressemblait. On m'avait signalé mille fois cette ressemblance, mais j'avais toujours pensé que cette insistance cachait une manœuvre familiale destinée à stimuler en moi l'urgence à rivaliser avec mon père, afin qu'au cours de cette poursuite je parvienne un jour à atteindre une de ses innombrables réussites.

Je croyais que c'était là un pur baratin d'encouragement, comme cela se pratique beaucoup dans les familles qui comptent un membre éminent entouré d'une bande de pauvres diables, et pourtant cette fois, peut-être parce qu'elle se trouvait dans une pièce étrangère, la photo m'apparut comme une preuve assez acceptable de notre lien de parenté. Je ne sus si je devais manifester plaisir ou angoisse, alors, comme toujours, je choisis de rester paralysé à l'exact mitan des deux attitudes.

– Oui, je lui ressemble, dis-je au bout d'une pause interminable et décidément inacceptable. Il me sembla que mon laconisme avait trop laissé entrevoir mon débat intérieur, aussi fus-je aussitôt tenté d'orner ma réponse d'une note un peu plus colorée. – Et le pavillon est formidable.

– On l'a aménagé avec beaucoup d'affection pour vous, car nous ne pouvons nous empêcher de penser que nous vous connaissons bien, dit Matilde. Ítalo m'a raconté avec un grand luxe de détails votre première rencontre et l'impression qu'il avait eue de votre allure et de votre caractère. Et maintenant que je vous vois de mes propres yeux, il m'arrive la même chose. Nous savons que vous avez traversé une période difficile et nous vous souhaitons de tout cœur le meilleur. – Je crois qu'elle se rendit compte qu'elle se montrait beaucoup trop maternelle, aussi fit-elle une rapide diversion malicieuse, comme elle l'avait déjà fait en me voyant descendre de la camionnette. – Ah, au fait, Mlle Storiacci a téléphoné ce matin. Elle semblait très pressée de communiquer ses projets : elle ne va pas attendre mercredi. Elle arrive aujourd'hui même, ce soir.

– Quelle hâte ! fit Manzini, d'un air sournois et

intrigant. Il faut voir comme le désir de se plonger dans l'exploration historique est brûlant et se propage chez les jeunes aujourd'hui ! Pas vrai, Trésor ? ajouta-t-il en donnant un petit coup de coude à la poignée de sa chaise. Comme ça se propage, hein !

À cet instant Rojel entra, portant la pyramide de boîtes qui commençait à glisser sur un avant-bras.

– Attendez, dis-je en faisant un pas vers lui. Laissez-moi au moins prendre les deux d'en haut.

L'homme me regarda très surpris. On aurait dit que c'était la première fois depuis sa plus tendre enfance que quelqu'un dans cet établissement proposait de lui faciliter la tâche. Il ouvrit de grands yeux, plus effrayés que reconnaissants. Je me rendis compte qu'en lui proposant mon aide, j'avais bouleversé la raison de sa présence dans la pièce. Nous nous débattîmes un moment, les bras maladroitement emmêlés, tandis que Manzini et Matilde nous accompagnaient par des mimiques et des gestes qui faisaient un écho gênant à nos mouvements. C'était comme si le fait d'être témoins de tant de gaucherie les obligeait à nous seconder par une inutile pantomime. Dès que les boîtes eurent cessé de glisser pour se retrouver par terre, Rojel fila vers la porte en balbutiant quelque chose qui pouvait être « bonsoir », ou « excusez », ou « au revoir », et disparut de notre vue sans laisser le moindre sillage de sa présence. Nous regardions tous les trois la porte comme si un renard ou un chat sauvage venait de s'échapper.

– Ah, ce sont de vrais animaux ! Mais ne croyez pas que tout soit brutal par ici. Non, non. Il y a maintenant des années que nous essayons de prolonger l'œuvre civilisatrice de Dogliani, et nous avons organisé des manifestations culturelles dans la paroisse du coin, expliqua Manzini avec un brin d'humour involontaire. – Des récitals de guitare et de piano, un groupe de danse folklorique, une bibliothèque itinérante qui parcourt les hameaux et un cours d'histoire des idées que je donne moi-même. C'est gratuit pour les ouvriers agricoles, mais leur présence régulière améliore leur salaire. Parfois, l'instruction exige des stimulants matériels. Même Dogliani, à l'époque de sa splendeur, avait recours à toutes sortes de trucs pour alphabétiser les ouvriers agricoles.

Matilde acquiesçait à chaque phrase de ce laïus en regardant alternativement son mari, mon visage à la mine attentive et les insectes imaginaires qui l'entouraient à tout moment, tandis que j'essayais de me figurer ces « trucs » dont se servait l'impeccable saint Dogliani. Soudain, elle regarda fixement son mari, comme s'il avait passé sous silence une partie du programme et qu'elle devait, en haussant les sourcils, l'alerter sur cette omission.

– Et les causeries, Ítalo, il y a aussi les causeries, dit-elle avec une dernière mimique d'anxiété.

– Je voulais lui en faire la surprise, Trésor, répondit Manzini en lui faisant un clin d'œil et en prolongeant le silence de quelques secondes. Il déglutit. On aurait dit qu'il savourait la pause avant de me dire que, dans cette même pièce, discrètement rangée sous mon lit, se cachait la pierre philosophale. Je le regardai, plongé dans le même silence pesant et m'attendant, comme toujours, au pire.

– Bon, allez, ne fais pas languir le professeur, qui vient d'arriver, tu es en train de l'achever avec ton suspense, dit, impatiente, « Trésor » qui semblait sur le point de s'évaporer d'enthousiasme.

– Eh bien… Je ne vous l'ai pas dit avant parce que je craignais de vous influencer, de vous manipuler, je dirais presque de suborner votre décision libre et souveraine de vous intégrer à ce projet, une invitation que vous avez fini par accepter avec… gentillesse et droiture, sans exiger que je vous révèle notre programme. – Matilde continuait de le regarder avec une anxiété grandissante et un sourire électrique, en tambourinant des doigts sur un accoudoir de sa chaise. – J'ai cru qu'il valait mieux laisser momentanément cette affaire, comme une cerise sur le gâteau, dès que vous auriez accepté de vous en servir… avec votre propre cuiller, disons, une part… dit Manzini en regardant sa femme tous les deux mots et en se perdant dans une croissante confusion sémantique. – Une part du gâteau qu'est ce projet, je veux dire. Le projet couronné par cette cerise…

– Ce que veut dire Ítalo est qu'en réalité cet établissement, cette maison de campagne, n'est qu'une façade, un prétexte pour rêver… rêver ensemble, dit-elle en versant de nouveau dans ce type de phrases et de regards qui m'avaient rappelé des morphinomanes. – Voyager en pensée et perpétuer ainsi le rêve de divulgation de notre grand-père.

Tous deux se regardèrent passionnément, sans observer de pause dans leurs propos délirants.

– Elle est si généreuse, cette façon de dire « notre grand-père »… Vous voyez comme elle est, Matilde ? dit Manzini en appuyant, selon ce qui se profilait déjà comme une alarmante habitude, sa main sur mon épaule, cette fois près du cou. En sentant de nouveau la pression de ses doigts, je craignis un moment qu'il finisse par me caresser la nuque comme à un chat. – Alors, de même que nous vous avons invités, vous et Mlle Storiacci à participer à ces recherches biographiques sur votre famille et la nôtre, de même, dans un esprit semblable, nous invitons régulièrement des sommités de la philosophie et de l'histoire, parfois à grands frais pour nous, à participer à des colloques privés, en faisant en sorte que cette propriété leur serve de laboratoire, d'agora et de refuge. Il se trouve, ce n'est pas honteux et il vaut mieux l'accepter sans faire de simagrées, que nous jouissons d'une certaine aisance matérielle, grâce à l'exercice d'une profession pas toujours agréable, et cette contribution au développement de la pensée est notre façon de remercier l'humanité de notre bonne fortune. Dans l'exercice du métier d'avocat, on ne ressent pas toujours, peut-être à cause de la faiblesse du système juridique, que l'on a pu servir la cause de la justice, aussi cet exercice philanthropique constitue-t-il une bonne façon de corriger certains de ces déséquilibres…

Une fois de plus depuis que j'avais fait la connaissance de cet improbable ami de mon père, je restai plongé dans la plus profonde stupéfaction. Le bonhomme était en train de me dire dans son style fleuri et euphémique que cette fanfaronnade académique, avec ses groupes de danse folklorique et sa risible « Histoire des idées », était sa façon de dédommager la société pour avoir épargné la prison à des malfaiteurs et des mafieux. Je l'imaginais refermant sa serviette après avoir rendu à la rue un proxénète et pensant avec enthousiasme à la causerie de la semaine suivante.

– Une fois, on a fait venir Gombrich ! Gombrich et même Hauser ! s'exclama Matilde sur le ton d'une folle qui dirait « une fois, on a braqué une banque ». J'eus un instant l'impression que même ses jambes en tremblaient de joie.

– Oui, en 76, on a fait venir Gombrich et Hauser, sans que quasiment personne ne le sache. Ils ont passé une semaine à s'affronter sur l'esthétique et l'histoire de l'art devant une demi-douzaine d'universitaires venus de la capitale. Ici, c'était aussi animé que Milet à l'époque de Thalès. Il y avait un bouillonnement continu de science et de polémique. Ce fut une expérience inoubliable, dont nous n'avons pas compris la signification sur le moment – le ton visionnaire de Manzini baissa alors d'intensité et devint un instant confidentiel, pour mieux accompagner la petite offrande qu'il faisait à l'humilité – et nous ne l'avons pas comprise à cause de notre courte vue. Les derniers temps, quand nos causeries étaient devenues un secret de polichinelle, notamment dans le milieu universitaire, c'est Brener lui-même, dont nous venions de faire la connaissance, qui jouait le rôle de modérateur. Et c'est justement grâce à sa présence assidue et inspiratrice que nous nous sommes convaincus de l'importance de notre mission et consacrés à cette tâche sacrée qui donne depuis un sens à notre vie et nous consume entièrement. Dans cette campagne, dit-il bras et index tendus, décrivant une vaste courbe, on sème des idées, ni plus, ni moins. Comprenez-vous maintenant pourquoi nous vous sommes reconnaissants, vous les Brener, de vivifier de cette manière un devoir qui anime cette famille depuis presque un siècle ?

Je profitai de la pause, peu fréquente dans ce ping-pong verbal dont j'étais le témoin, pour soupeser cette pluie torrentielle de bêtises. L'image de Gombrich et Hauser venant dans cette propriété perdue au milieu du néant discuter d'histoire de l'art devant une poignée de poussiéreux érudits locaux me paraissait impensable, mais si quelqu'un m'avait parlé de Manzini lui-même et de sa Matilde un mois plus tôt, je les aurais trouvés invraisemblables, et pourtant ils étaient là et bien là. C'étaient des individus en chair et en os qui depuis dix bonnes minutes jouaient leur opérette sous mon nez. Et comme ils souriaient ! Leurs mimiques auraient presque réussi à me contaminer si je n'étais pas venu prêt à douter de chacune de leurs paroles. On ne sait jamais, me dis-je, peut-être même que Gombrich et Hauser sont réellement venus. Mais, même s'ils disaient la vérité, ils n'en étaient pas, fût-ce d'un brin, plus raisonnables pour autant.

D'autre part, la présence de mon père à ces causeries accentuait encore plus ma sensation d'étrangeté, d'éloignement extrême de son monde, un monde que je découvrais jour après jour beaucoup plus obscur, prétentieux et vulgaire que ce que j'avais toujours imaginé. Je me tournai instinctivement vers son portrait. C'est sûr que cette vieille canaille avait maintenant bien des raisons de rire. J'avais dû me fourrer dans un sacré asile de fous pour respecter ses fameuses conditions.

– On vous dit ceux qui viennent demain à la causerie du matin ? demanda soudain Matilde en enroulant avec une certaine insistance son index dans une manche de sa veste. Manzini soupira en la regardant avec tristesse, comme s'il constatait une fois de plus que son épouse avait beau être sa complice, elle était incapable de garder un secret.

– Non, dit Manzini sèchement. Je préfère que ce jeune homme se concentre sur ses recherches… En plus, il a souhaité faire la sieste et nous on est là à le distraire… Mlle Storiacci va arriver avant qu'il ait pu dormir un peu. Laissons-le tranquille.

– Il y a une rivière près d'ici ? demandai-je tout à coup, sans réfléchir. Lassé par cette ridicule rivalité qui s'était établie en eux pour voir qui m'impressionnait le plus, j'avais laissé une fois de plus mon esprit prendre la tangente.

– Une rivière ? Oui, bien sûr, en bas… Pourquoi ? Il vous en faut une ? demanda Manzini déconcerté.

– Il y a un instant j'ai entendu le chant d'un oiseau qui m'a semblé un martin-pêcheur, dis-je pour toute explication.

– Ah, cette rivière… ! Bah, la plupart du temps c'est un pauvre ruisseau qui ne paie pas de mine, mais il suffit qu'il pleuve un après-midi pour que l'eau arrive jusqu'à la cour de la ferme. Un vrai danger. Si c'est une promenade que vous cherchez, pour inviter… – Il s'arrêta un instant et soupira. – Si vous cherchez, disons, un peu de détente, je dois vous dire que cette rivière est un endroit plus rebutant qu'attirant. C'est imprévisible. Tous les ans, elle nous emporte deux ou trois veaux. Pour montrer à Mlle Storiacci une vue qui vaut le déplacement, je vous suggère de prendre la direction opposée au chemin du pavillon. Continuez tout droit jusqu'à un petit promontoire rocheux d'où on voit les montagnes qui bordent la vallée. De là, vous remarquerez que la ferme est au fond d'une grande gorge creusée dans la roche. La vue est vraiment spectaculaire.

Il me sembla entendre de nouveau le martin-pêcheur au loin. C'était comme si son chant cherchait à me rappeler que je m'étais fait, en l'écoutant la première fois, la promesse de ne pas céder à ma traditionnelle humeur sombre et d'essayer de voir ce travail non pas comme une punition mais comme une chance. Bien sûr, cette promesse était difficile à tenir et exigeait de moi non seulement la volonté implacable de faire contre mauvaise fortune bon cœur, mais aussi une détermination obstinée, quasi psychotique, d'ignorer la centaine d'évidences que la réalité m'offrait, à chaque minute, du délire rampant de mes hôtes. Une fois de plus, je maudissais le moment où j'avais ouvert le volume de Saunders. Si je n'y avais pas trouvé la misérable petite note collée à une page, je serais encore dans ma pension, blotti dans le lit, sous les couvertures et bien tranquille.

Mais à l'instant même où je me représentai le lit de la pension, ma plainte perdit de son intensité. Car aussitôt se présenta l'image de Lucas l'insomniaque, murmurant dans un coin de la chambre les dialogues de ses cauchemars, et la seconde d'après se matérialisa près de mon lit une table de chevet encombrée d'horribles thèses d'étudiants, attendant d'être tapées, corrigées ou partiellement récrites, et sur cette pile, histoire d'aggraver un peu plus cette sombre vision, je vis ma flasque vide à côté de mon portefeuille, vide lui aussi, et devant le spectacle de telles vacuités, la nostalgie de ma vie antérieure s'évanouit. Au diable l'Aníbal que j'étais ! Je n'avais rien à regretter de cette pension, ni de cette vie. Épuisé par cette pénible visite du passé, je m'assis sur le lit, espérant que son contact, en raison du contraste entre le matelas moelleux et le tas de crin sur lequel j'avais dormi jusqu'à hier soir, finirait par dissiper toute trace de nostalgie. Ah ! pensai-je en faisant de petits bonds avec mon derrière et mes jambes, voilà des ressorts conçus pour le sommeil, pas comme ceux de la pension, dont les grossières suspensions métalliques étaient tendues en forme de grille, comme si les propriétaires avaient eu l'intention sournoise de faire rôtir le dormeur à l'instant où il commencerait à ronfler.

Le spectacle de mes petits bonds sur le lit dut être interprété par Manzini et « Trésor » comme une espèce de code, de message chiffré, car ils se regardèrent très intrigués. On aurait dit des scientifiques dans la jungle qui se consultaient par signes sur la signification cachée du balancement répétitif de la patte d'une belette. Et de fait, après ce bref échange de regards, Manzini lança son avis :

– Aníbal a dit « sieste », chérie ! Et on est là à jacasser comme des pies. Pauvre professeur ! Nous savons que vous êtes un modèle de galanterie et que vous pouvez passer l'après-midi entier sans évoquer de nouveau votre envie de dormir… dit-il avec fierté, comme si son interprétation lui avait demandé toute la subtilité dont il était capable, et l'instant d'après, il saisit avec une subite résolution les poignées arrière de la chaise roulante, poussa Matilde vers la porte et là, s'écria, en imitant le ton d'un réceptionniste d'hôtel :

– Thé complet à six heures pile ! Salon principal !

Et il sortit en traînant la chaise de sa femme sur les graviers du chemin, jusqu'à disparaître derrière une rangée de buissons.

Je restai immobile une longue minute, encore étourdi par l'écho de leurs voix et finis par détourner les yeux de la porte pour les poser une fois de plus sur les boîtes, qui gisaient inclinées et un peu abîmées près du lit. Soulevant le carton des couvercles apparaissaient quelques cahiers du professeur. Je les parcourus du regard et me mis à siffloter machinalement un air vague, qui ne ressemblait à aucune mélodie particulière, mais qui finit par prendre la forme et le rythme de *Tea for two*. Je me rendis compte que l'apparition de cet air était un prolongement de cette invitation à prendre le thé. Je suppose que quelque part dans mon inconscient pointait la présence d'Alicia Storiacci dans le salon principal et que cette vision m'apportait au moins la consolation d'un certain espoir. Alors je cessai de siffler et entrepris d'examiner les cahiers.

Pendant que mes yeux enregistraient distraitement

sur le dos du cahier qui dépassait de la boîte l'inscription « Journal intime VI/1975-1978 », j'entendis de nouveau, cette fois très distinctement, le chant du martin-pêcheur. Il insistait. C'était moi qu'il appelait. Et comme par magie, l'inscription et l'appel de l'oiseau ayant atteint en même temps le seuil de ma perception, la conscience les reçut comme un seul stimulus indifférencié et complexe. Quelque chose comme : « martin-pêcheur-journal intime ». Si bien que, dans une impulsion complètement étrangère à ma nature, je saisis le cahier et sortis du pavillon, en prenant la direction opposée à celle que Manzini avait signalée comme propice à la découverte de beaux paysages, et en cherchant, en revanche, presque sur la pointe des pieds, l'origine de cet appel lointain qui s'adressait à moi depuis mon arrivée.

Dès que j'atteignis le chemin de gravier, je regardai de chaque côté avec une agitation un peu suspecte, comme si j'assumais tacitement d'être surveillé, puis je me glissai à travers les arbustes plantés derrière le pavillon, entre les feuillages desquels je découvris que non seulement je pouvais entendre le martin-pêcheur, mais aussi une rumeur chantante d'eau. Je sentis de nouveau le même vertige qu'auparavant, cette bouffée d'allégresse que doivent ressentir les antilopes en flairant la proximité d'un point d'eau, et je pressai l'allure. Je descendis d'une centaine de pas une petite butte et trouvai enfin la rivière.

Elle ne faisait que quelques mètres de large, mais paraissait cacher une profondeur irrégulière, à certains endroits considérable car l'eau formait des tourbillons et coulait agitée et discontinue. Sur les deux berges, le feuillage et les racines de palétuviers entraient dans la rivière comme pour la traverser, donnant à la rive une allure sauvage qui contrastait avec l'aspect aride du chemin d'accès à la propriété. J'étais intrigué que Manzini ne m'ait pas recommandé plus chaudement la promenade vers cette rivière. L'endroit était pourtant idyllique, propice à la réflexion et à la méditation. Le murmure de l'eau, la présence du martin-pêcheur – dont je pus enfin repérer la silhouette sur une branche basse – et le bourdonnement de deux libellules qui se poursuivaient dans les broussailles rendaient ces parages incomparables, peuplés de troncs tordus, de feuillages et de plantes qui grimpaient sur les escarpements. C'était saturé d'odeurs, vibrant de vie. Je m'efforçai de ne pas perdre de vue l'oiseau qui sautait de branche en branche comme si les lieux lui appartenaient et que je devais lui demander la permission de l'observer. Si j'avais connu sa langue, je n'aurais pas hésité à le faire.

Je me rappelai alors que Manzini avait la fantaisie de faire de cette propriété une espèce d'agora grecque, dépouillée et spartiate, et je pensai que cette petite oasis sauvage devait être à ses yeux comme un rappel de l'existence d'un autre monde, un monde déréglé et chaotique où Zénon et Anaxagore se seraient sentis complètement perdus. Une rivière si versatile et intempestive, avec ses crues et ses décrues, son cours imprévisible et son lit turbulent, était sûrement le type d'exemple dont Dogliani se servait pour mettre en garde les autochtones contre les dangers d'une vie dissipée et dépourvue de tout projet bien défini. Ce fut probablement l'éducateur lui-même qui expliqua à Manzini que c'était plutôt l'autre paysage, la montagne avec ses pics rocheux à la recherche transcendante du ciel, qui devait être un exemple édifiant, alors que la rivière, avec sa pourriture, ses insectes, ses moisissures, était d'une beauté violente à laquelle on ne devait pas aspirer.

C'était du moins ce que je pensai, cédant de nouveau à mon incorrigible penchant à fabuler la pensée d'autrui, habitude héritée malgré moi et que je critiquais tant chez le pauvre Gibbon. « En vérité, je ne sais pas ce que pensait Dogliani, puisque je ne le connaissais pas », me dis-je avec emphase, comme si je voulais me convaincre une fois pour toutes de l'importance que revêtait le maintien de cette sorte d'incertitude. En fait, je ne savais même pas ce que mon propre père avait pensé sur n'importe quel sujet, alors que j'avais consacré ma vie à sonder, tel un phrénologue désespéré, chaque modulation de son visage à la recherche d'un indice révélateur de ses pensées. Je ne pus jamais établir avec certitude si les sourires qu'il m'adressait signifiaient mépris, ironie ou amour paternel. Si ses froncements de sourcils dénotaient contrariété ou simple concentration. J'avais dû parcourir le chemin tellement à l'aveuglette à la recherche de son affection, et j'y avais reçu tant de coups, que j'avais finalement choisi de me résigner à la plus extrême quiétude.

Je m'assis sur une racine tordue de palétuvier et appuyai la tête dans ma main. Dans l'autre, je tenais le cahier marqué « Journaux intimes VI/1975-1978 », que j'avais emporté dans ma sortie précipitée. La gravitation de l'étrange binôme « martin-pêcheur-journal intime » pesait encore dans une zone latérale de ma conscience. L'oiseau avait tenté des vols en piqué depuis une branche basse pour revenir à chaque fois au même endroit sans montrer de signe d'épuisement.

Je pensai subitement que ce site sauvage était le meilleur endroit concevable pour ouvrir enfin le journal intime du professeur. C'était comme si le lyrisme abusif que l'on pouvait attendre de sa prose s'évaporait en la présence féroce, dépassionnée et neutre de la nature, car ici il n'était pas possible d'éditorialiser, d'énoncer des considérations morales ni d'en appeler à l'Histoire avec un grand H ni à aucune de ses variantes connues. Le seul questionnement possible du petit univers ici contenu devait se faire en silence et, en tout cas, en se contentant du privilège de pouvoir formuler des questions. Y avait-il des insectes parce qu'il y avait une rivière ? Étaient-ils là parce qu'il y avait des palétuviers, lesquels étaient là parce qu'il y avait une rivière ? Étaient-ils là parce qu'il y avait sur ces palétuviers une certaine catégorie de lichen où il était plus facile de pondre ? Une histoire naturelle complète pouvait être convoquée sur ce succinct cours d'eau et jamais on n'embrasserait une seule de ses relations internes d'une façon qui serait si peu que ce soit comparable au récit d'un royaume ou d'une bataille, car ici rien n'avait d'intentions, du moins à la manière d'un général ou d'un césar.

J'ouvris le cahier. Sur la première page, souligné en rouge et bleu, un titre d'une graphie un peu infantile : « Journal. Tome VI », écrit si manifestement pour la postérité qu'on avait envie d'en rire. Appeler « tome » un cahier d'écolier était d'une vanité tellement exagérée que c'en était presque attendrissant. En dessous, de cette même écriture d'adolescent, une autre inscription : « W.F. Brener Hofman, 1975 », et une ligne plus bas, avec un autre stylo et d'une main plus tremblante, sans doute ajouté bien des années plus tard : « Départ de Berta, considérations sur Hilda et l'abandon, le problème d'Aníbal, pourquoi je ne serai jamais un bon historien, et quelques notes sur la détérioration de ma santé : très bon matériau. » C'était incroyable : il avait pris la peine non seulement de détailler le contenu, mais aussi de le qualifier par une note, comme s'il était un critique de sa propre œuvre et devait offrir au public un bref compte rendu d'un paragraphe et conclure en accordant au volume une, deux, ou trois étoiles.

Si le professeur n'avait pas été mon père, si je n'avais pas eu à le supporter quotidiennement, j'en serais peut-être arrivé à apprécier et même à savourer ces marques fleuries de sa personnalité. Si je n'avais eu à le supporter que dans le cadre de l'université, comme chef ou comme professeur, j'aurais peut-être cru, comme Alicia et presque tout le monde, que cette extrême indulgence pour soi était d'une certaine façon charmante. Et en ce moment même j'étais tenté, en lisant, d'éprouver un peu de cette indulgence, comme s'il s'agissait de moi.

Je posai de nouveau les yeux sur le mot « tome » et, je ne sais pourquoi, je souris. Je m'apprêtais à écouter la voix d'un mort. Je tournai la page et reçus à bout portant les premières lignes du journal, que je transcris ici littéralement :

4 octobre

Aujourd'hui, Berta est partie. La pauvre. J'ai dû dissimuler des années durant à quel point son attitude obséquieuse et soumise m'irritait. Chaque conversation avec elle est un miroir terrible de la sorte de père que j'ai dû être. Serait-ce qu'elle imagine cette façon quasi rampante avec laquelle elle m'adule comme la seule digne de mon attention ? J'ai honte chaque fois que je la vois marcher dans le couloir de la faculté en répétant les mêmes stupidités qui m'ont rendu célèbre, et qu'elle s'est mise à copier jusqu'au moindre tic. Tout ce que j'ai pu faire pour atténuer, un tant soit peu, la honte d'assister à sa pénible routine est de l'épauler un peu et de sourire comme si je l'approuvais, si bien que, par omission, j'ai fini par valoriser la conduite que je méprise le plus.

Prisonnier depuis toujours de son pessimisme aigre et systématique, Aníbal a manifesté, quant à lui, un peu plus d'indépendance. Et même s'il a passé la moitié de sa vie dans l'indignité et l'humiliation, en suppliant une espèce de gardien imaginaire de le laisser entrer dans un palais où il n'est possible d'entrer que sans permission, il a au moins eu le cran de s'éloigner un peu de moi. Il m'est arrivé d'être presque fier de sa haine à mon égard, malgré l'inefficacité de ses moyens, car la plupart de ses récriminations ne sont pas différentes de celles que je pourrais m'adresser, et je me découvre souvent en train d'attiser sa haine à dessein, comme si je souhaitais que ce pauvre garçon se redresse à force de s'opposer à moi. Malheureusement, cette stratégie s'est révélée désastreuse, car mon image publique m'ayant doté d'une autorité démesurée, il est devenu impossible de s'opposer frontalement à moi sans encourir un certain degré d'ostracisme et d'acharnement universitaire. C'est ainsi que la pauvre opposition d'Aníbal l'a isolé jusqu'à faire de lui une espèce d'ermite, forcé par ses choix de vivre seul, stigmatisé et privé de toute consolation religieuse.

Je restai quelques secondes perplexe, car le paragraphe que je venais de lire paraissait avoir été écrit par quelqu'un qui était non seulement différent du professeur, mais manifestement opposé à lui. Et pourtant c'était sans le moindre doute son écriture. Je connaissais cette calligraphie imprécise, ces pattes de mouche qui envahissaient souvent la marge de ses livres avec des notes érudites et inutiles, notes qui détournaient l'attention de ce que le texte essayait de dire et qui semblaient écrites pour que le lecteur pense que le professeur était une espèce d'illuminé, un génie autiste capable de trouver une logique cachée là où les autres ne voyaient que des faits isolés, bref, des notes d'une irritante impersonnalité, destinées à quelqu'un d'autre, à un improbable universitaire du futur qui pourrait s'intéresser à ces bizarreries géniales. Habitué à cette écriture décalée et insincère, je lisais donc la page correspondant au 4 octobre 1975 plongé dans la plus complète confusion, avec l'impression qu'elle avait été écrite par un fantôme, un esprit qui s'était servi de mon père comme d'un médium, en utilisant sa main pour écrire des choses vraies – sinon authentiques – sur sa chaotique gestion paternelle, des choses qui le blessaient notoirement, ou qui du moins lui importaient. Bien que ce cahier tombât dans ses maniérismes les plus classiques, tel que les soulignements de couleurs et l'utilisation ronflante du mot « tome », le lecteur auquel semblait destiné le passage n'était pas un biographe imaginaire voué à la postérité anticipée de mon père, mais très clairement moi-même, Aníbal, il est vrai le plus inattendu dépositaire de semblables confessions.

Je pensai à Berta avec un peu de peine, peut-être pour la première fois depuis mon adolescence. Je la revoyais bouffie, habillée en vieille fille, peinturlurée comme une danseuse de cabaret déchue et se dandinant dans les couloirs de la faculté en claironnant sa brutale « joie de vivre ». Cette longue imposture qui lui avait volé ses meilleures années m'apparut soudain dans toute son étendue, révélant ma sœur comme un des êtres les plus tristes que l'humanité ait engendrés. Pourtant, dans cette nouvelle représentation que je me faisais d'elle, il y avait bel et bien une place pour sa personne dans le genre humain, car après la lecture de cette note, sa faiblesse se faisait patente dans le souvenir de chacun de ses gestes. Comment était-il possible que je ne me sois jamais rendu compte que son manque total d'univers personnel était en réalité beaucoup plus triste que révoltant ? Je l'avais toujours vue, dans ma perspective puérile et amère, comme une arriviste incurable qui avait tout. Je croyais qu'elle était l'élue, l'usurpatrice de mes droits d'aîné et la princesse consort tacite de mon père depuis le départ de ma mère. Maintenant, en revanche, elle m'apparaissait comme une invalide, une espèce d'infirme sentimentale que mon père avait fait tenir debout et atrophiée par une orthopédie élaborée. Vu sous cet angle, même son mariage, suivi de sa fuite en Belgique aux côtés du douanier répugnant qui avait accepté de lui offrir son nom, était non seulement compréhensible mais nécessaire. Et même Bastien, Odile et Cocó, ses enfants que je ne connaissais que par des photos débordantes de sourires cariés et par la pluie constante de dessins envoyés au grand-père – cet alluvion de papiers que le professeur jetait systématiquement à la poubelle –, étaient maintenant pour elle un refuge indispensable pour s'abriter d'un amour conditionnel et suffocant. Bien qu'elle n'eût pas réussi à se distancer de la domination spirituelle du professeur, Berta s'était débrouillée pour interposer entre eux un demi-monde, de telle sorte qu'elle pût élever ses trois petits et aberrants universitaires dans la paix de son propre foyer. On pouvait au moins lui reconnaître cela. Pour quitter le bercail paternel, elle n'avait pas eu besoin de renoncer à la profession, ni de s'adonner à la boisson, ni de s'installer dans une pension minable. Pour ces pathétiques excès, j'étais là.

Il y avait ensuite tout ce long paragraphe du cahier qui me concernait explicitement. Je le relus, bercé par le murmure de l'eau. Le martin-pêcheur, si insistant auparavant, avait subitement fait silence, comme craignant d'interrompre mes tourments avec son chant. Je levai les yeux et le cherchai parmi les branches. L'éclat du soleil qui filtrait à travers le feuillage m'empêchait de le repérer, et après un long regard circulaire, je finis par me résigner à sa disparition. C'était dommage que l'oiseau m'eût abandonné au moment où mon père commençait à manifester de l'au-delà ses sentiments ignorés et plus encore maintenant que l'après-midi ensoleillé déployait ses notes colorées en une véritable épiphanie. Les rayons dorés se faufilant entre les milliers de doigts verts des branches vibraient comme si leur alternance rivalisait – si on me pardonne cette image outrée – avec le toucher d'une harpe d'or. Ravi par cette subite extase contemplative, je pensai que mon père aurait peut-être aimé que la lecture de son journal eût lieu dans un environnement paré de si bucoliques lueurs, et que peut-être tous mes raisonnements précédents sur le type d'endroits qu'il aurait imaginés pour ces révélations n'étaient qu'un témoignage supplémentaire de mon caractère paranoïaque et pessimiste qu'il voyait souvent comme ma croix.

Je baissai de nouveau les yeux sur le texte. Il y faisait une description froide, quasi clinique de notre pacte d'hostilité, tout en regrettant l'inutile gaspillage de nos efforts respectifs. Ce paragraphe ne laissait pas de m'incliner à la compassion, car il révélait la conscience qu'avait mon père d'avoir ruiné ma vie professionnelle sans que cette lucidité ne l'arrêtât un seul instant, mais au moins laissait-il entrevoir un brin d'humanité et l'aveu de sa propre incompétence. Jamais je n'avais reçu de lui un tel témoignage et en relevant les yeux de la page, je ne pus que sourire amèrement, envahi par une double sensation d'appartenance et de perte.

Je cessai un moment de réfléchir à ce qui se serait passé si mon père s'était arrêté à temps, s'il avait renoncé à la tutelle de fer qu'il avait exercée sur moi et avait songé à partager une fois avec moi, pour prendre un exemple, un après-midi comme celui-ci, allongés dans l'herbe à parler de la vie, comme le font les pères et les fils. Je pensai aussitôt que les pères et les fils ne se réunissent presque jamais dans l'herbe, ou au bord d'une rivière, et qu'ils échangent rarement des idées sur la vie. Passée la première jeunesse, pères et fils, plus simplement, perdent peu à peu le contact, et finissent par ne plus se voir qu'à Noël ou à leur jour de fête. J'essayai d'imaginer telle ou telle de mes connaissances s'asseyant avec son père au bord d'une rivière et causant joyeusement poissons ou libellules, et très vite la scène me parut aussi fabuleuse qu'un conte de petits bergers et de loups. La condition de père ou de fils était sans doute plus ou moins constante, mais il y avait une façon d'être père qui se manifestait en poussant avec douceur un tricycle, et une autre, plus amère et tardive, qui s'exprimait par le silence en recevant la visite d'un fils à l'hôpital. Vu l'éventail très varié des paternités, dans lequel la contemplation du paysage se présentait comme une circonstance assez rare, je compris que ne pas nous être donné l'occasion de contempler les pâquerettes d'un champ dans un état de méditative harmonie était somme toute une peccadille. Nous étions juste coupables de ne pas savoir vivre, à peu près comme tout le monde.

J'en étais là de mes réflexions lorsque je fus témoin d'un spectacle insolite qui se déroula au-dessus de moi. Près de mon pied gauche tomba un poisson un peu desséché mais encore vivant. Les branchies désespérément ouvertes soufflaient une espèce de prière inaudible. Comme l'endroit où j'étais assis surplombait de deux mètres le bord de l'eau, un terre-plein où poussaient les palétuviers, l'apparition de ce poisson me parut au début quasi magique. C'était un saut impossible. Il était tombé verticalement, à mes pieds, comme venu laisser une espèce de témoignage avant de mourir. Puis je vis aussi descendre le martin-pêcheur, en un élégant battement d'ailes tournoyant de feuille d'automne. Il s'immobilisa, regarda d'abord le poisson, puis moi, avec suffisance, comme voulant signifier : « Ce genre d'incident est exceptionnel, d'habitude je vole magnifiquement et les poissons ne me tombent jamais du bec. » Puis il me tourna le dos, c'est-à-dire les ailes, adoptant une conduite pour le moins improbable chez un oiseau, tant sa pose manifestait une certitude absolue de mon innocuité, et ainsi indifférent à ma présence, il commença d'assener de violents coups de bec au petit poisson. Alors je refermai le cahier, car le premier coup de bec me parut d'un augure sombre et menaçant. D'après ce que je savais, le martin-pêcheur cloue ses proies sur une branche avant de les dévorer, et j'en déduisis que cette petite boucherie était une exhibition délibérée à laquelle l'oiseau se livrait pour moi, probablement avec l'intention de signifier son droit exclusif sur ce territoire. Et cherchant peut-être à rendre le spectacle exemplaire, il lança ses premiers coups de bec directement sur les yeux du pauvre poisson, qui agita encore un peu la queue avant de rester raide et contracté en un douloureux rictus de mort. Alors l'oiseau lui arracha la tête de façon résolue et dépassionnée, puis se retourna vers moi. Je ne veux pas dire qu'il se déplaça simplement vers l'espace que j'occupais, mais qu'il m'affronta, qu'il me regarda clairement dans les yeux, de manière explicite, comme s'il voulait s'assurer que j'avais compris. Il resta quelques secondes dans cette position, puis, abandonnant à mes pieds le pauvre petit corps décapité, il s'envola et se perdit dans la cime des arbres.

5

À six heures du soir, Alicia n'était pas encore arrivée. Et à huit heures passées, elle n'avait pas donné signe de vie. De sorte que le thé annoncé fut différé jusqu'à ce que Rojel revienne de la gare avec elle. Très inquiet de ce retard, Manzini posa une main sur mon épaule, marmonna brièvement une vague excuse sur une indisposition de sa femme et s'éclipsa. Je dus regagner le pavillon sans son escorte, ce qui m'étonna eu égard au pesant traitement de célébrité qu'il m'avait accordé jusque-là. Je remarquai aussi qu'il parlait d'Alicia et de son retard sur le ton de la confidence, comme s'il était entendu que c'était ma fiancée, la fille de mon cœur, l'amour de ma vie. Et bien que l'absence d'Alicia ne me laissât pas du tout indifférent – surtout après le long célibat où m'avaient relégué mes habitudes, mon laisser-aller, ma conduite erratique et une très longue liste d'obstacles à la séduction –, je trouvais excessive l'emphase et quasiment la ferveur avec lesquelles Manzini prononçait son patronyme, Storiacci, comme si Alicia était déjà un des célèbres phares du monde des humanités et que l'imminence de sa visite tenait en haleine cette humble demeure. Mais malgré tant d'expectative, le thé de bienvenue avait fini par être différé indéfiniment, puisque à l'heure prévue il n'y avait personne à qui souhaiter la bienvenue.

Cependant, à six heures du soir, j'avais réussi deux choses importantes. La première était d'avoir lu d'un bout à l'autre *La Nouvelle Énéide*, le malheureux ouvrage inédit de mon père. Comme son journal m'avait donné un coup de massue assez destructeur en début d'après-midi, j'avais décidé, dès mon retour au pavillon, de le troquer contre la lecture de cette œuvre énigmatique et involontairement humoristique, qui me tint compagnie jusqu'au crépuscule. L'autre chose, que je mentionne en second lieu, mais qui fut en réalité la première par ordre d'apparition – celle qui donna en fin de compte naissance et élan à l'autre –, fut de trouver derrière une petite porte ouvrant sur un sous-sol attenant au pavillon, l'entrée d'une cave exiguë, vide à l'exception d'une quarantaine de bouteilles d'un vin qui paraissait plus qu'acceptable. Comme on peut l'imaginer, une lecture aussi risquée que *La Nouvelle Énéide* ne pouvait se faire la gorge sèche, si bien qu'en visitant cette cave je m'étais permis de faire semblant de ne rien voir tandis que ma main vaguait simplement ici et là en prenant quelques libertés. De retour dans ma chambre, après avoir d'abord tenté d'ouvrir la bouteille avec un couteau de cuisine et de finir la manœuvre avec une pénible fourchette à gâteau, je me résignai à l'élever comme s'il s'agissait d'une gourde, en me demandant, en trois longues et copieuses gorgées d'un quart de litre chacune, comment se faisait-il que tout se passait si mal depuis si longtemps. Puis, tandis que l'effet balsamique de ces gorgées se répandait en moi, je me mis à lire, ligne à ligne, le recueil de poèmes que, allez savoir par quelle propension à la pénitence, j'avais substitué au tome VI du journal intime de mon père. Quoi qu'il en soit, au bout de six pages, l'abondance de phrases telles que « ta main, lueur qui traversa un jour ma voie lactée » ou « dans ma poitrine un bûcher funéraire, que tu as criblé d'un millier de flèches enflammées » ne me semblait plus aussi révoltante que je l'aurais imaginé. C'était comme si le vin, ou peut-être l'indulgence née en moi depuis l'appel du martin-pêcheur, autrement dit cette étrange disposition à pardonner qui m'avait accompagné pendant la lecture du journal, m'aidait à éluder avec hauteur l'opérette ronflante du professeur, me permettant ainsi de me concentrer sur des questions plus pressantes, comme par exemple élucider pourquoi mon père avait écrit ces horribles poèmes ou savoir qui était cette deuxième personne à laquelle il s'adressait continuellement et qui paraissait exercer sur lui un pouvoir confinant à l'hypnose, une fascination sur laquelle il se permettait d'en rajouter jusqu'à l'indigestion, en faisant toujours appel à des figures de rhétorique invoquant le feu ou la lumière. Pourquoi en cette année guère lointaine de 1981, alors que le professeur était déjà un vieillard empâté et décati, qui connaissait sûrement l'imminence de son destin, il se sentait encore contraint de chanter en vers libres cette figure élusive, sans nom, en se servant de tournures et de termes que je ne l'avais jamais entendu prononcer.

Je me demandai si cette deuxième personne du singulier n'était pas une référence voilée à la froide, l'innommable Hilda Gómez, ma mère. Je n'ai jamais su quel sentiment réel son départ avait laissé au professeur, et bien qu'il exprimât toujours à son égard une espèce de répugnance, ils avaient tout de même dormi ensemble pendant huit ans. Tout à coup, je me rappelai que dans le « tome » dont le martin-pêcheur avait interrompu si brusquement la lecture, on annonçait sur la couverture comme faisant partie du « très bon matériau » des « considérations sur Hilda et l'abandon ». Je pensai que l'effet apaisant du vin rouge et ces quarante bouteilles trouvées dans la cave me permettraient d'aborder ce danger et quelques autres en comptant au moins sur le soutien d'un antidote. Il est vrai aussi qu'à cette occasion j'avais décidé de recourir à l'antidote bien avant de découvrir le venin en question, mais pesait aussi dans mon zèle excessif le fait que j'étais depuis près de trois jours loin de ma flasque, dont je m'étais séparé avec douleur en décidant de partir à la campagne.

Je rouvris le cahier et le posai soigneusement sur les pages ouvertes de *La Nouvelle Énéide*. Quelques lignes du livre de mon père dépassaient encore de la couverture du cahier, de sorte qu'elles formaient un groupe aléatoire de vers tronqués. De chacun on lisait à peine les derniers mots. Les segments visibles de quatre lignes pouvaient se lire selon l'ordre fortuit que leur avait donné mon geste :

d'une bouche fermée et lacérée
les raisins
le bout des doigts
et les cris

Cet ensemble né du hasard était de meilleur goût que presque tout le reste du volume. Je me réjouis d'avoir rouvert une fois de plus le cahier. Sans le vouloir, j'avais fait un bien inattendu au souvenir de mon père.

Encouragé par ce sentiment, je feuilletai les pages du journal, en les parcourant des yeux en diagonale. Je cherchais le mot « Hilda », qui mit du temps à apparaître. Bien que ce fût la deuxième fois aujourd'hui que je tombais sur lui, je n'étais pas habitué à le voir écrit, aussi lorsque je le trouvai, il me sembla presque inconnu, comme s'il s'agissait du nom d'un personnage historique plus que celui de ma propre mère. Cependant, il était bien là, clair et net : Hilda.

Je lissai la page et commençai à lire dans le même état d'esprit qu'au bord de la rivière :

6 juin

Aujourd'hui, cela fait trente ans que Hilda est partie. Et dix jours que j'ai fini par comprendre pourquoi. Pendant les vingt premières années, j'ai cru qu'elle était partie parce qu'elle me haïssait. Mais un jour j'ai compris qu'elle s'en était allée pour un motif moins passionnel, dans lequel je ne jouais aucun rôle, et qui était simplement qu'elle ne m'aimait pas. On peut ne pas aimer quelqu'un sans même considérer son existence. En revanche, pour haïr, il faut une image nette, regarder en face, placer l'objet de notre haine devant nos yeux. Il faut aimer un peu la personne haïe, ou du moins il faut qu'elle existe pour pouvoir recevoir notre haine. Ne pas aimer est un sentiment diffus, qui ne requiert même pas un dépositaire : il suffit de ne pas penser à l'autre personne et donc, tout naturellement, de ne lui vouloir ni du bien ni du mal.

Je crois que l'une des raisons pour lesquelles j'ai haï Hilda si longtemps c'est qu'elle n'a jamais eu pour moi cette marque de considération consistant à me haïr un tant soit peu. Elle est partie simplement vivre une autre vie, une autre histoire dans laquelle je ne jouais aucun rôle, même secondaire. Je n'étais même pas le méchant.

Il y eut un détail impossible à surmonter dans le départ de Hilda : le très étrange choix de sa destination. Je vais le raconter ici, au cas où un jour quelqu'un

– peut-être un de mes enfants – aimerait savoir comment j'ai fini par être l'individu que j'ai été. L'histoire eut des allures de comédie, à laquelle ne manqua même pas un personnage haut en couleur. Lors de vacances que nous passions ensemble au Brésil, nous avions eu l'idée de louer un appartement voisin d'un petit glacier, dont le patron couvrit ma femme de galanteries, de façon quasi militante, matin et soir, jusqu'au jour même de notre départ. J'avais profité de ces vacances, comme toujours, pour assister à un congrès, et je ne pus offrir à Hilda le type d'attention que l'affaire exigeait. Quatorze ans après qu'elle m'eut quitté, alors que les enfants annonçaient déjà les adultes qu'ils allaient devenir, j'appris par une collègue brésilienne que Hilda vivait avec ce glacier, à l'étage au-dessus de son commerce. Je n'eus pas le courage d'apprendre aux enfants que ma femme m'avait abandonné pour un marchand de glaces, non seulement parce que le reconnaître devant eux aurait été révéler l'indifférence et le rejet de leur mère pour une vie entière consacrée à la profondeur et à l'analyse, mais aussi parce qu'il y avait des années que tous deux ne parlaient jamais d'elle, ne demandaient jamais où elle était et ne manifestaient jamais l'envie de la rencontrer. Puisque elle-même n'avait pas voulu, par ses propres moyens, donner de nouvelles à ses enfants, ce n'était pas le ragot d'une collègue qui allait me faire rompre ce vœu d'isolement. C'est en tout cas ce que j'ai pensé, car en réalité je ne sais toujours pas, en choisissant de maintenir ce voile de silence, qui je protégeais, elle ou moi. Mais quand j'y repense : un marchand de glaces !

Je dus interrompre la lecture avant d'arriver à la fin du texte. Ma vue s'était brouillée, sous l'effet du vin ou peut-être de l'émotion. Ainsi donc, ma mère avait tout simplement quitté mon père pour un autre homme. Je m'étais toujours imaginé qu'il y avait eu entre eux une lutte épique, dans un grand Colisée, où ils s'étaient affrontés à coups d'épée, de massue, de filets et de boucliers. La nature théâtrale du professeur et sa tradition d'irréconciliables affrontements académiques m'avaient incité à imaginer que le départ de ma mère avait dû être précédé d'un véritable ouragan de récriminations et de plaintes. Je pensais que si elle avait quitté son foyer et ses deux enfants en bas âge, elle en avait été certainement expulsée par une centrifugeuse imparable. Et la présence maintenant dans le tableau de famille de ce galant marchand de glaces déformait complètement l'image de combat intérieur que je m'étais figurée pendant tant d'années, où je voyais ma mère tel Ulysse attaché au mât et résistant jusqu'à la limite de ses forces à l'appel inexorable qui l'invitait à couler le navire.

D'autre part, le début du journal présentait mon père comme un individu autant affecté par les apparences de l'affaire que par la perte sentimentale qu'elle lui occasionnait, et quoi qu'il en soit il évoquait un mâle blessé. En faisant un effort pour être honnête avec moi-même, je pensai que j'aurais moi aussi souffert d'être abandonné, précisément pour un marchand de glaces. C'était, bien sûr, une considération mesquine et un peu puérile, mais je devais reconnaître que je comprenais son sentiment. « Un marchand de glaces », me dis-je, comme si ces trois mots pouvaient conjurer à eux seuls le plus profond désenchantement. Au fond, je ressemblais à mon père beaucoup plus que je ne l'imaginais : j'avais beau me sentir mortifié de passer pour le jumeau maudit de son portrait souriant, et avoir consacré une part substantielle de mon énergie limitée à fuir cette espèce de malédiction, j'étais tenté en lisant les confessions de mon père de caresser son écriture avec ma main.

Ainsi il a été abandonné pour un autre, me dis-je de nouveau, cette fois à haute voix et en plissant les yeux, comme si ce fait me causait une irrésistible fascination. Ma mère ne m'avait pas été arrachée par un terrible ouragan, mais avait été plus simplement tentée par le soleil d'une ville que j'imaginai – alors qu'elle n'était pas mentionnée dans le texte – comme Rio de Janeiro, où le sourire galant d'un marchand de glaces avait fait beaucoup plus pour son pauvre bonheur que la présence quotidienne de tous les penseurs anciens et modernes, convoqués rituellement dans la causerie que mon père offrait à chaque repas, autrement dit ce long monologue qui s'apparentait autant à une conférence qu'à un sketch, car il insistait, avec la même emphase que Gibbon, à lester le *racconto* d'une victoire militaire ou d'un coup d'État d'une infinité de potins, de bons mots et d'anecdotes piquantes, comme s'il pensait rendre ainsi un grand service à l'exposé précis des faits. En lisant son journal, cet effort didactique me révélait plus que jamais sa profonde futilité. Il aurait mieux fait de tenter sa chance avec des phrases que l'on attend du plus banal des maris, comme « tu es adorable », ou encore « ta salade est délicieuse », et même, de façon plus impersonnelle, « il fait très beau aujourd'hui ». Combien plus stimulante eût été pour ma mère l'une ou l'autre de ces niaiseries, au lieu de la critique obstinée de *La Vie des douze Césars*, de Suétone, débitée la bouche pleine entre de copieuses gorgées de vin, et qui ne valait au professeur qu'un regard gêné et un sourire forcé de son public accablé.

Bien sûr que, prononcé dans le cadre d'un congrès, son discours aurait été amène, voire captivant, mais à cette époque, aucun de nous n'était historien, ni ne voulait l'être, nous aspirions simplement à terminer notre soupe sans qu'il nous étouffe avec ses incessants sandwichs d'Histoire.

En tout cas, je ne me souvenais pas d'un seul dialogue entre le professeur et ma mère, ni bon ni méchant, ni aimable ni amer, ni obscur ni lumineux. Dans toutes les évocations où ils apparaissaient ensemble, c'était invariablement lui qui parlait. J'avais du mal, surtout après l'adolescence, à me rappeler la voix de ma mère. Parfois je me représentais un ton fêlé et plaintif, et l'instant d'après je me rendais compte que je lui prêtais la voix de tante Almita, qui après le départ de ma mère avait redoublé sa proverbiale habitude de nous rendre visite, car elle semblait avoir compris que nous nous sentions un peu plus orphelins que les enfants qui simplement perdent leur mère, puisque dans notre cas, à la perte s'ajoutait un fait indiscutable mais aussi inavouable, l'abandon. De sorte que la présence constante de ma tante pendant toute mon enfance et une bonne partie de mon adolescence avait fini par produire une représentation un peu chimérique, dans laquelle sa voix enveloppait l'une ou l'autre phrase que je me rappelais comme caractéristique de ma mère, et les rides de son visage de vieille fille se superposaient aux lointains yeux maternels, où je n'avais jamais vu la moindre trace de vieillissement.

Si bien que pour retrouver la véritable voix de ma mère j'avais toujours besoin d'un recours indirect et quasi mnémotechnique, consistant à l'évoquer en train de chanter, en peignoir, près de nos lits, le répertoire restreint de chansons folkloriques dans lequel elle puisait tous les jours pour nous bercer avant de nous endormir. Alors oui, sa voix finissait par émerger d'un recoin de la mémoire, assez claire et chantante, même si après j'avais du mal à appliquer cette voix au pauvre souvenir que j'avais de sa conversation. Je crois que cette nébuleuse tenait à ce qu'en réalité elle parlait peu. À la maison, il était sous-entendu par tous que la personne qui avait quelque chose à dire était mon père, car enfin, c'était « le professeur » et ma mère devait s'effacer, lui laisser les préceptes et se charger des formes plus concrètes de l'affection – c'est-à-dire, celles qui ne se fondaient pas sur la floraison constante d'idées verbales –, telles que boutonner notre veste en laine avant d'aller au jardin en automne, ou nous nettoyer les ongles avec une brosse deux fois par semaine.

Depuis toujours, mais surtout après l'âge de cinq ou six ans, j'avais été ému par son attitude réservée et discrète, car je voyais reflétée dans son silence ma propre révolte silencieuse. J'avais été pour cela capable de justifier, avec peu d'arguments et beaucoup de bonne volonté, sa décision de partir et de nous laisser à la merci du professeur. Et les soirées qui suivirent son départ, quand j'épiais mon père derrière la porte entrouverte de son bureau et que je le voyais faire les cent pas autour de sa grande table, en grognant comme un fauve furieux dans sa cage, j'en arrivais même à éprouver un certain plaisir. J'imaginais ma mère riant aux éclats, déjà loin de sa prison quotidienne, se promenant seule et à sa guise dans une rue inconnue, bien habillée, légère, et à me l'imaginer ainsi, je souhaitais de tout cœur qu'elle fût enfin délivrée du poids insupportable qu'on lui voyait porter à la maison.

Pourtant, aujourd'hui, à la lumière de ce que j'avais appris dans ma dernière lecture, ce départ que j'avais imaginé autrefois quasiment comme une petite révolution victorieuse, dont Berta et moi avions à peine été deux inévitables martyrs, venait de se brouiller, car bien qu'il fût encore concevable que ma mère s'était vraiment libérée d'un poids, il était clair que sur l'autre plateau de la balance n'était pas posée une incertaine et sacrificielle recherche de son destin, mais plutôt la perspective très concrète d'après-midi tropicaux ensoleillés, en compagnie du charismatique glacier, après une fuite qu'elle avait sûrement préparée avec soin et accomplie après une longue série d'accords épistolaires. Alors, le silence de ma mère, cette réserve que j'avais toujours prise pour une preuve de son héroïsme, cessait d'être une acceptation résignée et devenait en revanche une preuve d'astuce, une espèce de « regardez-moi souffrir, profitez-en bien parce que demain je serai en train de manger des glaces sur le sable doré d'Ipanema », son silence paraissait maintenant joué, hypocrite et étranger à l'idée de recueillement et d'austérité qui m'avait accompagné toutes ces années.

Brusquement je pensai à cette main caressante que j'avais passée un peu plus tôt sur la page du journal, cette très brève illusion de contact que j'avais ressentie avec l'écriture de mon père, et je me rendis compte pour la première fois que quelque part dans mon âme il me manquait, que son ombre tant redoutée avait été mon seul foyer depuis l'âge de sept ans, et bien que ce fût souvent un foyer inhospitalier et humiliant, c'était malgré tout le lieu où il m'avait été donné de vivre. Qui sait ? Si j'avais été le fils de notre voisin, ou du distributeur de journaux, ou du facteur, j'aurais peut-être regardé l'environnement du professeur avec envie, comme si sa maison avait été un cadre où l'on pouvait vivre une vie *intéressante*. Et maintenant, la lecture de ce journal, qui m'obligeait à regarder cet homme presque comme un inconnu, me permettait aussi d'éprouver un peu de peine pour lui, en marge du personnage écrasant qu'il s'était obstiné à représenter devant moi. Cette sorte de peine, sans aller très loin, que les autres avaient ressentie en apprenant sa maladie, puis sa mort.

La liste que j'avais trouvée dans la plus petite des boîtes me revint à l'esprit. On y mentionnait des radiographies des poumons. Je l'ouvris alors d'un geste nerveux, comme si j'espérais y trouver le corps de mon père, blotti, en attente. En tout cas, parmi tant de papiers et de mots, ces radios constituaient son vestige le plus corporel. Je dus d'abord sortir deux gros albums photos et quelques disques que je ne m'attardai pas à examiner et dont les pochettes étaient fanées et un peu moisies. En dessous, je découvris une longue enveloppe en plastique un peu froissée, contenant les radiographies. Depuis que j'avais lu pour la première fois cette liste, la présence de ces radios m'avait paru inexplicable, presque perverse, et, pour être sincère, avait été le principal motif m'empêchant d'explorer le contenu des boîtes pendant des jours. C'était comme si je ne pouvais pas affronter une relique de la mort aussi patente et palpable, du moins pas tant que je serais retranché dans l'obscurité de ma pension. Aujourd'hui, j'étais encouragé par les révélations du journal, et ces portraits fantasmagoriques de sa vie intérieure cessaient d'exercer le pouvoir dissuasif qui m'avait retenu avant, si bien que j'ouvris aussitôt l'enveloppe et en sortit les radiographies.

La première montrait une cage d'os arrondis et maigres, dans laquelle on devinait la masse spongieuse des poumons et une marque incurvée et ténue, que je voulus interpréter comme la sortie de l'aorte. Le pauvre, pensai-je. Je me rappelais avoir souvent dit à Lucas, lorsque dans sa nébuleuse sénilité il me questionnait sur mes origines, que mon père était mort pendant mon adolescence, ce à quoi il répondait toujours « pauvre petit ! », ou parfois « pauvre de toi, si jeune et si seul ! », pour ensuite retourner à ses murmures et à ses nuages habituels, dans un coin de la pièce, ou sous le lit à la recherche d'ennemis. Et maintenant, confronté à ce halo, à ce fantôme qui ne se manifestait même pas comme un cœur et flottait en revanche comme une aura perdue dans une poitrine presque vide, j'éprouvai exactement le même sentiment. « Le pauvre », pensai-je tout haut, en imaginant cette poitrine réduite maintenant à un pur ossement et abandonnée dans un froid mausolée de la Rotonde des Hommes Illustres. « Le pauvre, si seul. » Je mis la radio de côté et en pris une autre. Il n'était pas possible, sans connaître au préalable les symptômes, d'interpréter à partir de ces rares et pauvres signes ce qu'avait été sa maladie. Je comparai les deux radiographies. Sur la deuxième, la vague clarté que j'avais prise pour le cœur était absente. Il y avait au moins quatre radios du thorax et en les examinant l'une après l'autre, constatant que toutes m'étaient aussi inconnues et étrangères, j'en arrivai à la conclusion que même en tenant compte du vif rejet que le professeur avait témoigné à ma personne et à mes habitudes, il était clair que moi-même, de mon côté, je n'avais pas fait le nécessaire pour être en mesure de l'accompagner dans son agonie. Affligé de l'imaginer dans cette souffrance sans pouvoir élucider maintenant pour quelle raison exacte on avait scruté son thorax, je me sentis de nouveau perdu, abandonné de Dieu et exilé du monde. Et pourtant combien plus réel me semblait mon père aujourd'hui qu'une semaine plus tôt. Maintenant j'avais au moins appris quelques détails sur sa véritable relation avec Berta, que par pure ignorance j'avais toujours vue dans un cercle d'idolâtrie mutuelle. Je savais aussi qu'il avait mesuré, alors qu'il était encore en bonne santé, l'étendue de ma rancœur et que non seulement il n'arrivait pas à me la reprocher mais il la nourrissait. Je savais qu'il pensait encore à ma mère trente ans après son départ. Peut-être même qu'à chacune des occasions où la vie l'avait convié à gravir une estrade pour recevoir un prix ou un hommage, une partie de son esprit se serait arrêtée au pied des marches, paralysée à la simple évocation du marchand de glaces et de son sourire. La connaissance de ces faiblesses ne faisait pas de moi un fils plus aimé qu'auparavant, mais mon père devenait un individu plus digne de compassion.

Avec cette pieuse bouffée germant dans ma poitrine, je posai sur la table la dernière radiographie du thorax et en pris une autre, une des petites figurant sur la liste, restées au fond de l'enveloppe. Je n'avais pas fini de l'élever à hauteur de la lampe que je distinguai une diaphane silhouette crânienne.

Reconnaître aussi clairement le profil de mon père me coupa un instant le souffle, car bien que l'ossement fût revêtu d'une ligne ténue dessinant à peine le contour de la tête, je pouvais recomposer son visage, la présence des globes oculaires, le nez aquilin et les lèvres charnues comme des doigts. Dans la bouche, une succession torturée d'incrustations métalliques témoignait d'une vie entière de rages de dents, dont je ne me souvenais pas l'avoir entendu se plaindre. Je me demandai un instant combien d'autres de ses douleurs j'ignorais, pourtant cruciales pour comprendre ses imprévisibles sautes d'humeur. Je l'imaginai ruminant en silence ses angoisses, obligé par la stature de son personnage d'offrir une image d'assurance et de résolution qui ne correspondait pas à ses misères intérieures. Je pensai aux souffrances qu'il avait dû endurer, mastiquer et avaler, pour préserver son apparence en réprimant le moindre tremblement. Si son esprit avait quelque ressemblance avec sa denture, sa vie avait dû être une succession de supplices.

J'observai alors la partie basse du pariétal, où se nourrissait son prestigieux et célébré cerveau, et remarquai une espèce de petit grumeau, une augmentation de la densité du tissu légère et à peine perceptible, qui avait la forme d'une amande. Cette petite grosseur avait-elle été l'assassin de mon père ? Je sortis de l'enveloppe les deux dernières radios. Dans le même cadrage clinique, il apparaissait de profil, comme un grand personnage, ou un criminel. Le grumeau était visible sur les deux clichés, plus net et arrondi. Il avait perdu la timidité de la première radio. Maintenant il se pavanait fièrement dans son coin, gonflé comme si l'amande s'était couverte de pulpe et annonçait à cor et à cri sa savoureuse maturité. C'était comme si ce fruit avait prospéré au détriment du corps, car sur le dernier cliché la peau des pommettes paraissait plus mince, la courbe des sourcils plus prononcée et les globes oculaires plus petits et flétris. Il me semblait, sans doute ne faisais-je qu'imaginer, qu'on pouvait même percevoir les paupières baissées et une expression de tristesse. Est-ce que le vin m'incitait à accompagner ce portrait avec ma propre tristesse, comme si c'était moi qui avais cette amande en train de palpiter sur ma tempe ? La sensation d'être le professeur, de sentir un moment la détérioration de son corps comme si c'était le mien, m'obligea à lever la main et à me toucher le visage, en passant le bout des doigts sur mon nez, mes lèvres, mes pommettes.

Je voulus regarder de près la photo que Matilde avait encadrée, pour vérifier que mon père avait été heureux – comme on le suggérait éloquemment –, mais à l'instant où je posai les yeux sur sa bouche souriante, j'entendis une espèce de grattement à la porte, un coup de griffe aigu et appuyé, comme si quelqu'un grattait le bois avec une pièce ou un porte-clés. Après quoi, il y eut un silence beaucoup plus profond que celui qui avait précédé, peut-être parce qu'il s'agissait cette fois d'un silence d'attente, d'une auscultation active de l'espace, et je retins un instant ma respiration. Je ne voulais pas que Manzini me voie aux prises avec cette boîte et encore moins qu'il découvre la bouteille que j'avais soustraite à sa cave et qui maintenant aérait son reste de vin posée sur une pile désordonnée de livres. Je me sentais un peu barbouillé. La personne qui tâtonnait à ma porte n'allait pas me trouver dans ma meilleure assiette.

Aussi, en plus de tendre l'oreille, je profitai de ces brefs instants de silence pour me redresser un peu, arranger mes cheveux sur les tempes, boire la dernière gorgée différée de cette bouteille et la cacher précipitamment dans la plus grande boîte. Cette ultime manœuvre accomplie, je me mis debout.

J'entendis de nouveau toquer à la porte, cette fois nettement, avec le même objet métallique et la même prudence. Je me demandai si la personne qui apparemment attendait de l'autre côté tentait, par la discrétion de ses coups, de passer inaperçue aux autres habitants de la propriété. En deux pas j'allai jusqu'à la poignée et ouvrit la porte d'un seul geste, avec la détermination astucieuse d'un gardien qui tirerait un rideau sous lequel dépasse le pied d'un intrus.

Et là, je tombai sur Alicia devant le seuil, qui me regardait avec une expression de vive angoisse. Elle avait les cheveux mouillés par le crachin et la lumière de la lanterne au-dessus de ma porte faisait briller sur sa tête une multitude de gouttelettes d'eau, comme si elle portait une casquette parsemée de minuscules paillettes. Ma façon brusque d'ouvrir la porte l'avait effrayée, comme on le devinait à son visage, mais elle paraissait aussi en proie à une inquiétude intérieure. Il y avait de l'urgence dans ses yeux, qui cherchaient dans les miens le signe d'une complicité qui précède une confidence.

Quelques pas derrière elle, inexplicablement, ce n'était pas Rojel qui portait sa valise, mais Húber, le chauve de l'agence immobilière, qui s'avançait vers la porte en balançant sa massive humanité, tandis que la valise flottait tranquillement en l'air comme glissant sur un rail. Que faisait donc ce type ici ? En quelle qualité s'était-il inscrit, avec sa moustache et son humeur, à ce voyage académique ? Je trouvai un moment amusant d'imaginer qu'Alicia, inspirée par la ferveur démodée des joyeux imposteurs qui l'avaient invitée, s'était sentie obligée de venir accompagnée par une espèce de serviteur. Sinon, pourquoi diable avait-elle besoin d'être escortée par un individu aussi vulgaire ? Était-il venu comme chaperon, pour empêcher que pendant nos promenades je la prenne à l'improviste par la taille ou que je la culbute sans le vouloir sur une opportune meule de foin ? Je me demandai si sa surveillance était le prix qu'elle me faisait payer pour lui avoir pris la main, et réclamé son aide et sa présence à la lecture du testament. En tout cas, la compagnie de cet horrible plombier était inévitable et il ne me restait plus, pour le supporter avec un minimum de hauteur, qu'à faire appel à mes réserves limitées d'urbanité.

– Vous êtes là, enfin, dis-je à Alicia, comme si ce n'était pas évident. – Nous étions inquiets !

Ce pluriel, complètement imprévu, me surprit moi-même. Qui était ce « nous » qu'elle avait inquiété ? Les habitants de la propriété ? La famille Manzini, incluant son tout récent rejeton, le petit professeur Brener ? Ou encore tous les individus cultivés du grand monde, transpirant d'inquiétude à cause du retard d'une autre éminence ?

– Excusez-moi, commença-t-elle, dans sa posture classique d'ex-étudiante, les mains quasiment levées, les doigts repliés et le ton que l'on prend pour remettre en retard les trois pages d'un résumé. – Ce qui s'est passé…

À cet instant elle s'interrompit. Húber était arrivé devant la porte et avait posé la valise par terre.

– Bonjour, me dit-il d'un bref hochement de tête. Vous avez déjà dîné ?

– Pas encore, répondis-je, moi aussi sèchement et un peu cavalier, me sentant aussitôt obligé d'ajouter : – On devait prendre un thé, il y a un moment, pour accueillir Alicia. J'imagine que le dîner sera pour plus tard. Vous avez eu des problèmes pour trouver le contremaître à la gare ?

Pour toute réponse, Húber tendit le cou autant qu'il le put et, sans la moindre inhibition, jeta un coup d'œil policier à l'intérieur de la pièce. Je me félicitai en silence d'avoir caché la bouteille dans la boîte. Mais craignant qu'un soupçon de bouquet puisse encore s'exhaler de mon haleine, je fermai la bouche en attendant que le surveillant finisse son inspection. Lorsque la tête chauve retourna à proximité de ses épaules et tourna de nouveau ses yeux vers moi, elle m'adressa cette expression que j'avais bien connue chez mon père : un mélange recherché de pitié, de mépris et de profonde ironie. Puis, l'importun fit un petit pas en avant, comme s'il avait l'intention d'entrer.

Alors, Alicia, qui paraissait ouvertement mal à l'aise, se tourna vers lui et tendit la main. Il semblait que ses doigts avaient frôlé dans l'air un flux statique imprévu. Tous deux s'immobilisèrent et se regardèrent.

– J'aimerais disposer d'un moment pour parler seul à seul avec le professeur Brener, dit-elle au chauve qui la dévisageait avec un réel ébahissement, comme s'il était impensable qu'une jeune femme comme elle prenne volontairement le risque que je lui prenne de nouveau la main. L'homme ponctua son air contrarié d'un frémissement gênant de sa moustache, qui ondoyait de chaque côté de son visage comme une méduse à la dérive.

– J'entre seulement pour poser la valise, dit-il enfin de façon indiscrète et autoritaire.

– Non. C'est très bien comme ça, dit-elle. La meilleure façon de m'aider serait de porter la valise là où le contremaître vous l'indiquera. Ce n'est pas ici que je vais loger, d'après ce qu'on m'a dit au téléphone. Mais je ne veux pas entrer directement dans la maison et passer aux présentations avant d'avoir échangé quelques mots avec le professeur. C'est possible ?

Sans cesser de contracter sa moustache à droite et à gauche, Húber finit par s'incliner, reprit la valise et dit en passant à Alicia, la bouche grossièrement tordue, comme s'il s'agissait d'une conversation entre marins :

– Je ne sais pas pourquoi j'ai pris votre valise au contremaître, qui avait l'air si content de la porter lui-même. Sifflez-moi si vous avez besoin de moi, conclut-il en faisant un geste horrible avec deux doigts tournés vers nous et une grimace exagérément virile. Sur quoi, maussade, il s'éloigna de sa démarche chaloupée. La valise, qui avait tellement suscité la curiosité et le commérage, se balançait maintenant avec indolence au bout de son bras, frôlant le sol à chaque pas. Cet individu était vraiment un grossier personnage.

Sa silhouette n'avait pas encore fini de se découper sur le fond éclairé de la maison principale qu'Alicia se tourna vers moi, fit un pas en avant et referma la porte derrière elle.

– Nous n'avons que quelques minutes pour parler, dit-elle avec méfiance. À en juger par le ton alarmiste de sa voix et le mystère implicite dans son regard, on aurait dit qu'elle avait découvert le Saint Graal, abandonné sur le siège arrière de la camionnette.

Ce ton impérieux était la deuxième surprise de son arrivée, car j'en étais encore à assimiler l'impact de la voir congédier avec tant de résolution son irritant majordome, au bénéfice de ce qu'elle avait appelé une conversation privée. Non seulement elle se passait ainsi des services de son chaperon, mais elle manifestait en plus de vive voix qu'elle voulait être seule avec moi. Et par-dessus tout, elle faisait cela dans un intense climat d'intrigue mouvementée, comme si elle brûlait de me faire des confidences dans un contexte le plus intime possible.

– Asseyez-vous, dis-je en laissant échapper un soupir et en constatant un peu tardivement que dans chaque voyelle et consonne de ces mots, ma bouche avait exhalé et laissé flotter autour d'Alicia une puanteur alcoolique plus propre à une barrique qu'à une gorge humaine.

Elle sembla s'apercevoir de mon léger contretemps, car elle cessa un instant de me regarder et parcourut des yeux la surface de la table, jetant alentour un coup d'œil guère plus subtil que celui de Húber. Je suppose qu'on ne pouvait lui reprocher cette vérification, surtout si l'on considère qu'elle était, semblait-il, sur le point de me livrer la fleur de ses secrets, et que j'avais déçu, depuis que j'avais fait sa connaissance, toute attente sur la fermeté de mon caractère. Quoi qu'il en soit, elle finit par s'asseoir et commença à parler à une vitesse surprenante.

– C'est au sujet de… Avant tout, je dois vous demander de m'excuser d'intervenir de cette manière dans votre travail. Je m'étais déjà beaucoup immiscée en venant examiner les boîtes du professeur, mais il est arrivé que… enfin, les jours passant, j'ai commencé à me sentir de plus en plus coupable, parce que je sentais qu'en me donnant une place ici, on m'offrait quelque chose d'immérité, alors je me suis figuré que je pourrais peut-être contribuer à l'autre recherche, la vôtre, je veux dire, car j'ai pensé que le matériel du professeur tenait dans trois boîtes, plutôt discrètes, tandis que les sources possibles pour une biographie de Dogliani devaient être dispersées, disséminées dans des centaines d'écrits, de lettres, de témoignages…

– Ah, vraiment je vous remercie de me faire, à peine arrivée, cette offre si gentille, lui dis-je avec une pompeuse solennité. En réalité, je dois vous avouer que, connaissant votre bonne volonté, j'avais pressenti qu'une offre aussi généreuse viendrait…

À cet instant précis, tout à coup, sans me laisser le loisir de finir ma phrase, Alicia leva la main d'un geste avec lequel on hèle un taxi. Elle semblait la proie d'une agitation croissante.

– Excusez-moi de vous interrompre, et je vous remercie aussi de tout cœur, mais permettez-moi de vous expliquer ce qui me tourmente avant que n'arrivent les maîtres des lieux. J'ai passé une heure contre la vitre de la camionnette, le poing serré, à regarder dehors en réfléchissant aux mots que j'allais prononcer en arrivant ici…

Elle s'assit sur la chaise, haussa les sourcils et respira profondément. La gravité de son attitude m'inquiétait de plus en plus. Alors, comme pour laisser présager le pire, elle baissa les yeux et commença à parler à voix basse.

– Quelques kilomètres après la sortie de la route, on traversait depuis vingt minutes des champs et des clôtures, lorsqu'un pneu de la camionnette a crevé. Mais en plus du pneu qui avait complètement éclaté, l'essieu était resté coincé dans une ornière pleine de boue. Les hommes sont descendus et ont entrepris une longue et pénible opération pour changer la roue, où n'ont manqué ni les maladresses ni les disputes inutiles. Vous connaissez le caractère de Húber. J'ai abandonné mon siège et suivi un long moment toutes ces manœuvres au bord du chemin. Derrière les barbelés d'un champ voisin, deux vieilles femmes observaient aussi la scène d'un air absent et un peu sombre, comme si elles contemplaient la carcasse d'un animal en plein champ, survolée par des corbeaux.

Cette dernière phrase, si étrangère à ce que j'avais entendu jusque-là de la bouche d'Alicia, me révélait sa profonde commotion spirituelle. Elle mentionnait tous ces détails en levant à peine les yeux. Seule sa main droite remuait, suffisamment pour que je puisse comprendre comment l'essieu s'était coincé, à quelle distance de la camionnette elle se tenait et où étaient la clôture et les vieilles qui suivaient, comme au théâtre, cette comédie improvisée de maladresses.

– Quand il a été évident que la réparation serait longue, une des femmes s'est désintéressée de la scène et éloignée. L'autre, plus joviale, m'a invitée à faire quelques pas jusqu'à sa ferme, pour boire quelque chose de chaud. Comme je n'aime pas décliner ce genre d'amabilités, je l'ai suivie en parlant de la route, des accidents et autres banalités. À l'intérieur de la ferme, qui était modeste mais très propre, on m'a servi une infusion, bonne paraît-il pour la mémoire, bien qu'une jeune femme comme moi n'ait pas besoin d'un tel remède, ont-elles dit, mais elles n'avaient rien d'autre à m'offrir. Pendant que nous prenions cette espèce de thé, je leur ai raconté tout naturellement l'objet de ma visite, et là, leur attitude cordiale s'est brusquement rembrunie. C'était comme si l'aimable bavardage qui régnait l'instant d'avant s'était brusquement changé en une réserve sèche et distante. Il y a eu un silence. « Vous avez l'air d'une jeune femme bien, m'a dit la plus discrète des deux, alors méfiez-vous de cette famille. » J'ai pensé un moment qu'elle parlait de Manzini, que je supposais propriétaire du domaine, et je me disais qu'un avocat comme lui pouvait inspirer de la méfiance aux gens de la campagne, mais la vieille femme a vite dissipé mes doutes : « C'est Dogliani, m'a-t-elle dit, le grand-père de la dame, c'est lui le démon. » Profitant de ce qu'il restait un peu de sympathie dans notre échange, je leur ai dit que je remettais mon destin entre leurs mains, car je me rendais là-bas ignorant les risques que je pouvais y courir. Par ailleurs, je ne pouvais m'empêcher de penser que cette conversation inattendue était une formidable occasion, car, comme je souhaitais commencer à vous payer dès que possible cette dette de gratitude qui me pesait tant, le destin m'offrait de but en blanc le témoignage de deux vieilles femmes contemporaines de Dogliani, qui allaient me fournir des informations de première main sur un aspect obscur et probablement controversé de son rôle dans la région. Malgré l'angoisse, je ne pouvais m'empêcher de penser que j'allais peut-être bénéficier d'une primeur historique.

– Et alors ? fis-je, démangé par la curiosité.

Une atmosphère bizarre s'était installée dans la pièce, comme si au centre, et sous une puissante lanterne, une belette ou une rate était sur le point de mettre bas. En regardant parler Alicia, je me rendais compte qu'elle possédait au moins un brin du talent de Gibbon, car elle avait réussi à transformer le récit des pauvres conséquences d'une crevaison en une saga passionnante, avec familles, relations, dangers et personnages diaboliques. Je ne pouvais pas assurer qu'elle deviendrait un jour l'historienne qu'elle rêvait d'être, mais j'aurais parié sans hésiter qu'en racontant des histoires d'horreur devant un feu de cheminée elle pouvait être prodigieuse.

– Eh bien, imaginez l'inquiétude avec laquelle je regardais ces deux femmes. Après un long silence, la plus réservée des deux a dit à l'autre : « Si tu dois lui raconter, je veux d'abord vérifier que le chauffeur est toujours sur le chemin. » Elle a écarté un rideau de la fenêtre et regardé un moment. Puis, sans se retourner, elle a dit : « Ils sont toujours là. » Alors l'autre, qui semblait être la sœur aînée, a commencé à parler. « Dans la région, c'est vrai, nous savons toutes lire », elle a dit, puis, après une longue pause : « Mais à quel prix ! Dogliani venait à la maison d'une fille avec ses livres, les posait sur la table et déboutonnait son pantalon. Puis, il prenait la leçon et le sort qu'on allait avoir dépendait de ce qu'on avait étudié. Beaucoup finissaient à la ferme d'une sage-femme, à faire ce qu'il appelait des "traitements". Et ce qu'on traitait là, c'était la grossesse, comme vous pouvez le deviner. Notre père et celui des autres filles étaient des péons. Beaucoup faisaient la sourde oreille et les autres maudissaient en silence et tapaient du pied par terre. C'est que, malgré tout, il s'agissait du patron. Quelqu'un a pourtant porté plainte, mais ça n'a servi à rien, comme vous pouvez l'imaginer. Même si deux ou trois papiers ont continué à traîner. Je le sais parce que quand ce vieux dégénéré est mort, des gens du gouvernement sont venus pour organiser une cérémonie d'hommage. Ils ont ratissé la région, parlé avec des gens et sont tombés sur ces papiers dont je vous parle, après quoi ils sont repartis à la capitale comme s'ils avaient rencontré le diable. Il n'a plus été question d'hommage. Les filles qu'il a tripotées, il y en a eu entre soixante-dix et quatre-vingts, il me semble. Si tous les enfants conçus pendant ces classes de lecture étaient nés, tout le monde ici s'appellerait Dogliani, du gendarme jusqu'au sacristain. » Après, elle a serré les lèvres, elle s'est tournée et m'a resservi du thé. Il valait mieux l'accepter, si c'était bon pour la mémoire, car dès que le silence s'est fait, je me suis appliquée à mémoriser tout ce que je venais d'entendre, avec l'exactitude littérale que l'on attend d'un authentique témoignage historique. Puis j'ai entendu les hommes faire redémarrer la camionnette, au milieu des cris et des bruits de moteur. J'ai promis aux deux femmes d'être prudente, je les ai remerciées de m'avoir mise en garde et je les ai embrassées. J'ai eu un instant l'impression qu'elles étaient redevenues deux jeunes filles désemparées. Mais en sentant leurs mains calleuses et le tremblement de leurs bras, je les ai vues comme les deux vieilles femmes qu'elles étaient. Elles avaient traîné cette rancœur la moitié d'une vie et, aujourd'hui encore, devant une jeune femme qui ne leur voulait aucun mal, il leur avait fallu du courage pour me raconter leur secret.

– Quelqu'un arrive, dis-je, brusquement. J'avais écouté le récit d'Alicia avec une inquiétude grandissante. Si ce qu'elle racontait était vrai, alors mon livre de cinq cents pages sur les qualités du dénommé Dogliani était sérieusement compromis. On pouvait même dire, pour parler de la façon la plus neutre possible, qu'il était devenu infaisable. Mes visions lumineuses de calme et de prospérité future venaient de s'assombrir ; tout au long du récit d'Alicia elles avaient peu à peu perdu de leur netteté, grâce à laquelle j'étais resté à peu près sobre une semaine entière, pour finir par disparaître de mon horizon. Car s'il n'y avait pas de livre, il n'y aurait pas d'héritage, ce qui me laissait comme seule perspective pour mes années de vieillesse de passer mes journées à la pension, à tuer des puces dans le lit avec une bombe d'insecticide et à taper ces maudites thèses.

– Je n'ai rien entendu, dit Alicia après cette longue pause, sans même se lever.

– Je ne sais pas. Il m'a semblé que quelqu'un s'approchait, mais je n'en suis pas sûr, dis-je franchement découragé, car dans mon état je ne pouvais plus être sûr de rien.

Alors, dépassé par ce témoignage qui augurait un futur et chronique malheur, je m'effondrai sur le bord du lit, à bout de souffle, et courbai mes épaules autant que je pus, en cachant ma tête entre mes mains. Je fus de nouveau envahi par le vertige que je connaissais déjà. Je préférais mourir tout de suite, avant de m'évanouir de nouveau devant cette fille, et cependant la sensation de fourmillement qui commençait à envahir mes jambes me faisait craindre un dénouement semblable à celui que j'avais déjà affronté sur le lit turc du professeur.

– Levez-vous, allez, me dit Alicia en venant s'asseoir près de moi. Vous devez vous ressaisir. Vous allez devoir parler de cette affaire avec Manzini et vous avez besoin de toutes vos facultés.

Je pensai un instant qu'elle allait poser une main sur ma cuisse. Évidemment, elle n'en fit rien. Il s'agissait d'une autre illusion absurde à ajouter à la longue liste. En tout cas, sa proximité parvint à me réveiller un peu et à me distraire d'un évanouissement imminent. Et me fit retrouver assez d'élan pour me défendre.

– Parler avec Manzini ? Vous avez perdu la tête ? Et abandonner à jamais toute possibilité de recouvrer mes biens ? Vous croyez que Manzini ignore ces choses que vous avez découvertes aujourd'hui ? Quelle sorte d'avocat, s'il en est un, financé par des ruffians et des charlatans, pourrait vivre vingt ans de mariage avec la petite-fille d'un pervers qui détourne des mineures, sans savoir de quelle jambe boite le grand-père ? Je comprends maintenant pourquoi ils ont fait appel à moi ! Ils voulaient se servir d'un individu étranger à la famille pour blanchir d'une prose neutre et dépassionnée toutes ces années d'excès, et qui mieux qu'un tâcheron au nom célèbre pour se charger de cette besogne ! Que la terre m'avale, mon Dieu !

Alicia gardait un silence solennel. Elle semblait m'évaluer du regard. Que cachait mon refus de parler avec Manzini ? Mon irrésolution suggérait-elle que je considérais malgré tout cet horrible travail encore possible ? Serais-je capable d'une telle bassesse ? semblait-elle se demander.

Ah, comment mon père avait-il pu se prêter, par ses stupides conditions, à un piège aussi atroce ? J'étais coincé en pleine campagne, à la merci de la charité conditionnelle de mes patrons, qui, si je refusais de m'exécuter, pouvaient très bien m'abandonner, s'ils le voulaient, au bord de la route la plus proche, avec ma valise couverte de poussière, harcelé par les insectes, les chardons et les ronces. J'avais accepté d'écrire l'histoire d'un personnage oublié de la société, mais pas de ses victimes et de sa famille proche, et je m'étais embarqué dans cette tâche en toute naïveté, avec l'idée a priori que tout allait bien se passer, une idée plutôt étrange, que j'avais confortée ensuite par des signes aussi vagues que la présence d'une rivière et d'un martin-pêcheur, cette sorte d'indices qui invoqués par un Grec à l'époque préclassique lui auraient valu le sobriquet de devin, de sorcier ou de charlatan. Et moi, au crépuscule du XXe siècle, ces signes m'avaient semblé assez significatifs pour livrer mon intellect à cette entreprise absurde, née de deux esprits tordus, de toute évidence dangereux, qui avaient pris le contrôle de mes biens.

Pendant que je me débattais dans ces eaux troubles, j'eus de nouveau l'impression très nette que quelqu'un se déplaçait près de la porte. J'avais perçu un léger craquement, comme si on avait marché sur un emballage de cellophane. Puis, avait succédé un silence forcé et chargé d'intentions. Il y avait quelqu'un, sans aucun doute. J'atteignis la porte en deux enjambées et l'ouvris d'un coup.

À deux mètres de l'entrée, Manzini avançait comme si de rien n'était, un panier de pique-nique à la main : il évoquait une variante brutale du Petit Chaperon rouge, à qui ne manquait que de chantonner et de s'arrêter à chaque pas pour cueillir des marguerites. Il était évident que ce mauvais histrion cachait quelque chose. Il battait des paupières en surjouant la surprise, comme si le fait d'avoir devancé son arrivée était un acte de divination spectaculaire, qu'il devait couronner par cette série de cillements tout aussi spectaculaires.

– Je venais justement chez vous, dit-il.

Tiens donc ! Quelqu'un aurait-il pu par hasard penser qu'il allait ailleurs ? L'objectif de sa phrase était sans doute de souligner qu'il n'était pas encore arrivé, mais qu'il « venait ». Nuance sur laquelle il n'y avait de sens d'insister que s'il tenait à affirmer que ni lui ni personne n'avait pu écouter notre conversation de l'autre côté de la porte.

– Rojel m'a dit que notre nouvelle invitée était finalement arrivée. Alors, pour rattraper ce thé manqué de l'après-midi et le contretemps dû à la camionnette, j'ai décidé de vous apporter cette petite collation, car l'indisposition de Matilde va nous obliger à sauter aussi le dîner. – Il fit une pause dans son arborescente narration de motifs, ouvrit son panier et commença à décliner les produits de manière quasi infantile, comme si leur liste le remplissait d'un orgueil infini. – Voilà, ce que j'ai pu trouver : jambon, œufs de caille, champignons frais, fromage, olives, pain aux noix, anchois… mais… mais… Qu'est-ce qui me prend de vous montrer ce panier alors que je n'ai pas encore salué comme il se doit Mlle Storiacci !

Il s'avança alors d'un grand pas dans la pièce. Il s'arrêta devant Alicia, tout près de sa poitrine, et s'inclina vers elle en lui prenant la main qu'il approcha de sa caverneuse bouche pour y planter un baiser que j'imaginai humide et chaud, car je crus voir sur le dos de la main d'Alicia une trace semblable à celle que laisse une limace sur son passage.

– Rojel m'a raconté les incidents avec la camionnette. Ah, vous voyez, pour votre premier jour ici, vous avez déjà pu vivre quelques aventures.

Il avait beau s'efforcer de se montrer naturel, il n'arrivait pas à dissimuler que cette scène était tout sauf gratuite.

– Le voyage s'est bien passé, merci, répondit sobrement Alicia. À la lumière de son expérience récente, il était évident que le mot « aventures » l'avait mise hors d'elle.

Il y eut un bref moment de silence pesant. Alicia me regardait fixement, comme réclamant que j'intervienne. De mon côté, je laissai le silence s'installer comme si la pièce lui appartenait et que nous, les humains, n'étions que trois intrus égarés. Que dire ? « Je sais tout » ? La tension d'Alicia était tellement visible que je n'osai même pas tousser ou lancer une banalité pour se tirer d'embarras.

– En chemin, j'ai fait la connaissance de quelques personnes, dit enfin Alicia en regardant Manzini droit dans les yeux avec défi.

– Oui… Rojel m'a dit que vous aviez rencontré les sœurs Blumenthal, les perles du folklore local, répondit notre hôte avec une ironie inattendue.

Face à une telle désinvolture, je crus un instant qu'Alicia allait déverser sur-le-champ le contenu de sa récente enquête. J'eus la tentation de lui couper la parole. Mais avant que je puisse trouver un prétexte pour détourner la conversation, elle commença à déclamer sur un ton courroucé et tragique :

– Ce que j'ai entendu de leur bouche n'avait vraiment rien de folklorique. – Et haussant le ton : – Ce sont des histoires terribles, pleines de privations et d'abus !

– Ah, ça oui… Il n'y a par ici aucun être humain,

animal ou chose qui ignore les « privations » vécues par les Blumenthal, car elles les ont répandues jour et nuit avec une constance monomaniaque ! dit Manzini très agacé. Mais, si on examine de près leur témoignage et qu'on le compare avec ceux d'au moins une centaine de paysans d'ici, il en ressort ce que j'ai qualifié de « folklore ». Parce qu'il faut savoir, avant tout, que les sœurs ne sont pas d'ici. Elles ont hérité de ce lopin de terre d'un oncle rabbin, lequel l'avait obtenu en saisie d'un prêt impayé. Il y a vingt ans encore, les sœurs Blumenthal ne connaissaient la vie à la campagne que par des photos de suppléments agricoles. Elles n'auraient jamais daigné venir dans un endroit pareil si elles n'avaient pas été confrontées à un sérieux problème. Le fait est qu'un beau jour elles ont été condamnées à l'ostracisme par leur communauté religieuse. Moi, je n'aime juger personne, mais je dois dire que leurs proches ne manquaient pas de motifs de les prendre en grippe, car les sœurs avaient passé trois ans à vivre toutes les deux avec un même homme, un gentil qui avait eu le talent ou l'imprudence de faire battre leur cœur, au point de les convaincre de former une espèce de trio. En plus d'être coureur, l'homme était joueur, et très enclin à miser l'argent d'autrui. Quand il a fini par comprendre que vivre avec deux sœurs lui apportait le double de désagréments, il a décidé de partir sans prévenir, non sans avoir joué leur dernier billet à la roulette. Le fait est qu'au moment où elles ont reçu l'héritage de l'oncle, les Blumenthal n'avaient pas vu depuis des années passer devant leurs yeux la moitié d'un centime. Et ce terrain, que dans leur jeunesse elles auraient superbement méprisé, constituait à ce moment-là pour elles le seul endroit où elles pouvaient se retirer. Alors elles sont venues vivre ici, avec deux pauvres vaches et quelques légumes. Non seulement elles se sont transformées du jour au lendemain en femmes de la campagne, mais elles ont eu aussi la jugeote de s'inventer un passé complet, plein de malheurs et de sacrifices, avec racines paysannes et abondante prose agraire. Une prose qui leur a valu, aux yeux de certains créanciers naïfs, l'exonération de dettes mineures. Et comme elles ont appris sur le tard, et mal, à traire les vaches et à planter des navets, elles sont restées très pauvres, de sorte qu'à force de vivre dans l'austérité, leur orgueil a fini par s'adoucir, pour leur laisser un regard en accord avec leur peau tannée, leurs mains calleuses et leurs cheveux blancs. Mais elles n'ont pas pour autant cessé d'enjoliver leurs exploits passés. Il s'agit toujours de récits dans lesquels elles sont victimes des plus terribles injustices. On m'a rapporté une de ces histoires, et à quelques détails j'ai reconnu la plume de Dickens. Il suffit de lire *Oliver Twist* ou *Nicolas Nickleby* pour trouver la moitié des vilenies dont elles prétendent avoir eu à souffrir… Heureusement, j'ai rencontré un jour à la capitale un de leurs multiples avocats, dont j'avais défendu le père à un procès, qui m'a aidé à démêler un peu l'écheveau. Il m'a fallu des mois pour arriver à un tableau complet de leur origine, car elles avaient mis grand soin à dissimuler la moindre trace de leur véritable passé. Elles cachent leur nom avec un zèle particulier ! Et comme elles n'ont pas un seul voisin à des kilomètres à la ronde…

– Blumenthal… ? Vous dites qu'elles s'appellent Blumenthal ? Elles avaient l'air tellement créole ! l'interrompit Alicia d'une voix encore hautaine, mais dont le regard trahissait déjà un certain trouble.

– Eh bien, c'est à cela que tient tout l'intérêt de la

recherche historique. Non seulement on se confronte à des témoignages dignes de foi, mais aussi à toutes sortes de fantasmes, d'impostures, de fraudes. C'est justement l'aspect stimulant du travail. Sinon, l'historien ne serait qu'un simple collectionneur d'anecdotes. Une sorte de caissier, qui accumule et additionne des témoignages ! Si c'était le cas, les livres d'histoire ne seraient que le résultat d'ennuyeuses opérations comptables !

Que Manzini adore répandre son éloquence verbeuse était pour moi quelque chose de connu, mais le voir se pavaner avec un tel aplomb après avoir entendu l'accusation voilée de couvrir une longue saga de crimes me faisait douter qu'il eût quelque connaissance sur l'histoire de Dogliani, car son sourire aurait alors indiqué un niveau de cynisme presque diabolique. Si les accusations des deux sœurs étaient vraies et qu'il le savait, il devrait être ravagé par la honte, mais on le voyait déclamer avec une authentique étincelle de plaisir dans le regard.

– Et maintenant, jeunes gens : à table ! s'exclama-t-il en brandissant brusquement le panier de vivres, dont la trajectoire frôla mon menton.

Je me tournai un instant vers Alicia, qui ne daigna pas répondre à mon regard. Depuis le moment où j'avais essayé de la dissuader d'affronter nos hôtes, elle semblait complètement désenchantée, comme si elle doutait à présent de la noblesse de mes intentions en général, ou du moins me considérait moins digne de recevoir un regard franc de sa part. La voir baisser les yeux de cette façon me fit subitement ployer les épaules. C'était comme si, face à son indifférence, j'existais un peu moins. Je me mis alors à penser bizarrement à ma mère : je me vis désemparé et seul, perdu dans un monde étranger et hostile, et me sentis plus que jamais incapable de me débrouiller seul. L'instant d'après je répétai, comme si la phrase était devenue inexorablement la mienne : « Mais quand j'y repense : un marchand de glaces ! »

6

S'il y eut un moment dans ma vie où j'eus désespérément besoin d'un sommeil réparateur, ce fut sans aucun doute cette première nuit à la campagne. Si Morphée avait eu la plus minime considération pour les tourments de mon âme, il m'aurait permis d'enfouir ma tête sous deux oreillers et d'abandonner mes membres à l'agréable caresse des draps, qui étaient ce soir-là confortables et soyeux, jusqu'à ce qu'Apollon se fraie un chemin entre les persiennes pour annoncer le jour. Malheureusement, j'ai fini par faire ce que les âmes en peine font dans ce cas, c'est-à-dire me tourner dans tous les sens la nuit entière, sans pouvoir fermer l'œil. Je suais comme un cochon de lait auquel ne manquait que la traditionnelle pomme caramélisée dans la bouche et qui, dans l'épuisante figuration qu'il faisait de moi-même, tournait en gouttant au-dessus d'un tas de braises rougeoyantes tandis qu'une vieille femme tout aussi transpirante lui assaisonnait l'échine avec une saucière. Plongé dans cette angoisse tenace, je dilapidais les heures en rêveries circulaires qui m'interdirent tout repos. Le temps que dura ce demi-sommeil, je reçus la visite de visages et de voix, de présences qui m'abordaient de façon inquisitoriale, par des questions et des subtilités suffisamment concrètes pour planter dans mon esprit leur aiguillon d'incertitude, mais en même temps tellement diffuses qu'elles empêchaient de résoudre une seule de leurs pressantes devinettes. Parfois, je me voyais en prisonnier, non seulement, comme dans la vie réelle, écarté de mes biens, mais en plus les devant à quelqu'un, un personnage obscur, grand et lointain, une espèce d'usurier, qui était Manzini à certains moments, le professeur à d'autres, ou encore une très cruelle et svelte Matilde. Je suppliais ce personnage multiforme, à genoux et en pleurant, de me libérer de cette dette, en lui énumérant les mille raisons qui m'empêchaient de la payer, et je concentrais toute ma volonté sur cette ingrate et vaine tâche, tel un pauvre Sisyphe poussant vers le haut un rocher verbal. Quand j'atteignais au cours de ces transfigurations un paroxysme d'humiliation et de larmes, je me réveillais, ou plutôt croyais me réveiller, car quelques secondes après j'étais de nouveau plongé dans une autre séance infernale d'interrogatoire.

Vers le lever du jour, je crus que j'allais vomir. Ce fut à ce moment que j'eus assez de présence d'esprit pour me lever, me traîner en titubant jusqu'à l'évier de la petite cuisine et me passer la tête sous l'eau. Au contact du jet glacé, qui coulait verticalement du crâne jusqu'à ma bouche, je me demandai si je n'avais pas de fièvre. Je ne pouvais même pas répondre à cette question par mes propres moyens, car malgré mes yeux injectés et ma langue sèche, j'avais les mains bouillantes et moites comme mon front, et en me touchant le visage je n'obtenais que la vague sensation que mon corps entier était déréglé, sans parvenir à élucider si j'avais réellement de la fièvre ou si ce n'était là qu'une réaction virulente à mes propres frayeurs.

Après ces ablutions improvisées dans l'évier, je

m'assis sur une chaise à attendre le lever du jour. Ma gorge palpitait de cette soif que seuls connaissent les vrais buveurs, c'est-à-dire une espèce d'avarie rauque qui ne se répare qu'en lubrifiant chaque pièce intérieure avec une généreuse giclée d'alcool. Si j'avais eu une autre bouteille à portée de main, je l'aurais vidée sans réfléchir. Mais, dehors, la pluie de la veille avait redoublé et comme je n'avais pas assez de courage pour ramper sous l'orage jusqu'à cette cave secrète, je n'avais pas d'autre choix que de rester à ma place, prisonnier de la chambre, et y ruminer de nouveau mes perspectives, qui étaient mauvaises et rares.

Je pouvais me dire, si je cherchais une consolation, que jusque-là mon périple chaotique m'avait au moins aidé à connaître un peu plus mon père, à comprendre l'homme qu'il était et à tenter, dans la mesure où un reste d'humanité me le permettait, de pardonner les tortures constantes qu'il m'avait infligées. Je jetai un coup d'œil sur le cahier et fus obligé de reconnaître que ce que j'avais lu jusque-là était, en effet, un « très bon matériau ». Mais, parvenu à cette conclusion, je fermai les yeux avec une ironie amère. Bon matériau, peut-être, mais insuffisant, car malgré ce butin imprévu je me sentais maintenant plus que jamais conscient de ma pauvreté. Naturellement, bien avant qu'il y ait des césars, on savait déjà qu'exposer un prisonnier affamé au spectacle d'un banquet hors d'atteinte était une torture aussi efficace, sinon plus, qu'un fer rouge, surtout quand on lui faisait savoir que ce festin et sa dégustation n'étaient séparés que par des aveux. Et maintenant, en me représentant ce tourment, je me sentais comme exposé depuis une longue semaine à ce banquet, duquel on me permettait de m'approcher un peu, pour ensuite voir les gardes l'éloigner de moi, et ainsi chaque jour jusqu'à me faire perdre l'envie de vivre.

Je me rappelai alors le martin-pêcheur, l'énergie féroce avec laquelle il picorait l'œil de ce petit poisson, et je revis ses yeux cloués sur moi, comme si son souvenir picorait aussi les miens. Je me rappelai cette espèce de résolution hautaine avec laquelle il m'avait regardé et la simplicité de sa disparition.

Encouragé par cette image, je décidai de quitter les lieux, de me libérer de ces absurdes conditions exigées par le testament, même si je perdais ainsi maison et pension à vie. Au diable, tout cela ! En fin de compte je n'avais jamais rien possédé de tel. Il me semblait maintenant que la seule manière de conserver un minimum de santé mentale était d'accepter que la souffrance que j'avais subie ne pouvait être guérie et donc de renoncer à jamais à toute compensation. Espérais-je par hasard la décision d'une sorte de tribunal suprême qui m'indemniserait un beau jour pour la douleur, les humiliations et le gâchis de ma vie ? Quelle sorte de fantasme était-ce là ? Une espèce de jugement dernier anticipé ? Quelle hâte ! Après tout, j'avais bien le temps d'être jugé en mourant vieux, comme tout le monde ! Bien sûr, bien sûr que je méritais la maison et la fortune de mon père, en tout cas beaucoup plus que Manzini. Mais je n'allais pas m'engager dans une lutte au corps à corps qui consumerait en quelques mois le peu de raison qu'il me restait. C'était peut-être le message que le martin-pêcheur avait essayé de me transmettre à mon arrivée : « Ce n'est pas pour toi, essaie plutôt de suivre la rivière. » Flotter, alors ! Je devais donc entamer ma dérive en partant le plus loin possible. Et tout recommencer. Je pourrais peut-être trouver un travail manuel, simple et digne. Un travail pour lequel on compterait sur moi malgré mon passé et ma formation décousue. Où je serais juste considéré comme un homme doté de mains, d'une perception ordinaire de ce qu'il peut en faire et d'un minimum de souffle vital. Rien de plus, rien de moins. Peut-être même un humble poste de concierge ou de veilleur de nuit, qui me permettrait de meubler les heures creuses par la lecture.

Après avoir envisagé quelques secondes cette possibilité, je me sentis apaisé. Ah, chasser toute illusion malsaine de ma poitrine ! Oui, voilà ce que j'allais faire. Me résigner à être pauvre, comme Lucas, ou dans une certaine mesure comme la patronne de la pension, et même certains de ces malheureux étudiants qui devaient chercher au fond pelucheux de leurs poches une dernière pièce pour payer la dactylographie de leur pauvre thèse. Toutes ces personnes qui n'étaient pas riches ne profitaient-elles pas de la chaleur du soleil printanier, d'un repas frugal préparé à la maison, ou du paysage matinal d'un jardin public ? Ne pouvais-je pas avoir une vie similaire à celle que je menais à la pension, mais enfin réconcilié avec mon destin, disposé à progresser petit à petit, comme progresse un menuisier qui peut à peine acheter deux ou trois outils par an et se résigne à ce modeste rythme de croissance plutôt que de succomber ? Et cette acceptation, cet amour des choses simples et quotidiennes, ne serait-ce pas une façon vertueuse de renaître ?

Au diable tout ça ! me dis-je en boutonnant ma chemise avec un soudain enthousiasme. Au diable la fortune et la gloire ! Où sont mes chaussures ? Là, sous la table. Au diable les pleurnicheries et le poids écrasant du passé ! Que devenaient les enfants nés pendant une guerre ou abandonnés à la naissance ? Passaientils leur vie à traîner leur peine comme un boulet, ou partaient-ils travailler et gagner leur pain comme tout citoyen honnête ? Pourquoi devrais-je être une exception ? Je pensai qu'en réalité ce caractère exceptionnel que j'attribuais à ma douleur n'était rien d'autre qu'une façon de prolonger cette irritante illusion paternelle, selon laquelle, nous autres Brener, étions appelés à occuper une espèce d'Olympe, fût-ce pour souffrir. Pourquoi donc ne pas souffrir de manière anonyme, comme avait toujours souffert la tante Almita, sans pour autant abandonner un seul jour son éternelle machine à coudre, ni manquer la messe ? Allez, il faut partir ! En finissant de nouer les lacets de mes chaussures, je passai rapidement mes affaires en revue ; à part mes fameuses boîtes, je n'avais pas beaucoup de bagages. Si ces tordus me larguaient au bord de la route, Alicia m'aiderait à porter ces paquets et à arrêter un camion de laitier qui s'apitoierait sur notre sort. En tout cas, il n'était pas question que je reste coincé une seconde de plus dans cette colonie de mégalomanes.

La première chose à faire était de trouver Alicia et de l'informer de mes intentions. J'espérais que ma nouvelle détermination l'aiderait à dissiper ses moindres doutes sur mon intégrité, et même à raviver son intérêt pour ma personne, car il est bien connu que les femmes apprécient beaucoup plus un courage désintéressé qu'un penchant rusé à faire main basse sur le butin. En me voyant décidé, Alicia trouverait en moi la veine incorruptible qui caractérise les héros et me suivrait jusqu'au bout de ma route. Mais oui. Sinon, quel autre choix s'offrait à elle ? Rester ici avec Húber à regarder tomber la pluie ou à supporter le déluge d'anecdotes de Manzini ? N'était-elle pas venue pour examiner avec moi les papiers du professeur ? Eh bien, elle n'avait pas d'autre choix que de m'aider à fuir !

Je jetai un dernier coup d'œil aux trois boîtes. Il faudrait les envelopper dans du plastique, sinon la pluie finirait par détruire leur contenu. Je devais au moins à mon père cette marque minimale de considération. Il fallait résoudre ce problème. En attendant, je me contentai de mettre dans mon sac, à l'intérieur de l'emballage en plastique de mes chemises neuves, le fameux tome VI du journal intime, au cas où en chemin, abrité dans un autobus, je serais tenté de le consulter.

Je pris ma veste sur la chaise, relevai le col et sortis en fermant résolument la porte derrière moi. La pluie était forte mais encore tolérable, si bien que je faillis m'arrêter à l'escalier qui descendait à la cave pour y prendre une autre bouteille. Mais je compris à temps que prêter l'oreille à cette tentation allait ralentir mon plan et dissoudre son aura vertueuse. J'aurais bien l'occasion de boire à ma guise à mon retour dans la capitale, en trinquant à ma liberté récemment conquise. Pour l'instant, la priorité était de rendre cette liberté effective, aussi je me dirigeai vers la maison avec détermination, laissant la pluie oindre mon front d'une sorte de bénédiction. La matinée était grise et froide, mais je me sentais serein et je marchais d'un pas ferme. Ah, comme c'était bon d'être vivant, de sentir la pluie dégouliner sur mon visage et le gravier crisser sous mes pieds. Il y avait un monde là dehors, qui attendait que l'on prenne contact avec sa somptueuse trame. Je n'avais plus qu'à me détacher de la noria, faire un pas de côté et reconnaître combien mes efforts avaient été futiles jusqu'à ce jour. Et comme il aurait mieux valu suivre depuis le début le chemin de Hilda Gómez, c'est-à-dire m'écarter du côté Brener des choses, cesser d'envier ces célèbres niaiseries, de les poursuivre, ou de souffrir de leur absence. Après tout, quand ma mère était partie à la recherche de son destin, elle s'était résignée à perdre, outre le contact avec ses enfants, toutes ses possessions matérielles. Et même si, entre deux glaces, elle avait pensé avec nostalgie à ces biens, il est sûr que cette nostalgie ne fut jamais assez forte pour la faire revenir. Ni son souvenir de nous.

La porte principale de la maison était ouverte. J'entrai sans attendre qu'on m'y invite. En réalité, je n'avais pas eu l'occasion de voir l'intérieur jusque-là, car nous devions être accueillis en grande pompe au salon pour ce dîner qui n'avait pas eu lieu. De l'extérieur, je n'avais pas remarqué les dimensions de cette fastueuse nef centrale. Elle avait la hauteur d'une église modeste, comparaison inspirée par la présence de vitraux et d'un plafond voûté. J'avais bien remarqué la rosace vitrée en haut de la porte, mais je n'imaginais pas que l'intérieur prolongerait à ce point le pastiche gothique.

Aux murs pendaient des tapisseries, des tableaux et des manuscrits finement encadrés, et tout en restant ferme dans ma volonté de mettre un terme à cette comédie, je cédai un moment à la tentation de regarder en détail certains gobelins. Il y avait une immense tapisserie représentant une scène de chasse, avec de nombreux personnages armés de lances et d'arquebuses. Le style des vêtements semblait du XVIe siècle et la pièce paraissait authentique. Dans une vitrine, exposée avec un soin muséographique, je découvris une collection de petites figurines en terre cuite. L'une d'elles représentait Anubis dans le style hellénisé de la dynastie ptolémaïque. Cette pièce valait à elle seule plus que toute la maison et le terrain alentour, et elle était probablement inaccessible à un particulier, ou alors je n'y connaissais rien.

Comment diable un avocat installé dans un obscur cabinet, tout juste secondé par un pauvre associé capable d'encaisser sans répliquer le qualificatif d'imbécile et d'une secrétaire âgée et toujours en proie à la panique, était capable d'obtenir l'argent et les contacts nécessaires pour de tels achats ? Je commençai à éprouver une peur distincte de celle que j'avais ressentie jusque-là, car il ne s'agissait plus de cette peur diffuse et gênante que nous causent les fous lorsqu'ils frôlent notre vie, mais d'une frayeur beaucoup plus oppressante, d'une peur bleue : celle que les tyrans très puissants inspirent au peuple. Lesquels, de surcroît, sont en général fous à lier, si bien que la peur est redoublée.

Non loin de la vitrine il y avait un tableau horrible représentant une nymphe poursuivie par des faunes. Les jambes de ces malheureux ressemblaient plus à des pattes de chien qu'à des membres de bouc. La nymphe était grassouillette et ses seins à l'air montraient que cette partie de la composition n'était qu'une mauvaise copie d'une œuvre de Delacroix, un tableau que j'avais souvent vu, sur lequel je me souvenais que la mère patrie française, coiffée d'un bonnet phrygien, guidait les troupes révolutionnaires à l'assaut de la Bastille, ou quelque chose comme ça. C'était là que ce piètre artiste avait copié non seulement la paire de seins, mais presque tout le corps, comme collé sous le visage de la nymphe qui, lui, semblait inspiré d'un magazine de mode récent. L'ensemble était désastreux, d'autant plus qu'il était cerné de véritables trésors artistiques.

À l'angle inférieur droit de ce tableau figurait la signature « MD ». Je compris alors la présence de cet épouvantail parmi cette collection de merveilles. J'en arrivai même à penser qu'il les avait précédées dans cette salle. Manzini avait peut-être voulu entourer le tableau de sa Matilde de dizaines d'œuvres magnifiques pour la hisser de la manière la plus graphique possible au rang d'artiste. J'imaginai Hauser et Gombrich riant dans le jardin, finissant par sympathiser, évoquant cette nymphe pour conclure qu'ils avaient passé les vacances les plus comiques de leur vie. L'image de ce fou rire dissipa un peu la terreur qui m'avait paralysé un instant, et sous l'influx spectral de ces gloussements, je décidai de passer mon chemin. J'imaginais qu'aucun autre danger ne m'attendait hormis celui de rencontrer une manifestation supplémentaire de ces grotesques fantaisies, et pensais alors qu'il me suffirait de rire pour échapper à leur sortilège.

De cette pièce principale partaient deux couloirs et un escalier. Je perçus du coin de l'œil qu'un de ces couloirs conduisait sûrement aux cuisines car, à part un modeste crucifix en argent, les murs étaient privés de tout autre ornement ou tableau. L'autre couloir étant plongé dans l'obscurité, je choisis de monter l'escalier. J'imaginais qu'un couple comme celui de mes hôtes, animé d'une estime aussi haute de sa propre valeur, avait installé ses appartements à l'endroit le plus élevé de la maison, là où rien ni personne ne pouvait interrompre son dialogue avec les astres.

Quand j'atteignis l'étage, je me rendis compte que le sort en était jeté, car en montant sans y être invité, je prenais des libertés qui excédaient la bienséance avec laquelle j'avais été traité jusque-là. Paradoxalement, constater le caractère irréversible de mes actes m'encouragea à continuer. Une de ces portes devait sûrement être celle d'Alicia. Je n'imaginais pas Manzini installant la déjà célèbre « Mlle Storiacci » loin de la chambre nuptiale. Non parce qu'il aurait eu l'intention de lui faire la cour, mais simplement parce que les monarques ont un penchant naturel, en toute circonstance quand c'est possible, à constituer autour d'eux une sorte de harem, même s'ils s'abstiennent de poser la main sur aucune de ces dames. J'avais eu maintes fois l'occasion de remarquer cette tendance chez mon propre père qui, s'il l'avait pu, aurait volontiers introduit un bouquet de filles dans chaque vase de la maison, et je savais très bien qu'il n'aurait jamais logé une invitée dans une chambre trop éloignée pour que lui parvienne un soupçon de son parfum. Manzini, qui était comme lui un empereur-né, n'avait pas dû être en reste sur ces velléités.

L'escalier se terminait par une balustrade donnant sur le salon. J'imaginai que, dans cette affligeante caricature d'église, ce balcon devait être l'endroit où se tenait le chœur. Sur la gauche s'ouvrait un couloir couvert d'un côté de vitraux et de l'autre d'une dizaine de portes. Suivant toujours cette imagination dévote, je me dis que l'ensemble devait représenter la voie d'accès au presbytère, et la succession de portes les cellules des prêtres.

Trois de ces portes étaient entrouvertes. Mon espoir était de trouver Alicia derrière la première, l'intuition m'inclinant à penser que la chambre des époux devait être au bout du couloir, car, perpendiculaire aux autres, elle suggérait une pièce beaucoup plus grande, peut-être aussi vaste que le salon. Il me semblait naturel que cette chambre fût celle des maîtres de maison.

Je m'avançai donc vers cette première porte entrouverte, en m'efforçant de glisser doucement sur le plancher. Puis je m'immobilisai pour calmer ma respiration jusqu'à la rendre inaudible, et je tendis l'oreille en espérant qu'un grincement du bois, un soupir ou un froissement de papier m'indiquerait ce qui se passait à l'intérieur.

Contre toute attente, ce que j'entendis fut un murmure. Le *s* sifflant me fit penser qu'il s'agissait sans doute d'une femme, mais la voix était beaucoup trop basse pour que je puisse savoir s'il s'agissait ou non d'Alicia. D'autre part, avec qui pourrait-elle être en train de parler sur ce ton ? Y avait-il quelque détail caché dans la venue de Húber, ce singe savant, dont la présence n'avait été prévue par personne, je veux dire une sorte de lien intime qui expliquerait ce chuchotement quasi hypnotique ? Brusquement, je fus pétrifié non seulement par l'angoisse, mais aussi par la jalousie.

En me déplaçant comme un escargot, à une allure proche de l'immobilité, je parvins à frôler de mon oreille le cadre de la porte. Cet effort me prit une longue minute, en sondant le plancher de la pointe du pied comme on traverse un gué, et en prenant garde à ne pas marcher sur un nœud du bois. Parvenu à mon poste d'écoute, je perçus quelques mots isolés qui se firent peu à peu intelligibles.

– Gros bêta, il faut obéir… Oui, gros bêta, il faut obéir, hein, petite brute… ? Celui qui n'obéit pas, il faut le punir… Oui, gros bêta, le punir très fort… Gros bêta…

Était-ce la voix de Matilde ? À qui parlait-elle avec ce mélange bizarre de passion contenue et de rancœur ? Avais-je entendu une espèce de prière solitaire proférée dans un coin ? Peut-être s'agissait-il d'un jeu amoureux entre époux. Une vie entière de handicap physique avait dû les obliger à des expédients verbaux. Je ressentis un instant une certaine compassion pour Manzini, le probable destinataire de ces sobriquets et remontrances, et j'imaginai l'érosion produite par de tels échanges au fil de nombreuses, d'interminables années. Face à l'évocation de ce calvaire, je restai immobile, en proie à une irrésolution tenaillante. Quelle que soit la nature de ce murmure, ce n'était pas un moment idéal pour l'interrompre en frappant à la porte entrouverte.

Mais avant de revenir à l'entrée du couloir, je levai la tête. Je découvris du coin de l'œil, pliée sur le bord d'un lit, une jambe nue. C'était en fait un mollet, bien plus galbé qu'on aurait pu l'imaginer s'agissant d'une femme paralysée. Je ne pus m'empêcher de remonter jusqu'au genou, puis à la cuisse entière. La lumière matinale tombait obliquement d'une fenêtre que la porte me masquait, donnant à ces formes une splendeur quasi sculpturale, tellement vive et suggestive que, malgré le risque que je courais à poursuivre mon observation, il me fut impossible d'abandonner mon poste. Contre ma décision de revenir en bas, non seulement je restai dans le couloir mais, au mépris du danger grandissant d'être découvert, je m'avançai un peu plus contre la porte entrouverte jusqu'à embrasser presque toute la scène.

Nue et souriante, Matilde était allongée sur des draps en désordre et des oreillers tandis qu'un individu, dos à la porte et agenouillé au pied du lit, semblait aspirer à un rythme régulier son entrejambe, gonflant de façon extrême sa poitrine à chaque inspiration, comme on le fait en inhalant à l'intérieur d'un sac, tandis qu'elle le tenait par les cheveux et continuait de murmurer sa litanie d'insultes. Le visage de Matilde que j'entrevoyais à peine au-dessus de l'autre figure, était coloré par une rougeur enfantine, qui contrastait au plus haut point avec la teneur de la scène. Sa main qui empoignait l'homme par les cheveux m'empêchait de voir sa tête, si bien qu'il me fallut quelques secondes pour reconnaître Rojel.

Dès que je sus que le destinataire de ces insultes était un contremaître, sûrement fils et petit-fils de contremaîtres et de domestiques au service de la même famille tout au long de décennies ou de siècles, le spectacle devint encore plus résolument morbide, surtout lorsque je découvris que ces cheveux tirés s'accompagnaient de temps à autre de gifles sur l'oreille.

Soudain, la femme sembla atteindre une sorte d'orgasme, du moins je l'imaginai, car sans en donner véritablement les signes, elle se recula en s'aidant des bras jusqu'à la tête de lit et, de l'air de plus neutre possible, elle congédia Rojel d'un seul mot :

– Partez.

Si toutes mes impressions antérieures n'avaient pas suffi, ce seul mot me décida à prendre mes jambes à mon cou. C'était l'abus le plus grand auquel je venais d'assister de toute ma vie. Je devais partir d'ici le plus vite possible.

Le temps pressait. Cet ordre lancé à Rojel un instant plus tôt m'annonçait que dans quelques secondes, dès que le pauvre contremaître aurait recouvert son humanité maltraitée des vêtements de travail que je lui connaissais, il allait franchir le seuil de cette porte où je me tenais, alors, sans réfléchir, je pris précipitamment la fuite, en tentant cette fois une maladroite reculade, et je parcourus le bout de couloir qui me séparait de l'escalier en cinq grands pas que j'essayai d'amortir en vain, dans l'impossibilité où j'étais de prendre toutes les précautions que j'avais prises à l'aller.

En atteignant l'escalier, j'eus la malencontreuse idée de vouloir me laisser glisser discrètement sur la rampe, une fantaisie à laquelle je ne m'étais plus livré depuis l'âge de douze ans, et qui déjà ne me réussissait pas. À mi-course je perdis l'équilibre et tombai dans le vide, à une distance assez proche du sol pour penser que je sortirais plus ou moins indemne de la chute, mais trop éloignée cependant pour ne pas provoquer un fracas impossible à étouffer. Il me fallait à tout prix stopper la chute. Dans une ultime gesticulation acrobatique, je me rattrapai d'un bras à un montant de la rampe et me retrouvai suspendu, les pieds à quarante ou cinquante centimètres du sol.

Pendant que je me demandais comment tomber en faisant le moins de bruit possible, je fus obligé de constater que la scène à laquelle je venais d'assister, révulsive pour ma sensibilité morale, avait aussi laissé en moi une trace aussi imprévue qu'évidente, car cramponné à la rampe, les bras tendus au maximum et les jambes pendant dans le vide comme linge au soleil, il fut soudain indubitable que j'avais une érection. Ce contretemps était tellement manifeste qu'il faisait apparaître cet endroit de mon pantalon comme en proie à ce fâcheux étirement qui bandait tous mes membres. Je savais cependant que ce n'était pas cette circonstance qui rendait ma situation plus pénible, car pour arriver à constater ce petit contretemps, il m'avait fallu me retrouver suspendu à une rampe d'escalier au milieu d'un salon où personne ne m'avait invité. Mais de toute façon, reconnaître que mon peuple intérieur célébrait avec un tel sans-gêne un spectacle qui avait tellement scandalisé son gouvernement me faisait vivre la situation comme une espèce de trahison. En tout cas, je devais mettre au plus vite un terme à cette exhibition honteuse.

Avant de me décider à sauter, j'entendis la porte d'en haut s'ouvrir et Rojel faire deux pas dans le couloir. Je retins mon souffle, mais au moment précis où je crus qu'il allait s'approcher de la rampe et me découvrir, je le vis tourner un petit verrou caché au bas du vantail du corridor, qui s'ouvrait en deux battants et donnait accès à un petit escalier en colimaçon semblant conduire à un couloir, probablement un raccourci conçu pour que les esclaves anonymes puissent monter à leur maître un verre de lait chaud sans courir le risque de le renverser sur un précieux manuscrit ou sur un gobelin. Cet escalier de service ajoutait un grain de plus au rosaire des fantaisies de mes hôtes, mais je me réjouis qu'il m'épargne d'être découvert dans une position aussi compromettante.

Je vis Rojel disparaître. Lorsque le grincement de cet escalier en colimaçon se perdit derrière les battants du vantail, je décidai que le moment était venu de lâcher discrètement la rampe et de redevenir un citoyen respectable. Il était vrai, toutefois, que mon érection ne contribuait guère à la respectabilité. En tout cas, je lâchai le montant et tombai sans faire trop de bruit car j'avais eu le temps d'anticiper en détail mes mouvements.

Du moins l'avais-je cru, car je m'étais à peine redressé que j'entendis Matilde s'écrier depuis la chambre :

– Brener, montez, mon cher !

Sa voix dénotait une certaine hâte complice, comme si nous étions convenus d'un rendez-vous auquel j'arrivais en retard. Mais il y avait aussi une pointe de moquerie qui me mettait encore plus mal à l'aise. On aurait dit ce ton doucereux et elliptique que l'on prend pour aborder en présence d'adolescents certains sujets qui ne sont pas encore à leur portée mais qui ne flottent pas non plus loin de leur imagination, et qui dans ce cas se manifestait surtout dans l'inflexion quasi sarcastique qu'elle avait donnée à ce « mon cher » et me remit en mémoire le ton onctueux avec lequel la veille elle avait parlé de « Wolf ».

Je restai pétrifié, incapable de répondre. Comment s'était-elle rendu compte que j'étais ici ? Avait-elle entendu le bruit de ma chute que j'avais pris tant de soin à amortir ? Ou peut-être mes pas pressés lorsque j'étais retourné vers l'escalier ? Mon sang se glaçait à l'idée qu'elle m'avait peut-être même vu en train de l'épier dans le couloir ? Était-il possible que pendant cette séance sadique elle eût détourné une partie de ses sens échauffés pour apercevoir que, derrière la porte entrouverte, le fils de Wolf participait involontairement à un jeu auquel mon père s'était peut-être prêté de bon gré et sur invitation ?

– Allons, ne vous affolez pas, professeur, montez ! s'écria-t-elle de nouveau.

Que voulait-elle dire par ce « ne vous affolez pas » ? Drôle de maîtresse de maison, que cette femme qui me connaissait depuis à peine un jour et s'autorisait à me traiter d'affolé et à me donner des ordres sans même me regarder en face !

Malgré mon indignation croissante, je ne pus faire autrement que lui obéir. À vrai dire, j'étais animé par un mélange de peur et de honte. Je regardais par terre, scrutant le bord des marches comme si j'avais pu y trouver, écrite en lettres minuscules, une indication de ce qui allait m'arriver. J'avais la respiration haletante et du mal à déglutir. On aurait dit un vieillard, et plus encore un vieillard qui montait à l'échafaud. Pourquoi m'appelait-elle ? Voulait-elle me signifier qu'elle m'avait entendu pendant mon guet maladroit, ou cherchait-elle, ayant découvert mon indiscrétion, à m'infliger une punition proportionnelle à la faute ?

Heureusement, mon petit trouble physiologique avait commencé à diminuer. L'angoisse de la fuite, ajoutée au tressaillement de l'appel, avait abaissé mon niveau d'amour propre au-dessous du minimum indispensable à ce genre de manifestations de virilité. En haut de l'escalier, je rajustai mon pantalon du mieux que je pus en décollant d'un geste maladroit mon caleçon de la peau, puis je m'engageai dans le couloir, mains dans le dos et tête basse.

Arrivé à la porte de la chambre, je vis Matilde finir de nouer, d'un geste pudique, un peignoir rose qui paraissait en soie. La profusion de dentelles au col et aux manches lui donnait un air virginal d'adolescente. On aurait dit une autre personne. Je me demandai si Rojel l'avait aidée à passer ce vêtement ou si elle avait une pratique éprouvée dans l'art mystérieux de s'habiller au vol. Peut-être que ces petites incartades avaient lieu à chaque absence du mari et qu'il lui était déjà arrivé de devoir couvrir hâtivement les traces de ses faiblesses. Ou peut-être ces frivolités étaient-elles connues de lui et tolérées comme faisant partie d'un système élaboré de compensations. En tout cas, le visage avec lequel Matilde regardait ses mains, quand j'entrai dans la chambre, respirait une paix et une modération telles qu'il était impossible ne serait-ce que d'imaginer la scène à laquelle je venais d'assister. Elle avait l'air maintenant d'une gentille fille, vêtue d'un peignoir choisi par ses parents et dans l'attente d'un cours de catéchisme. Elle leva les yeux vers moi et me parla en souriant avec un grand naturel.

– Brener, je suis heureuse que vous vous soyez décidé à venir me voir. Mon mari est parti à la gare chercher de nouveaux invités, alors, comme vous pouvez l'imaginer, il m'était difficile de venir au pavillon par mes propres moyens.

En prononçant ces derniers mots elle me regarda avec contrition, comme si ces « propres moyens » étaient réellement réduits. Connaissant la portée de son pouvoir quasi infini, j'accueillis son commentaire avec un scepticisme redoublé.

– Vous aviez besoin de quelque chose ? demandai-je.

J'avais encore l'image de ses jambes nues imprimée sur mes yeux comme un reflet parasite exaspérant. Je me rendis compte que, seule, elle avait une aura différente de celle qu'on remarquait en présence de Manzini. Un air de manque, alors qu'en présence de son mari elle affichait une éclatante satisfaction. Je l'imaginai essayant de descendre jusqu'au pavillon pour Dieu sait quelle raison et se voyant, après une ou deux tentatives, dans l'impossibilité de continuer. À vrai dire je ne me rappelais pas l'avoir vue déplacer sa chaise de ses propres mains. Les rares fois où j'avais vu ces roues tourner ou rouler sur le gravier de l'entrée, il y avait un diligent Manzini derrière, poussant la chaise avec un sourire chronique en travers du visage. Elle, sur son trône, le regardait à peine, tout à son rôle de saluer les gens et de se montrer exultante.

Et pourtant, comme elle paraissait en manque de public, maintenant qu'elle était seule. Elle faisait presque peine dans son petit peignoir et ce tremblement de pressante imminence. Elle me rappela un cas psychiatrique dont j'avais entendu parler. Une grand-mère sénile qui vivait dans une modeste maison de banlieue affirmait mordicus qu'elle était la reine d'Angleterre déguisée, et la famille, par compassion ou complaisance, lui permettait de croire que cette absurdité était la vérité.

Il y avait une seule condition à cela : elle pouvait ordonner tous les défilés qu'elle voulait, envoyer son armée envahir n'importe quel pays, pourvu qu'elle ne quittât jamais sa chambre. Ainsi, confinée dans un misérable gourbi au fond de sa maison, elle gouvernait son royaume en donnant des consignes à un premier ministre intraitable, à ce moment-là son fils aîné, lequel jetait bien sûr à la poubelle les longues listes de ses directives dès qu'il quittait la maison, et qui à chaque visite lui faisait des rapports aussi détaillés que fantaisistes sur le déroulement de ses campagnes. Lorsque la vieille femme contracta une pneumonie qui lui ôta la vie, sa principale source d'angoisse tenait au désarroi dans lequel allaient se retrouver la couronne, l'Empire et le monde.

Cette histoire me revint en mémoire parce que cette grand-mère et Matilde avaient en commun un handicap et une omnipotence exagérée. Le mot « partez » résonnait encore dans ma tête, tout près de l'oreille, comme si une souris y creusait furieusement un trou. C'était une présence aiguë, mais reléguée à un second plan de la perception, proche et lointaine, partez, partez, comme une plainte qui refusait de s'effacer, tandis que la voix présente de Matilde continuait sur le ton de « il-ne-s'est-rien-passé-ici », réglant de petits détails matinaux et accueillant ma question le plus naturellement du monde :

– Non, rien en particulier, mais je voulais être une bonne maîtresse de maison, et comme j'avais terminé les massages qu'on me donne tous les jours, je voulais qu'on aille vous chercher. Ici, vous devez vous en douter, le petit déjeuner, c'est du sérieux. Je veux dire : pain de seigle, céréales grillées, miel, œufs, lait de vaches qui ont un nom et qu'on connaît. Pour ceux qui sont habitués au misérable café de la ville, un petit déjeuner ici équivaut à deux ou trois déjeuners là-bas.

Une fois de plus elle terminait sa phrase avec l'éclatant sourire caractéristique de Manzini, mais aussi un regard implorant d'orpheline.

Je l'observai en silence un bref instant. J'avais ressenti une démangeaison générale à son allusion aux merveilleux « massages qu'on lui donnait tous les jours » et qu'elle avait cités mine de rien, avec ce naturel des aristocrates qui mentionnent en passant qu'une servante nue leur chauffe le lit. Mais j'étais aussi conscient que mon malaise dans cette situation ne tenait pas au souvenir de sa rudesse envers le contremaître, ni au ton de sa voix lorsqu'elle m'avait appelé, ni même à la disproportion abyssale entre le train de vie dispendieux de sa maison et la misérable routine d'épargne qu'était ma vie à la pension. Toutes ces choses, ajoutées, pesaient à présent moins que la découverte d'un tout nouvel élan intérieur car, c'était de plus en plus net, en réalité, malgré mon hypocrite réaction scandalisée devant le spectacle de la nudité de Matilde, je ne voulais pas la juger dans un sens moral, ni en appeler au meilleur de son esprit, ni lui faire comprendre de façon professorale et condescendante qu'elle s'était égarée et devait revenir dans le droit chemin. Non, pas du tout. À vrai dire, je ne souhaitais en aucune façon être « de l'autre côté » de ces pratiques peccamineuses. Tout au contraire, et bien qu'il m'en coûtât de le reconnaître, ma véritable tentation était de plonger dans le torrent impudique et effréné qui bouillonnait dans son regard et son haleine. J'avais envie de la prendre par le bras, de la culbuter et de la posséder sauvagement sur le lit, son petit corps paralysé se débattant en vain pour se libérer ou, pire, se donnant complètement et jouissant de cette nouvelle façon d'étendre sa domination sur mes états d'âme. Cette image, que je tentais de déloger de ma conscience pour éviter que ses tremblements ne débordent sur mon visage, envahissait tout l'espace que le bruit de ma pensée laissait libre, formulant des dizaines de fois avec de multiples variantes l'assaut bestial dans lequel ma main s'emparait de son dos, de ses cheveux et de ses petites jambes immobiles, en une réitération quasi kaléidoscopique où alternaient gestes désespérés de défense et caresses avides.

– Et alors ? Il y a presque une minute que vous réfléchissez à ce petit déjeuner. Vous le voulez ou non ?

– Hein ? – Cette espèce de souffle sembla s'échapper de mon crâne ou de ma nuque, car j'étais sûr d'avoir gardé la bouche close. Même si au milieu de cette projection débridée de mon désir, un cloaque baveux avait dû s'ouvrir sur mon visage.

– Eh ! Eh ! J'ai remarqué que vous restiez muet aussi souvent que votre père ! Le pauvre, parfois, on lui parlait, il se tenait ici même, debout au pied de mon lit, et il restait comme vous, silencieux, hébété. On aurait dit qu'il corrigeait d'un bout à l'autre un article sur les Phéniciens. C'était un génie absorbé, comme le docteur Samuel Johnson !

Je gardai un profond silence, épuisé par mes appétits mais en m'efforçant néanmoins de manifester ne serait-ce qu'un minimum de courtoisie. Tout en essayant de sourire, j'imaginais l'ineffable Wolf absorbé, peut-être même aussi absorbé que le docteur Samuel Johnson, mais certainement pas par les Phéniciens. Je ne connaissais que trop bien, hélas, cette attitude de loup en arrêt ; chaque fois que je voyais mon père aborder des femmes, je ressentais, outre une honte inévitable pour ses débordements, une certaine indignation intime, car je ne pouvais m'empêcher de reconnaître que son désir désespéré de conquête, qu'il laissait tout le temps entrevoir, palpitait en moi avec autant voire plus d'intensité. L'impulsion, qui dans son cas parvenait parfois à trouver une issue, ne serait-ce que sur le plan verbal, tourbillonnait en moi comme les vapeurs d'une cornue, bouillonnant en un interminable ouragan contenu et invisible. Il me manquait courage et détermination pour transformer ce courant passionnel en conduite, le changer en flatterie, regard intense, caresse. Je n'étais en la matière peut-être pas plus correct que mon père, mais en tout cas moins entreprenant.

De sorte que maintenant, alors que cette femme, qui avait quasiment violé un employé une minute plus tôt, me parlait de mon hébétude et du professeur, je savais que ce à quoi elle faisait réellement allusion était que nous laissions tous deux entrevoir, sous l'égarement classique de l'intellectuel d'opérette, un désir féroce imprimé sur le visage et suintant par tous les pores. Elle savait avec certitude que son air suffisant provoquait chez nous deux le même sentiment mêlé de rejet et de fascination, de prurit et de convoitise, tout comme son ostentation matérielle suscitait chez nous d'abord une vague de réprobation suivie d'une envie irrépressible. Je pouvais imaginer mon père se moquer du mauvais goût de nos hôtes et en même temps baver sur leurs statuettes comme un enfant dans un magasin de jouets.

Je connaissais cette ambivalence. Je l'avais vu des dizaines de fois rentrer à la maison après un dîner où lui et ses collègues avaient tournicoté autour de deux ou trois mécènes comme une nuée de mouches attirées par une assiette de viande pourrie. Je me rappelle le professeur ôtant sa cravate, chaussant ses pantoufles et, allongé sur son lit turc, passer de longues minutes à décrire les humiliations auxquelles s'étaient soumis ses collègues pour obtenir le maudit financement de leurs pauvres chaires, sans préciser bien sûr que la personne assise le plus souvent à la droite des mécènes en question n'était autre que lui-même. J'avais même eu une fois le rare privilège de surprendre une de ces réunions depuis la porte d'un restaurant universitaire et d'être ainsi témoin de la scène complète, sans qu'elle fût altérée par le récit de mon père, et de souffrir de loin à le voir se livrer aux plus basses flatteries. Par exemple, tapoter onctueusement l'épaule d'un gros négociant en tissus qui devait faire don de deux chambres froides pour la bibliothèque du département, et lui flatter le dos entre de véritables crises épileptiques de rire et des clins d'œil complices. Il ne semblait vraiment pas désespéré de le remercier. Je l'avais vu saluer par un éclat de rire des blagues incapables de susciter la moindre hilarité, tout en cherchant du regard un acolyte, quelque petit prof ou assistant, pour l'aider à engraisser le porc avant de dévorer ses tripes. Je l'avais vu atteindre de tels sommets dans ces effusions forcées que le mécène avait fini par reculer, sachant très bien qu'il n'était pas du tout drôle et que cette vague de mains amicales sur son épaule ne tarderait pas à descendre dans ses poches. En tout cas, je connaissais le mépris ambigu dans lequel mon père tenait les nouveaux riches, le tremblement d'envie indignée quand il énumérait l'étendue de leur fortune, la façon dont il déclinait en détail la situation bancaire et patrimoniale de personnes qu'il déclarait par ailleurs avoir en aversion. Je connaissais bien cette ambivalence, car dans ma pauvreté franciscaine, il y avait une grande place pour l'envie, une envie à peine déguisée en hypocrite indignation face à l'injustice.

– Alors ?

Matilde resserra la ceinture de son peignoir. Elle semblait irritée par mon incapacité prolongée à poursuivre le dialogue. En ce moment, ma tare devait lui sembler plus invalidante que la sienne.

– C'est que… Où est Alicia ? dis-je comme émergeant d'une longue sieste, les yeux hagards et la bouche ouverte.

– Ah, Mlle Storiacci la matinale ! Elle s'est réveillée à l'aube, comme un journalier. Elle voulait qu'on l'emmène à la gare alors qu'il ne faisait pas encore jour. Et elle insistait beaucoup. Elle a dit qu'elle était obligée de partir pour des raisons personnelles. Ici, nous sommes très ouverts, comme vous l'avez vu, mais nous comprenons aussi ce mystère qu'est l'intimité des personnes, alors nous n'avons pas cherché à la retenir. Mon mari lui a dit que justement il devait aller à la gare pour accueillir les nouveaux invités. Je crains que pour la convaincre de rester, il ait dû lui dévoiler en chemin notre surprise.

– Quelle surprise ? demandai-je irrité. Je me sentais trahi par Alicia. Comment avait-elle pu partir sans me laisser le moindre mot ? Aurait-elle finalement décidé que mes antécédents moraux n'étaient pas suffisants pour que notre société naissante se consolide ?

– Allons, allons, ne me dites pas que les nombreuses tentatives de mon mari pour exciter votre curiosité soient restées sans effet… Enfin, imaginez-vous qu'Ítalo allait vous faire venir ici sans vous offrir au moins un peu de *panis et circenses* ? Si nous sommes capables d'organiser des soirées pour quatre ringards de la capitale et deux paysans endimanchés, imaginez ce que nous pouvons programmer pour un Brener !

Cette dernière phrase, pleine d'une insupportable

manzinerie, m'entra par une oreille et ressortit par l'autre. Je cherchais encore à comprendre pourquoi Alicia m'avait abandonné, et tant que je n'aurais pas trouvé la réponse, je n'allais pas me laisser distraire par des petits miroirs et des colliers colorés.

– Mais… qu'a dit Alicia ? Qu'elle partait, c'est tout ? Elle allait peut-être seulement chercher un paquet ? Parce que… sans un mot…

– Ah, bien sûr, bien sûr, l'incertitude ! Quel courage y a-t-il à se lancer dans la bataille amoureuse s'il n'y a pas un peu d'incertitude ? Pensez à l'ennui épouvantable que serait l'effeuillement d'une marguerite si tous les pétales qu'on arrache signifiaient invariablement « elle m'aime » !

– Quand… ? – Je continuais à penser à Alicia et à ruminer ses raisons de partir, si bien que j'ignorai ce bavardage insidieux. – Elle a dit quelque chose ? Húber l'a accompagnée ?

– Ah, dégagez le passage ! Un Brener sort en courant à la poursuite de la fille ! – À en juger par son sourire, elle semblait prête à ironiser à l'infini sur mon malheur, mais elle eut pourtant un accès de compassion. – Excusez-moi, professeur, de rire un peu à vos dépens. C'est que je constate que vous êtes un enfant qui a grandi tout d'un coup, comme votre père.

Je sentis un élancement au ventre. Si mon séjour dans cette colonie de comédiens se prolongeait deux jours de plus, j'allais mourir d'indignation.

– Pardonnez-moi. Je vois que l'irritation vous gagne de nouveau. Je l'ai déjà remarqué hier. Je connais bien cette exaspération. Je la comprends. C'est à cause de votre père, de sa célébrité et de toute cette affaire. Oh, oui, je vous comprends. Vous devez imaginer que j'ai vécu depuis l'enfance en faisant honneur à mon grand-père, mais j'ai dû moi aussi supporter le poids de l'histoire familiale.

Quoi ? Matilde, cette fille de bonne famille, qui avait vécu une vie d'abondance, transportée dans un palanquin, me parlait d'un poids à supporter ? Ah, quel poids ! Mais, et si… Était-il possible que les confidences des sœurs Blumenthal à Alicia fussent vraies ? Serait-ce ce poids auquel faisait allusion Matilde, celui de crimes innombrables ? S'il en était ainsi, je n'aimais guère que la saga d'un grand-père pervertisseur de mineures fût comparée à la pauvre poignée de péchés véniels de mon père, qui avait certes ses défauts, mais au moins n'avait jamais commis d'autre crime que celui d'être un père plutôt moyen et un universitaire dominé par la vanité et la recherche désespérée de la flatterie. Le placer dans la même catégorie qu'un grand propriétaire dégénéré qui se prévalait de sa qualité d'enseignant pour aller d'un hameau à l'autre tripoter des jeunes filles était un abus que je n'étais pas disposé à tolérer. Une chose est que je dise que mon père était un monstre, une autre, très différente, que ce soit cette détraquée chez qui tout, de sa collection de gobelins médiévaux jusqu'à la dégradation physique et morale de son contremaître, semblait faire partie d'un seul et interminable festin destiné à satisfaire ses appétits. Non, madame, mon père m'appartient, comme vous votre grand-père, dis-je en mon for intérieur, mais en l'exprimant avec mes yeux de façon nette et claire.

Je me raclai la gorge. Cette petite pause me permit d'analyser un moment ma réaction initiale et de comprendre que mon emportement était disproportionné. J'avais toujours senti que maudire mon père était une prérogative dont j'avais l'exclusivité, un droit dont personne ne pouvait me priver, car il faisait partie de mon être le plus intime. J'avais souvent dû supporter les conséquences de mon rejet dans la plus extrême solitude, entouré de foules qui suivaient partout le professeur et qui l'adoraient. Et même si j'avais imaginé que son impeccable image publique se ternirait un jour, jamais je ne lui avais souhaité le ridicule ou la honte. J'aurais préféré que mon père se rende compte de l'absurdité de son comportement sans avoir besoin que la vie le traîne dans la boue. En vérité, je souffrais quand quelqu'un se moquait de lui, sûrement parce que je savais qu'une part de cette moquerie me concernait, puisque je partageais certains de ses pires attributs, mais dans le fond j'étais aussi mal à l'aise d'assister à ces moqueries pour une raison plus obscure, parce qu'en réalité la critique méprisante était une espèce de territoire, de refuge qui m'était réservé, et que je ne voulais céder à personne.

C'est alors que l'expression de Matilde, cet air de petit chien rêveur et haletant qui cherche des yeux le regard de son maître, finit par me révéler que le poids dont elle avait parlé à propos de son grand-père était le « poids de sa grandeur ». En réalité, elle dressait un panégyrique qui rendait hommage à son aïeul et au professeur en même temps, sans faire allusion à aucun crime, et moi, comme toujours, j'avais mal compris, on aurait dit que j'étais condamné à choisir l'interprétation la plus sombre de chaque mot que j'entendais comme la plus probable. De toute façon, sentir de nouveau cet élan d'indulgence envers mon père, cette disposition presque oubliée et circonscrite à ma prime jeunesse – quand je venais d'entrer à l'université et que je portais ses dossiers et ses papiers, tel le laquais d'un chef cruel mais malgré tout admirable – m'avait permis d'accéder de nouveau à l'Aníbal plus intime et candide, capable de maudire le ciel pour le malheur d'avoir eu un père pareil, mais en même temps disposé à se battre à coups de poing avec le premier qui, dans la cour de l'école ou les couloirs du lycée, se moquerait de ses fanfaronnades académiques.

Je me remémorai un épisode vécu à l'âge de quatorze ans, quand j'avais fini par accepter l'idée que ma mère ne reviendrait pas et que je tentais désespérément de faire la paix avec le monde du professeur, les maudits Carthaginois, l'Histoire avec un grand H et tout ce que le destin de ma famille avait placé devant moi. Un après-midi, pendant la réunion du club scolaire d'aviron où nous discutions des moyens de financer notre bateau, quelqu'un avait dit qu'il était absurde de compter mon père parmi les éventuels contributeurs, car il allait sûrement nous emmener chez lui, nous préparer une limonade et nous expliquer longuement comment les Phéniciens ont eu recours aux avirons pour leur invincible flotte, puis nous renvoyer dehors sans nous donner un centime. J'écoutai ces propos sarcastiques, très indigné, entre autres choses parce qu'il s'agissait d'une description fort bien anticipée de la probable conduite de mon père, mais surtout à cause du sourire avec lequel les autres avaient accueilli ce petit discours et de l'expression sous-entendue de dédain qui s'était répandue dans la salle, dont l'étincelle de complicité m'excluait complètement. Lorsque le garçon avait eu fini de parler, je m'étais avancé vers lui et, sans un mot, je lui avais collé une gifle. C'était une réaction disproportionnée, qui répondait davantage à mes réflexions intimes cachées qu'à une véritable offense de sa part, et qui avait pris par surprise autant l'agresseur que moi-même. À en juger par ma façon de réagir aussitôt à l'affront, on aurait dit que j'étais le fils le plus dévot du monde. Sans le vouloir, j'avais par cet acte endossé le pesant code de conduite du professeur – y compris ses proverbiales réactions outragées au moindre affront, ses gifles et ses provocations en duel – et l'avait chargé sur mon épaule comme un fardeau qu'il me revenait de porter. J'imagine que mon visage à ce moment-là avait dû être plus Brener que jamais : orgueilleux, anachronique, comme celui d'un avocaillon qui joue à conjurer par sa conduite des pulsions dont il ne connaît que ce qu'il en a lu, et qui animent les personnes en chair et en os n'ayant jamais rien lu à leur sujet. L'image que j'offris en infligeant cette gifle fut d'une telle servilité que mon camarade d'aviron ne prit même pas la peine de me rendre le coup. Je m'étais suffisamment humilié tout seul. Il s'était contenté de sourire, avec un dégoût affiché, et de me dire : « Tu imagines ton père frappant un ami à cause d'une blague qu'il aurait faite sur toi ? »

– Eh, vous devriez refermer cette bouche, on dirait que vous êtes ébahi devant une apparition. Je vois que le départ de cette fille vous affecte sérieusement, je ne peux pas imaginer une autre raison qui expliquerait une telle indifférence au suspense ! dit Matilde, en agitant son bras devant mes yeux. Surpris par ce geste soudain, je rejetai la tête en arrière.

– Quel suspense… ? parvins-je à bredouiller avec mauvaise humeur.

– Allez, devinez. Creusez-vous un peu la tête. Qui pourrait venir à la réunion de ce soir ? – L'enthousiasme de Matilde semblait à la mesure de mon désarroi. Que diable m'importait de connaître le nom du gogo qu'ils avaient cette fois réussi à duper et comment ils s'étaient débrouillés pour le faire participer à cette farce culturelle ? Ce n'était certainement pas Gombrich et

Hauser, qui devaient être vaccinés contre cette horreur !
– Je vous donne une piste : il s'agit d'un très célèbre historien, un véritable érudit, qui sera enchanté de vous donner des conseils pour aborder votre livre…

Mon livre ? La mauvaise humeur avait fini par imprégner chaque fibre de mon organisme. Mes yeux passaient de l'ébahissement à l'incendie furieux, hurlant de tous leurs éclairs : « Vous savez ce que vous pouvez en faire de ce livre, vous et votre mari, avec vos maudites causeries, votre culte du grand-père vicieux et votre ridicule collection de statuettes ? » Il ne manquait plus que ça, faire venir des personnages de la clique universitaire pour me conseiller sur la mise en page de l'album photos du pépé ! Ah, comme si confronté à la moindre des preuves sur ses antécédents, on pouvait persister dans cette entreprise insensée ! Qu'ils aillent tous au diable !

Et pourtant, malgré ma ferme résolution de quitter les lieux le plus vite possible, je ne partais pas. Je ne partais pas, je ne partais pas, je ne partais pas ! La seule chose que j'avais à faire était de dire « passez une bonne journée », faire demi-tour et quitter la pièce, certain que cette femme ne pourrait pas me retenir, me dissuader, me tirer par la manche, ni même pleurnicher sur le seuil. À peine pourrait-elle, si elle tenait à tout prix à m'empêcher de partir, me jeter un pauvre oreiller probablement sans atteindre sa cible.

J'étais donc libre. Libre comme le martin-pêcheur, ou comme Alicia. Capable de prendre mes propres décisions et de jouir de mon indéniable condition d'adulte. N'avais-je pas été une fois capable de quitter la maison paternelle ? Et pourtant ce départ avait été une décision radicale, qui m'avait obligé à affronter la fureur et le mépris de ma famille ! Comment était-il possible que maintenant, face à cette femme plutôt petite et handicapée, je sois tétanisé ? On aurait pu dire que la personne la plus clairement invalide de cette pièce, c'était moi, car j'avais autant envie de fuir que de tendre la main, de lui prendre le bras et de tomber à genoux à ses pieds. C'était une de ces frayeurs auxquelles on ne peut échapper, aussi loin que l'on aille de l'endroit où on l'a éprouvée la première fois, on sait d'avance qu'on emportera partout cette peur au ventre, comme un mollusque porte inexorablement sa carapace sur le dos.

Ce dilemme n'était en réalité qu'une actualisation, une ratification de ma première fuite du domicile familial. Car, si on réfléchissait bien, de quoi d'autre allais-je m'éloigner pour toujours en quittant la propriété des Manzini, si ce n'était justement de la perspective de réintégrer la maison paternelle ? Ne voulais-je pas échapper à ces conditions posées pour récupérer des privilèges auxquels j'avais une fois renoncé ?

– Je vous donne une autre piste : le berceau de la civilisation.

De quoi cette folle continuait-elle de me parler ? Ne voyait-elle pas que j'étais monté dans sa chambre justement parce que je me souciais maintenant de l'histoire, de la civilisation et de son éventuel berceau comme de ma première chemise, et que la seule chronologie qui me concernait ce matin-là tenait seulement aux étapes que je devais franchir pour payer mes innombrables dettes, solder les impayés de la pension et disparaître une fois pour toutes de la circulation ? Cette femme ne se rendait-elle pas compte que la « charade » imaginée par mon père et son avocat m'avait coupé l'appétit universitaire pour le siècle à venir, et que s'il m'arrivait de me demander de nouveau où diantre se trouvait le berceau de la civilisation, ce serait seulement pour éviter d'avoir à le pousser avec son bébé ingrat à l'intérieur ?

– Vous avez l'air hypnotisé. Allez… Sumer !

Dehors, la pluie redoubla tout à coup. Des gouttes virulentes frappaient la vitre de la fenêtre comme des doigts impatients et une branche agitée par le vent s'inclinait jusqu'à frôler de ses feuilles une lucarne au verre biseauté, en une abominable révérence. Je constatai qu'une congrégation de nuages noirs envahissait le cadre de la fenêtre, comme pour manifester en toute hâte, de la façon la plus imagée, le ton plombé et sombre de leur présage.

– Avec vous, c'est vraiment impossible ! Vous ne risquez même pas un nom, on ne vous voit même pas réfléchir et vous n'avez même pas l'air de vous intéresser à la devinette ! On dirait que vous vous concentrez pour vous rappeler où vous avez laissé votre rasoir, le regard perdu à cent kilomètres d'ici et de ma question… Revenez ici, jeune homme, avant que s'envole le dernier des petits oiseaux de cet arbre ! Ou est-ce que vous ne voulez parler qu'en présence de votre avocat ? Allez, lancez-vous, mon mari ne va pas tarder à arriver ! dit Matilde sur un ton jovial où perçait le trouble. Elle me regardait dans les yeux comme on regarde un aveugle, l'air de dire : « Il a les yeux fixés sur moi, pourquoi diable j'ai l'impression qu'il ne me regarde pas ? »

– Je ne sais pas… j'ai mal dormi… Non, je ne vois pas… Sumer… Sumer… répétai-je machinalement, en m'efforçant de paraître concentré sur la devinette, tandis que je pensais à Alicia et à ce qu'elle penserait de moi si elle pouvait deviner à quel point me tentait l'idée de violer cette cinglée. Bien sûr, bien sûr qu'elle avait eu raison de vouloir s'échapper seule et par ses propres moyens de cette aberration dans laquelle nous nous étions embarqués. Pourquoi serait-elle restée ? Pour voir comment finissait de se désarticuler le peu qu'il restait de ma pauvre armature morale ? L'image que j'offrais maintenant, avec ma flagrante et croissante gaucherie, n'aurait fait que l'éloigner encore plus de moi. Bien sûr qu'elle avait bien fait de me laisser ici, à la merci de mes tares et de mes manies ! C'était une jeune femme, aimable, belle. Quelle place y avait-il pour sa radieuse et presque absurde candeur dans ce monde ténébreux, mû par des passions douteuses et souvent bestiales ? Je fermai les yeux un moment, avec la certitude lancinante que je ne me réveillerais jamais à ses côtés.

– Ah, enfin vous vous concentrez ! Cherchez, rappelez-vous, fouillez dans votre esprit… Quel universitaire serait disposé à venir du Canada pour nous éclairer sur l'origine de la civilisation ? Allons, son nom est une grande signature du monde universitaire ! Même moi, qui suis une néophyte, j'ai lu une demi-douzaine de ses livres !

Je commençai à sentir un nœud au creux de l'estomac. Un nom, bien sûr, avait commencé à se frayer un chemin dans un lointain et obscur réseau neuronal jusqu'à ma conscience, ébranlant au passage le fragile échafaudage de ma mémoire, comme une créature qui avancerait en écrasant une foule de souvenirs et en laissant derrière soi une trace noire d'impressions et de liens ténus à jamais perdus. Un nom qui se forma lettre à lettre, comme un gros mot qui chercherait un support, un mur blanc pour y imprimer sa tache. Bien sûr, bien sûr qu'il y avait au Canada un universitaire dont la figure m'avait poursuivi dans mes rêves, ou plus précisément dans mes cauchemars. J'avais vu son nom sur des dizaines d'articles, mais aussi sous les photos de dépliants de conférences et de congrès. De ses communications, j'étais plus qu'informé dans l'obscure hémérothèque de la faculté, car sous la lumière blafarde, flairant et grognant, j'avais traqué pendant des années comme un limier le sort de cet universitaire, mais plus encore celui de sa nouvelle et très jeune épouse, son ex-étudiante et influente compagne, qui… sur ces photos était si belle à ses côtés… comme si en réalité…

Je dus m'asseoir brusquement sur le lit, car j'eus l'impression que ma tête allait éclater. Si la commotion causée par un sentiment se jugeait à l'aune du mal de tête qu'il provoque, on pourrait dire que l'accouchement de ce nom propre m'avait secoué jusqu'à la moelle, car maintenant j'avais mal du sommet du crâne au palais, et du front jusqu'à la nuque. Je pris mes sourcils entre mes doigts en pince et les frottai comme si je voulais les chasser pour toujours de la banlieue de mes yeux, et je baissai la tête. Je sentais rouler dans ma bouche une espèce de balbutiement préverbal, comme celui qui accompagne les gigotements des bébés, ou précède le cri dans les cauchemars. Une rumeur à mi-chemin du gémissement et du rugissement de tripes, mêlée par une étrange sympathie à un brouhaha qui semblait soudain monter du salon des antiquités.

J'étais sur le point de prononcer enfin ce nom maudit – mû par un ultime élan de courtoisie mais surtout par le désir pressant d'interrompre, fût-ce pour un instant, cet interrogatoire impitoyable – lorsque j'entendis épouvanté un tumulte de pas venant de l'escalier. J'avais déjà cru entendre, sans parvenir à en trouver l'origine, le grincement de gonds qui tournaient apparemment sous l'effet du vent. Cette impression confirmée, j'avais senti une espèce de tourbillon bourdonnant sur les candélabres, l'argenterie, les portes des vitrines, puis un rire que j'avais pris un instant pour un de ces bruits, avant de l'attribuer à une employée de maison. Pourtant, à mesure que les pas dans l'escalier se rapprochaient, tous ces indices s'ordonnaient en une séquence de plus en plus claire : d'abord, une main plus que résolue avait tourné la poignée ; puis des pas de femme, que j'associai à la figure d'Alicia ; ensuite le rythme paisible d'une canne sur les marches de l'escalier, et enfin d'autres pas de femme, si dynamiques qu'ils semblaient monter les marches deux par deux. C'était une cadence connue, appréciée, étudiée et ré-étudiée : clac, clac, clac, avec la même intensité sonore à chaque clac.

Ensuite, les rires. D'abord celui d'Alicia, joyeux et théâtral, comme un contrepoint musical à celui de Manzini. Ils semblaient être soudain les meilleurs amis du monde. Derrière eux on entendit un « *good lord* », prononcé à voix basse, et enfin un éclat de rire aussi familier que ma main droite, qui ne résonna pas moins fort en moi que dans le reste de la maison.

– Il y a des serviettes dans la chambre ! dit Manzini qui apparut à la porte, trempé et fringant comme un nageur venant de remporter une épreuve olympique. Il était tellement excité que la découverte de sa femme en peignoir avec un homme assis sur le lit qui se passait la main dans les cheveux lui parut naturelle et même propice à surjouer son personnage d'homme ruisselant de pluie. L'instant d'après, se montrait par-dessus son épaule Alicia qui, en ôtant son manteau de laine, masqua involontairement le visage de deux autres silhouettes qui entraient derrière elle. Elle se comportait comme une parfaite étrangère et semblait non seulement accepter mais se réjouir de l'autorité de notre hôte et rien dans son attitude n'inclinait à penser qu'à peine quelques heures plus tôt elle était indignée et prête à m'abandonner. Quand elle eut fini de déplier son manteau, apparurent les deux visages que je m'attendais le moins à rencontrer ce jour-là. Je sentis mes genoux trembler et je dus m'appuyer sur le lit comme si, même assis, je risquais de tomber.

– Nous sommes trempés, ma chérie ! dit l'avocat à Matilde en faisant un pas vers ce qui allait être l'avant-scène de ce petit plateau, et il tendit le bras comme on désigne, du centre, le corps de ballet : – Permettez-moi de faire les présentations : mon épouse, Matilde Dogliani, penseur, artiste, et promotrice culturelle, et à ses côtés, humble comme toujours, le professeur Brener, fils du célèbre savant du même nom, dont il n'est bien sûr pas besoin de rappeler la carrière.

Il semblait sur le point d'éclater d'émotion. Il se retourna, comme s'il allait nous présenter sa fiancée, et récita :

– Deux sommités : Rolf Mainers, professeur émérite de l'université de Montréal, dont l'œuvre honore nos bibliothèques, et sa tout aussi célèbre épouse, Selma Badembauer.

Il y eut un silence inattendu. Selma, plus âgée de huit ans que la dernière fois où je l'avais vue, paraissait plus rayonnante que jamais. Au coin de ses yeux s'étaient logées une multitude de petites rides, quasi imperceptibles, et son regard qui sautait avant d'un point à l'autre comme celui d'un chiot fantasque se clouait maintenant sur les choses avec un aplomb digne et calme. Forte de cette nouvelle assurance, elle posa les yeux sur moi, maternelle et compatissante, et fit deux pas vers le lit.

– Je connais ce brave homme, dit-elle en se penchant pour m'embrasser sur la joue.

Le contact de ses lèvres sur ma peau était, bien sûr, la chose la plus proche de l'amour que je recevais depuis des mois et des années, et je réagis à cette démonstration par un hérissement extrême des poils de mon avant-bras. Le désir bestial que j'avais éprouvé quelques minutes plus tôt pour Matilde me semblait soudain le plus vague, lointain et incompréhensible des sentiments. Car ce qu'en réalité je désirais, quoique sans le moindre espoir, était cette sorte de contact, de communion, que je venais de recevoir avec ce baiser, même si ce n'était qu'une bénédiction inattendue et éphémère ! Pour de tels instants, si brefs soient-ils, cela valait la peine de traverser des déserts, des chemins de ronces, et d'affronter l'adversité des choses. Tout le reste, cet interminable mirage auquel j'offrais depuis des années des sacrifices en tout genre, n'était rien, un murmure sans véritable voix ni objet.

– Selma… dis-je avec tout l'étourdissement dont un adulte est capable.

Je me levai trop brusquement du lit en manquant lui frapper la mâchoire avec l'épaule, car elle ne s'était pas encore complètement redressée. Je regardai Rolf Mainers, son vieux crabe de mari. Mon visage devait exprimer toute l'épouvante du monde, car le vieil universitaire se vit subitement obligé de m'adresser un sourire conciliant, l'air de dire : « Je sais tout, jeune homme, dans tous les lieux où s'est déroulée la période dorée de votre vie, j'ai été moi aussi, mais plus longtemps et en meilleure forme, et j'ai trouvé dans chaque recoin les pauvres restes que vous y aviez laissés, allez en paix, je ne vous en veux pas, je vous plains plutôt. »

– Enchanté, lui dis-je, comme si j'avais entendu ces paroles que je n'avais qu'imaginées et auxquelles je devais répondre.

– Vous avez sûrement lu un livre de Mainers, parmi ses nombreux et célèbres ouvrages, me défia Manzini, interrompant par cette nouvelle audace la rencontre soudaine de nos regards. Et juste pour faire taire le ton accusateur de sa voix, je me vis soudain lancé dans la tâche absurde et quasi scolaire d'énoncer à voix haute, et face à la classe entière, le résumé prolixe de mes lectures.

– J'ai lu *Le Code pour lire le code de Hamurabi*, *Un tigre lâché dans l'Euphrate*, *La Roue et l'écriture* et *Anecdotes racontées en cunéiforme*. Ce sont des livres que je recommande toujours aux amoureux de l'Antiquité.

Mainers agita un peu la main, dissipant par ce geste l'importance que ma voix avait semblé accorder à ces titres.

– Bah, eux-mêmes sont des antiquités, avec un style vieillot… J'étais plus vieux au moment où je les ai écrits que je ne le suis maintenant… Maintenant mon sang est comme rajeuni et mon style en a été changé. Aujourd'hui, je m'intéresse à la vie des gens, et beaucoup moins à telle ou telle donnée… Des petits trucs sans importance, pour lesquels j'ai gaspillé beaucoup d'années… mais bon, c'est ça aussi, l'expérience… et tout est bien qui finit bien.

Il termina de répandre dans la pièce son accent particulier et sa syntaxe, puis tourna ses yeux vers Selma avec une fierté paternelle, comme pour suggérer : « Cette fille a changé ma vie. » Matilde Dogliani le regardait comme on regarde un dieu, en extase, et passait de ses yeux aux miens, avec de petits trémoussements de joie et d'attente grisante.

– C'est incroyable, non ? s'exclama-t-elle quasiment en transe, comme si elle allait léviter d'émotion. Mainers,

Brener et Badembauer ! Quels noms, mon Dieu ! Est-ce qu'il y aura assez de serviettes ? Ítalo, dans la commode, le tiroir du haut à gauche ! Où sont les employées ?

Elle dit tout cela sans s'arrêter, regarder quelqu'un ou respirer. Les serviettes, les employées, le tiroir de la commode et nos noms semblaient constituer pour elle un tout indifférencié et excitant qui la comblait d'aise et lui faisait venir les larmes aux yeux. Manzini se précipita vers le meuble du couloir. On entendit un bruit de tiroirs et de vêtements jetés violemment par terre. Dehors, l'orage redoubla soudain et une nouvelle rafale de vent et de gouttes grosses comme des grains de raisin frappèrent la fenêtre.

– Le professeur Manzini nous a appris que tu étais en train d'écrire un livre, dit la pauvre Selma avec les meilleures intentions, mais peu d'à-propos, pour alléger, me sembla-t-il, l'hystérie régnant dans cette chambre.

Distrait un instant par ce nouveau titre de « professeur Manzini », je tardai à comprendre qu'elle s'adressait à moi. Un livre ? J'étais autant en train d'écrire un livre que Manzini était professeur ! Il ne manquait plus que ça ! J'avais déjà été exclu du testament de mon père, vu un gangster détourner mon héritage et demander en guise de rançon que j'écrive l'églogue d'un violeur, assisté à l'humiliation d'un contremaître – agenouillé et tiré par les cheveux – par une infirme, et reçu pour finir la visite impromptue de ma première et unique fiancée, qui semblait être arrivée dans ma vie présente au moyen d'une invocation fantomatique. Est-ce que j'écrivais un livre ? Que diable pouvais-je lui dire ? Pourquoi ne me demandait-elle pas quelque chose de plus simple – bien que tout aussi impossible à élucider – comme par exemple si j'étais réveillé, ou prisonnier d'un rêve, sensé ou fou, vivant ou mort ?

Même sa présence, une apparition pour laquelle j'avais prié le ciel pendant des années, me déconcertait et, au lieu d'avoir sur mon état d'esprit un effet balsamique, ravivait les braises de mon feu intérieur.

Je remarquai que même Alicia, éblouie par la présence des invités et la déférence admirative avec laquelle nos hôtes les accueillaient, paraissait maintenant me regarder sous un nouveau jour. Sur son visage sévère de la veille s'était installé un sourire nerveux semblable à celui que les adolescentes déplient en présence de célébrités. J'aurais préféré qu'elle me regarde avec les sourcils froncés de la nuit dernière. Au moins je me serais senti moins seul. En revanche, constater à présent qu'elle aussi faisait partie de cette machination me plongeait plus que jamais dans le désarroi. Ayant remarqué que j'avais échangé un bref regard avec Alicia, Selma fut tentée de l'intégrer à la conversation.

– Comme tu es peu loquace sur ton travail, ce qui est compréhensible, je dois t'avouer que nous avons beaucoup parlé de ce livre et de ses perspectives avec Mlle Storiacci. Je sais par exemple qu'il porte sur le philanthrope Dogliani et qu'il se fonde sur des archives et des témoignages, dit-elle en regardant Alicia placée à sa gauche, avec un grand sourire de camaraderie. – On m'a même emmenée, pour illustrer l'importance des témoignages, au bureau de poste le plus proche de la propriété des sœurs Blumenthal. Le professeur Manzini a eu l'amabilité de nous y conduire. Nous avons eu une conversation très intéressante avec le facteur, sur la façon dont ces femmes ont caché depuis toujours leur véritable nom, et leurs singulières raisons pour agir ainsi. Toute une aventure, en vérité. Beaucoup plus que ce que j'attendais pour une première journée ici. Dommage qu'il y ait de l'orage.

– Oui, dommage, dis-je avec une authentique et nouvelle tristesse.

De tous les retours possibles de Selma, celui-ci ressemblait le moins à mes vieux souhaits. Grande, distinguée, gracieuse, de toute évidence adulée par son galant et désorienté vieillard, précise dans sa parole et démocratique dans ses manières, teutonne jusqu'au bout des ongles, Selma était la même femme et une autre, sa mère et sa fille, assagie par l'expérience et encore assoiffée d'aventure. En tout cas, la Selma que je connaissais semblait contenue dans une autre plus grande, plus chargée d'ornement et de mobilier intérieur. Désormais il était impossible de l'imaginer en train de taper sur sa machine à écrire dans des cafétérias et des salons de thé. Il était clair qu'elle ne traînait plus dans le monde son éternelle recherche d'un « sens vocationnel de l'existence ». Plus du tout. Plus de recherches désespérées. Elle se conduisait maintenant comme une personnalité brillante, une femme accomplie, dont le nom n'était plus associé à un pur spontanéisme, mais plutôt à *l'étude du spontanéisme*, une catégorie à des années-lumière de la première et qui lui valait la reconnaissance académique. Il fallait voir comme sa nouvelle condition allait bien à son allure et à son visage. Plus encore qu'une reine, elle semblait être une de ces femmes que les reines appellent au téléphone pour les consulter sur des sujets mondains. Une personne qui savait vivre, disons.

Si mes longues années de marginalisation suffisaient déjà à me faire sentir diminué, cette irruption inattendue de Selma sur scène finissait de me ratatiner jusqu'à des dimensions de protozoaire. Je me sentais tout petit et prématurément vieilli, telle une minuscule larve fraîchement sortie de son œuf. Et pourtant il y avait aussi dans cette rencontre imprévue une place pour la joie, un bonheur primaire et physique, né probablement de ce baiser sur la joue et de sa diffusion par vagues successives sur tout mon épiderme, une allégresse qui se manifestait dans les poils de mon visage qui étiraient avidement leur pointe, comme pour provoquer une répétition de ce baiser, une prolongation de ce contact, ou plus encore, comme si voulait s'installer là et demeurer indéfiniment logé dans cette dimension cutanée de l'existence, une pure superficie sans un moi dessous, sans histoire, sans impayés et sans douleur, une sorte de paradis fœtal protégé par un grand amnios. Après tout, le seul indice palpable sur la fonctionnalité de la relation avec Selma avait peut-être été cette permanente impression corporelle que c'était bon d'être là, que dans cet endroit douillet on pouvait se reposer tranquillement, même si le reste de la vie n'était qu'une illustration répétée sur ce qu'un individu doit à tout prix éviter s'il veut atteindre un jour un certain bien-être intérieur.

– Comment vas-tu ? demanda Selma en baissant d'un ton, les yeux fixés sur mes cillements de souris, la voix adoucie, comme celle d'une nourrice.

Elle me regardait littéralement *dans* les yeux, comme sachant mieux que personne que je ne répondrais jamais à une question aussi simple et abstraite en même temps, une question aussi vaste, posée, en outre, devant les geôliers de ma nouvelle prison, devant Alicia, à laquelle me liaient, elle l'avait deviné, des intentions excédant des motifs professionnels, et surtout devant son propre mari, le grand Rolf Mainers, qui attendait impatiemment ma réponse, comme si elle l'intéressait, et pis encore, comme si quelque minuscule fibre de sa vie en dépendait.

Comment j'allais ? Par où commencer ? Peut-être par le récit des années passées à collectionner en secret des coupures de presse sur des congrès, accablé par les sarcasmes inexorables de mon père qui se sentait obligé de me lancer continuellement des remarques ironiques, du genre « Montréal est si loin ! », ou « Bien sûr, pourquoi s'attacherait-elle à un fils de professeur alors qu'elle peut avoir un professeur ? », tandis que je me rongeais les ongles et que j'ébauchais des plans homicides abandonnés la seconde d'après, car je manquais de l'énergie nécessaire pour tuer autre chose que le temps ; je pourrais peut-être commencer de façon plus dramatique en leur parlant de la période immédiatement postérieure à cette recherche désespérée, quand je ne trouvais plus de raison suffisante pour rentrer à la maison et que je restais alors dans mon cagibi de la faculté jusqu'au petit matin, à froisser des papiers et à les lancer dans la corbeille en fer-blanc sans jamais atteindre la cible, opération machinale à laquelle je me livrais l'esprit presque vide jusqu'à ce que les premières lueurs de l'aube annoncent l'arrivée menaçante des employés du nettoyage et des premiers étudiants ; je pourrais aussi sauter tout préambule et commencer sans détour par la pension, puis par la découverte de l'eau-de-vie Port-au-Prince, une horrible imitation de gin que l'on pouvait boire mais aussi utiliser comme dissolvant de peinture, et avec laquelle j'avais arrosé mon gosier sans états d'âme pendant des années, comme si j'espérais par la réitération acharnée de ce rituel m'infliger une punition directement proportionnelle à la docilité avec laquelle j'avais supporté tant d'humiliations. Comment j'allais ? Mais comment diable pouvais-je le savoir, alors qu'il y avait au moins six ans que je ne tendais pas mon oreille interne, ne serait-ce que pour ausculter au moins un peu ce murmure ténu, à peine audible, qui se charge de nous dire « ça oui, ça non, cela si je le souhaite, mais pas ça, cet acte trouve un écho en moi, mais pas cet autre », et qui garantit, quand on le perçoit, qu'on ne trahit pas l'enfant qu'on a été, qu'on n'oublie pas complètement ce stade primordial où on ne faisait qu'un avec soi, où on mangeait la terre des pots de fleurs, parlait d'égal à égal avec les chiens, aimait notre mère comme la seule femme concevable et où on s'endormait sans culpabilité.

Qu'était devenu cet Aníbal lointain, qui désirait certaines choses et était capable de bouger au moins le petit doigt pour les obtenir ; celui qui rêvait de filles tout l'été et pensait douloureusement à elles pendant l'hiver ; celui qui avait une faim et une soif lumineuses, diamétralement opposées au sale et perpétuel état de manque auquel me condamnait la pension ; où était le garçon qui souhaitait secrètement gagner une épreuve d'athlétisme par une journée ensoleillée, ce garçon déjà si lointain qu'il n'avait quasiment pas de patronyme ? Si l'âme émettrice de cette voix rôdait encore par ici, elle ne se manifestait que par le hérissement des poils ou le flux accéléré du sang dans mes veines, et plus encore dans l'envie de pleurer qui rougissait mes yeux de plus en plus visiblement.

– Bien, dis-je enfin de l'air le plus sombre du monde. Je respirai profondément après avoir prononcé ce mot, comme si je venais de terminer un long discours, et restai silencieux.

Il était évident, même pour le pauvre professeur Mainers, que ma réponse avait été spectaculairement brève, aussi tentai-je de remédier à ce laconisme en hochant plusieurs fois la tête, comme si j'ajoutais de nouveaux éléments. Mais cette mimique devint vite encore plus insolite que mon silence.

– Bien, répétai-je alors, cette fois sur un ton peut-être plus viril, mais sans rien ajouter à ma bulle précédente.

Le mot qui s'inscrivit alors sur la face interne de mon front, projeté dans cette obscurité comme s'il s'agissait du titre du film de ma vie, fut de nouveau « imbécile ». Et d'une certaine façon, il fut providentiel que ce soit justement ce mot-là, car la seconde d'après on entendit un cri venu de dehors, sous la fenêtre de la chambre. Ce cri suspendit les présentations, car l'urgence du ton suggérait une tragédie, une espèce d'hécatombe irrépressible, qui nous fit tous sursauter comme des marionnettes attachées à un même fil tendu. Seule Matilde, les yeux démesurément ouverts et le cou étiré comme celui d'un cygne à l'agonie, resta dans son lit.

Nous vîmes de la fenêtre des torrents d'eau couler le long de la maison et entraîner la camionnette, tandis qu'un Húber sans chemise et un autre homme dont je ne distinguai pas le visage, tentaient en vain d'amarrer le pare-chocs du véhicule à un pilier de l'avant-toit. Ce mot « imbécile » était providentiel, parce qu'en se retournant l'autre individu se révéla être Cándido, l'associé de Manzini, dont j'avais fait la connaissance lors de la lecture du testament, et que Húber avait traité de ce mot précis et tranchant, quasi métallique, qui allait si bien à Cándido, car bien qu'il parût un homme sérieux, il fallait être un parfait imbécile pour s'associer à un Manzini.

En tout cas, les cris qu'il échangeait cette fois-ci avec Húber n'étaient pas des insultes mais des appels désespérés, à mi-chemin de l'alarme gutturale des singes et des ordres aboyés d'un défilé militaire. Le spectacle qu'ils offraient aurait pu être drôle si leur difficulté à bloquer la camionnette n'avait pas été l'effet d'une circonstance majeure, imprévue et alarmante : l'eau avait recouvert une bonne partie du jardin et commençait à envahir le perron.

– Bon Dieu, la digue s'est encore rompue ! dit Manzini. C'est la troisième fois qu'on est inondés. Ne vous inquiétez pas, je vous promets que, dans deux heures, ce ne sera plus qu'une anecdote de week-end.

Il s'efforçait de paraître tranquille, mais il était évident que l'orage avait dépassé, outre la digue, les limites de ce que cet homme pouvait supporter, tant son visage trahissait une agitation comparable à celle des eaux.

Je ne voulus pas prendre un seul instant au sérieux cet appel au calme qui ressemblait à de la propagande. Nous étions sans nul doute victimes d'une inondation d'une ampleur catastrophique, ou du moins beaucoup plus importante que ce qu'il voulait nous faire croire. Je regardai de nouveau par la fenêtre, inquiet mais aussi fasciné par la situation. C'était étrange de se voir au cœur d'un événement où l'on était un sinistré comme les autres. J'ai toujours souscrit au dicton : « On se console comme on peut. » Il faut pourtant être une véritable andouille pour se consoler à l'idée qu'au lieu de se noyer seul, on se noiera en compagnie de tout un cortège. En l'espèce, mon accès contemplatif inattendu avait donc d'autres causes. Mon malheur n'était pas apaisé parce qu'il était collectif, mais pour une raison entièrement distincte. Son caractère exogène, complètement étranger à la maladresse de mes actes, ou à ma courte vue, me permettait d'être attentif au monde extérieur, un monde qui soudain nous agressait sans qu'aucun de nous ait fait quoi que ce soit pour mériter un tel châtiment. Il s'agissait de cette maudite digue, où qu'elle se trouve, et de la fureur de l'orage, et en tout cas du lit ou de la profondeur de la rivière, mais en aucune manière d'Aníbal Brener, ni de Wolfgang Brener, ni de personne en particulier. Il n'était pas possible de se sentir coupable de ce qui était en train de se produire, et cette petite trêve qui s'établissait dans la guerre avec moi-même me permettait d'éprouver, ne serait-ce qu'un instant, le genre d'affliction qui envahissait le cœur des étudiants qui m'apportaient leur thèse, ou celui des filles à la fin de l'hiver, ou des femmes au foyer perdues dans les allées d'immenses supermarchés, ou encore des fonctionnaires, des médecins, des garçons d'ascenseur : une angoisse concrète née de causes également concrètes. L'appréhension devant ce que l'on voit, entend, touche, et qui me paraissait tellement plus supportable que cette sensation étrangère, indéfinissable, selon laquelle c'est soi-même, comme Narcisse, qui finit par attirer sur lui tous les malheurs possibles.

J'observais la montée de l'inondation dans un état de totale stupéfaction. Je ressentais un mélange d'angoisse et d'espoir. Je compris vite que je voulais que nous nous sauvions, quelles que soient nos peccadilles personnelles. Je me figurais, si ce n'est par la raison, du moins par une certaine dilatation de mes poumons, que dès que les eaux se retireraient nous serions peut-être moins des bourreaux les uns pour les autres, moins distants, comme si cet événement vécu en marge de nos nombreuses fautes ne pouvait que nous rapprocher. L'eau même, qui se ruait sur tout, comme voulant connaître chaque chose de l'intérieur, semblait elle aussi fraterniser avec ce qu'elle engloutissait. Au milieu de ce tourbillon qui avait avalé la plupart des fleurs, on voyait flotter des bottes en caoutchouc, une serviette à fleurs et un exemplaire de la revue *Connaissance*, que je reconnus aussitôt à sa couverture bordée de jaune.

Ce fut peut-être l'image de cette revue flottant sur l'eau qui me fit rappeler que le pavillon était légèrement en contrebas de la maison et qu'il devait être beaucoup plus inondé. Je regardai dans cette direction, et bien que l'angle ne me permette pas d'apercevoir la porte, j'imaginai que l'eau avait envahi la pièce, déplacé les meubles, emmêlé mes vêtements. Alors je me levai brusquement et, comme si je devais alerter les autres sur l'imminence de la *véritable catastrophe*, je m'écriai à tue-tête :

– Les affaires de papa !

7

Aujourd'hui, des mois après ces événements que je m'apprête à coucher par écrit, je sens ma main trembler. J'ai l'impression d'avoir un épais brouillard en moi et je ne parviens à faufiler pauvrement que quelques souvenirs : il me faut emprunter de mémoire et aussi avec mon corps un seul et même chemin de retour à la maison, comme font les chevaux, capables de regagner l'écurie uniquement guidés par la façon dont leurs jambes reconnaissent les détours du sentier. C'est une sorte de pistage qui implique dans mon cas de revenir à ces journées, à ce jour fatidique de l'inondation et à ceux qui ont suivi, comme si cette longue succession de tourbillons et de vagues était l'image où prennent forme plus clairement les péripéties de toute ma vie : la scène primordiale, l'image que je choisirais en second lieu, après mon portrait, pour expliquer qui j'ai été.

Le décompte de ces misères corporelles doit alors commencer par le souvenir de la sensation étrange, complètement imprévue, de marcher chaussé, dans l'eau jusqu'aux chevilles au-delà de l'auvent de la maison. J'avais descendu l'escalier dans un état de totale obnubilation, oubliant la présence de Selma, de son redoutable mari, d'Alicia et de mes ravisseurs. « Les affaires de papa », cette poignée de mots que j'avais proférés, puis transformés en une espèce de slogan, d'hymne de bataille, avaient fini par se traduire en pure conduite animale, en mouvements nés d'une moelle épinière indépendante, que personne ne semblait être en mesure de commander. Quelques enjambées m'avaient suffi pour atteindre le rez-de-chaussée, en dévalant l'escalier quatre à quatre tout en me tenant avec une frénésie adolescente à la rampe de marbre. Les marches conservaient encore la patine humide laissée par le pas de nombreux pieds mouillés, ce qui m'avait obligé à me tenir à la rampe pour ne pas m'étaler de tout mon long. À cause de ce sursaut, je n'avais pas eu le temps de me préparer à la sensation qui m'assaillit dès que j'eus quitté le salon par la porte principale : l'eau envahissant mes chaussures, des brodequins neufs qui devinrent aussitôt une charge absurdement lourde et pénible, puis la sensation de froid montant par les chevilles, les mollets et la face interne des genoux, cette partie du corps que mon père tenait à ce que nous l'appelions « creux poplité », alors que nul autre individu, enfant ou adulte, n'aurait jamais prononcé ce nom. En tout cas, cette sensation glacée sous les vêtements eut l'effet imprévu de me rendre plus agile, ou du moins plus rapide. Bien que craignant à chaque pas de m'enfoncer dans un trou caché par l'eau, j'avançais en tâtonnant du pied droit les parterres de ce qui quelques minutes auparavant était un jardin et s'était changé en un bouillonnement de dangers et de tourbillons.

À une vingtaine de mètres – que les difficultés quasi insurmontables pour avancer rendaient équivalents à cent mètres – on voyait s'agiter les derrières de Húber et de Cándido, qui continuaient de vociférer en tentant vainement de dompter la camionnette. Je distinguai le bout de la longue corde flottant sur l'eau et entendis les éclaboussements qu'ils provoquaient en essayant de la saisir. Je perçus même que Manzini leur criait d'en haut de l'attendre mais rien de tout cela ne parvint à retenir mon attention. La camionnette, le sort de la maison et de ses propriétaires étaient des questions à présent très en deçà de mon seuil de perception. Dans ma tête il n'y avait place que pour ces « affaires de papa » cristallines, brillantes, quasi lumineuses, qui flottaient dans mon esprit comme si l'inondation l'envahissait plus que tout autre chose. Je continuai alors d'avancer comme si ma vie avait finalement trouvé son objet définitif, avec le pied droit pour guide et le gauche le suivant aveuglément dans le courant.

J'étais poussé par une forme nouvelle et inconnue d'audace. Due, pensai-je, à ce que pour la première fois je me sentais dans la position de sauver mon père. Même s'il ne s'agissait que de récupérer ces trois insultantes boîtes qu'il m'avait léguées et escamotées en même temps, tenter d'avancer le plus loin possible pour préserver cette fortune réduite constituait une forme de sauvetage, et j'y mettais autant d'énergie que si mon père avait été là, en train de flotter, entraîné par les remous. Et peut-être même plus, car si le professeur avait été physiquement là, j'aurais couru le risque d'arriver près de lui et d'être accueilli par un acrimonieux « Pourquoi as-tu autant tardé, trouillard ? », alors que ses boîtes m'offriraient au moins le bénéfice de l'indifférence. Quoi qu'il en soit, je continuai à progresser dans l'eau, en proie à mon irrépressible élan, et ne m'arrêtai même pas en sentant que le courant, qui charriait des plantes, des joncs, des jacinthes d'eau, m'arrivait sans prévenir à l'entrejambe, ce point critique où, quand on se baigne dans la mer, on s'arrête subitement pétrifié, mais qui dans ce cas ne fut qu'une escale insignifiante dans mon avancée. Ainsi que je me le rappelais, le pavillon était situé légèrement en contrebas de la maison et pour l'atteindre je devais pénétrer dans l'eau jusqu'au nombril, perspective abominable non seulement à cause de la noirceur épaisse des flots mais aussi de leur incertaine cargaison de feuilles, branches, insectes, boue et papiers sales. Deux de ces papiers passèrent fugacement près de moi et je les suivis des yeux plein d'un ardent espoir, comme on voit s'envoler le foulard d'une femme aimée, car j'espérais que le courant, par le plus heureux des hasards, m'apporterait un des souvenirs de mon père pour que je puisse alors le sauver des eaux d'un seul geste de la main. Le courant était fort et l'eau se chargeait d'une densité boueuse croissante qui rendait la marche difficile et hasardeux le tâtonnement des pieds. Chaque fois que je levais la jambe pour faire un pas, cette mélasse obligeait le pied à zigzaguer contre le courant. Je repoussais les plantes avec toute l'énergie dont j'étais capable, mais le fait d'être chaussé de ces souliers gorgés de boue, comme deux boulets aux pieds, me faisait descendre aussi lentement la pente que si j'avais dû la remonter, et au bout de quinze ou vingt petits pas, je commençai à me demander si j'allais pouvoir atteindre le pavillon.

L'eau, contre tous mes calculs, non seulement m'arriva au niveau du nombril beaucoup plus vite que prévu, mais elle atteignit mes côtes. En me penchant pour apercevoir au moins de biais la porte de mes appartements, je pus constater que le niveau de l'inondation avait déjà dépassé les deux tiers de l'encadrement. Et bien que la porte restât fermée, ainsi que je l'avais laissée, l'eau devait s'infiltrer à l'intérieur. Je me demandai ce que j'allais faire en arrivant sur place, car je ne pourrais pas me frayer un chemin jusqu'aux boîtes sans laisser en même temps la rivière s'engouffrer dans le pavillon. Il était évident que dès que j'aurais ouvert la porte, je serais poussé à l'intérieur par la force irrésistible des eaux. Je commençai à regretter de m'être lancé dans cette folle entreprise. À quoi donc avais-je pensé ? Que j'allais trouver intuitivement un gué jusqu'au pavillon, empiler les trois boîtes, ma valise et mon sac à dos, en une tour vacillante, et traverser illico presto cette rivière indomptable pour partager le butin avec mes ravisseurs ? Soudain, pensant que je pouvais même mourir, je m'arrêtai un moment et constatai que si l'eau montait sur mon flanc ce n'était pas seulement parce que je descendais une pente. Même si je restais immobile, le niveau semblait monter. Je me rendis compte que c'était le volume de la rivière qui augmentait, indépendamment de mes faits et gestes. J'eus un accès de panique. J'avais beau être un bon nageur, avoir même été sauveteur dans mon club d'aviron, je savais que les rivières sorties de leur lit étaient plus dangereuses qu'une mer démontée, car ce qui à première vue paraît un courant uniforme cache le plus souvent des terrains ondulés, des fossés et des rochers, outre le feuillage invisible d'arbustes et autres ramages incertains, qui produisent des rapides et des tourbillons impossibles à prévoir même pour le guide le plus expérimenté et empêchent de maîtriser la direction de la nage.

Ces inopportunes notions techniques se pressaient dans mon esprit tandis que, de plus en plus paralysé, je voyais le pavillon comme un objectif impossible à atteindre. J'allais me noyer avant d'avoir franchi la moitié du chemin. J'étais assailli de raisonnements de plus en plus sombres. Comment était-il possible que je me sois enfoncé dans l'eau jusqu'aux aisselles pour récupérer des boîtes dont le contenu m'avait fait pleurer d'indignation à peine quelques jours auparavant ? Est-ce que cette illusion, celle de sauver mon père, cachait en réalité le réflexe permanent d'être obligeant à son égard jusqu'à la fin, fût-ce au prix de ma propre vie ? N'avais-je donc pas de meilleures raisons de mourir ? Et, pourtant, j'avais tellement envie de les sauver, ces maudites boîtes ! Comme elles me manquaient, surtout maintenant que leur disparition était quasiment un fait accompli ! J'avais parcouru un chemin tellement semé d'épreuves depuis que je les avais emportées que le simple souvenir de la liste de leur contenu me réchauffait le sang et, cependant, pour des raisons qui n'étaient pas encore claires pour moi, j'étais heureux, tellement heureux qu'elles soient en ma possession ! Comment aurais-je pu me résigner à les perdre ainsi, d'un trait de plume ?

J'avançai de quelques pas vers le pavillon, animé par cette dernière tournure de mes ratiocinations. Brusquement, je me sentais de nouveau capable, même dans la boue jusqu'au cou, de vaincre mon découragement et de repartir au combat. Il ne me restait que dix ou douze pas à faire quasiment sur la pointe des pieds. Je déciderais de la marche à suivre une fois que j'aurais atteint la fenêtre de ma chambre et vérifié à quel point elle était inondée. Peut-être, me dis-je, que le tapis de l'entrée avait limité l'entrée de l'eau, ou que la boue avait obstrué la fente sous la porte, ou que la force de la rivière avait été déviée juste à l'entrée par ces rapides que je redoutais tant, mais qui dans le cadre de cette perte irrécupérable introduisaient au moins une petite note d'espoir.

J'entendis dans mon dos de véritables cris d'horreur et je découvris que la camionnette avait fini par échapper aux deux cow-boys improvisés. Cette espèce de taureau de métal qu'ils voulaient réduire par la force avait rompu ses liens et s'éloignait au fil de l'eau, droit vers moi. Si j'avais hésité une seconde de plus avant de me décider à continuer, une aile de la camionnette m'aurait touché. Je me réjouis de savoir qu'au moins une partie de mon obstination – restant par ailleurs complètement irrationnelle – m'avait empêché de mourir de façon absurde, victime de ce genre d'accident honteux qui embarrasse ensuite les familles lorsqu'elles doivent expliquer la cause d'un décès. Mourir comme ces individus, qui après une vie irréprochable, meurent électrocutés, en caleçon devant un frigo, ou parce qu'une jardinière de balcon leur est tombée dessus, ou simplement parce qu'ils chutent dans un puits. Mourir heurté par un véhicule qui flotte à un mètre et demi du sol aurait été tout aussi ridicule. Aussi ai-je été soulagé de voir la camionnette s'éloigner du pavillon et filer vers un peuplier, comme si son objectif avait été dès le début de gagner cet arbre pour se frotter à son écorce. Dès qu'elle posa son museau sur la fourche du tronc, elle s'immobilisa d'un coup et commença à sombrer jusqu'à ce qu'il ne reste hors de l'eau que le coffre et le pare-chocs, coincés entre les branches comme un pénible rappel de ses ruades furieuses.

Contempler cette espèce d'augure de ce qui allait m'arriver si je continuais d'avancer déracina d'un coup mon tout récent enthousiasme et ramena mon élan de sauveteur vers son état premier, c'est-à-dire ce mélange d'obnubilation et d'hystérie. Si cette rivière était capable d'emporter et de dévorer une camionnette, dès que j'allais perdre pied, je serais englouti par l'eau comme une feuille de papier. Cette peur que j'avais éprouvée au début revint en moi. J'eus de nouveau conscience d'être chaussé et que ce fait, déjà handicapant pour marcher sur un chemin boueux, était encore plus incompatible avec toute forme de flottaison, car on sait bien que dans l'eau les chaussures empêchent de maintenir une position horizontale et que, dans le meilleur des cas, elles épuisent complètement le nageur. Je me rendis compte que si l'eau finissait par me recouvrir je n'aurais pas non plus la possibilité d'ôter mes chaussures car j'avais l'habitude de faire un double nœud aux lacets. C'était une habitude acquise depuis que j'avais découvert que les nouer en public après avoir bu deux verres me trahissait aux yeux de tous comme un pochard titubant et maladroit, c'est pourquoi je préférais prendre plus de temps pour les enlever seul, le soir, en dénouant patiemment les lacets assis sur le lit, plutôt que d'être vu tremblotant dans la rue ou le salon de la pension. Certes je n'étais à présent dans aucun de ces endroits, et je n'avais pas ma flasque avec moi, mais le geste machinal du double nœud était resté trop inscrit dans ma conduite pour qu'au bout de deux jours à la campagne je me libère de cette habitude. Bref, les nœuds étaient inexorablement à leur place et il aurait été non seulement impossible mais très risqué de tenter de flotter en retirant mes chaussures, de sorte que je devais éviter à tout prix de perdre contact avec le sol.

Je me pressai alors de faire ces dix pas qui me restaient pour atteindre le pavillon, mais à partir du sixième j'avais de l'eau jusqu'aux oreilles. Le huitième et le neuvième furent plutôt des sauts, avec brasses et battements de pied énergiques, et le dixième une immersion désespérée dans les eaux, au fond desquelles je projetais de rebondir de toutes mes forces en avant, en accompagnant le ressort de mes jambes d'une longue brasse qui me permette d'avancer d'un mètre ou deux jusqu'à toucher le mur avec les doigts. Malheureusement ce plan fut interrompu à mi-chemin, car en m'enfonçant pour prendre mon élan et en prenant appui sur le sol, celui-ci céda sous mes pieds. Je crus que j'allais buter sur une pierre ou au moins du solide, mais mes pieds rencontrèrent un de ces redoutables arbustes, dans les branches duquel mon pied gauche à moitié engourdi se coinça, jusqu'à ce qu'il devienne manifeste que je ne trouverais pas d'appui dans ce fouillis végétal et que dans quelques secondes j'allais perdre toute possibilité de remonter à la surface. Désespéré, je commençai à piétiner cet enchevêtrement de feuilles et de branches en essayant de libérer mon pied et de m'élancer en même temps, mais la manœuvre ne fit qu'emmêler un lacet de mes chaussures dans une branche. Pour aggraver les choses, je dus faire ces constatations à partir d'impressions purement tactiles, car dans cette pourriture boueuse je n'osais pas ouvrir les yeux. Petites secousses, reflux de courants, changements de température, griffures sur les jambes et les bras, contact de feuilles mortes étaient tout ce dont je disposais pour évaluer ma situation de plus en plus précaire. Et cependant, au milieu de cette exaspérante angoisse, j'avais l'impression d'un dédoublement de ma conscience, d'une entité séparée, capable de voir le pétrin dans lequel j'étais plongé comme si c'était le mien et celui d'un autre en même temps, pressant et voyant, fin et début de quelque chose. Car tandis que mon corps se débattait et luttait contre la boue qui voulait envahir ma bouche, mon nez, mes oreilles, cette autre conscience, alarmée aussi à sa manière mais moins affolée, était capable de soupeser la situation comme on aborde un problème, c'est-à-dire comme une interaction irrésolue, et j'étais autant prêt à me prendre en pitié qu'à avoir pitié de l'autre, ou à subir ma mort comme si je pouvais pleurer ensuite mon absence.

De ce versant lucide de ma conscience arrivèrent à mon esprit les mots « quelle manière horrible de mourir », s'inscrivant soudain comme un nouvel emblème, si urgent dans son message qu'il parvint à déloger complètement les « affaires de papa » et à y substituer le désespoir qui m'avait amené ici par une profonde tristesse. C'était, bien sûr, une manière horrible de mourir, et le savoir ne faisait que redoubler cette horreur, car les gens ont beau dire – ceux qui n'ont jamais éprouvé ce qu'il en est de mourir un peu avant de se risquer à de telles affirmations – qu'il vaut mieux affronter la mort avec lucidité, le fait est que c'est précisément l'expérience de cette lucidité, l'ampleur du spectre de nuances dont on a conscience, qui rend si déchirante la douleur de la perte, car elle permet de saisir à quel point est riche, personnel et important ce qu'on va cesser d'avoir pour toujours.

C'est peut-être pour cela que, déjà complètement immergé, j'inclinai la tête en arrière et j'ouvris les yeux. Si je devais mourir, je voulais pouvoir regarder une dernière fois le ciel, fût-ce à travers l'obscure couche de feuilles et d'eau boueuse. Contre toute attente, ce que je vis alors fut un soleil brillant à son zénith, qui s'était mystérieusement frayé un chemin à travers le ciel d'orage et semblait arriver juste à temps pour prendre congé de moi, m'offrir ses derniers rayons et me rappeler que dans mon chaotique passage sur la Terre il m'avait aussi accordé de la chaleur, des crépuscules paisibles, des promenades dans les parcs, des après-midi nautiques, des anniversaires enfantins dans des jardins de maisons que je n'avais plus en mémoire mais qui évoquaient vaguement journées ensoleillées, rires d'enfants, limonade, plaisir d'offrir un beau jouet, jeux pris au sérieux, adultes qui chantaient en chœur devant des bougies allumées, entonnant un hymne dédié à un enfant, pas à une nation, ni à un drapeau, ni à une campagne victorieuse contre un envahisseur. Juste la reconnaissance qu'un enfant a eu la bonne idée de naître et de se cramponner à la vie pendant une année entière, puis une autre et une autre, d'apprendre à se tenir debout, marcher, parler, pleurer, embrasser ses parents et regarder dans les yeux. Toutes ces images se pressaient dans ma mémoire tandis que je recevais la dernière caresse du soleil et que je commençais à éprouver l'inévitable impulsion d'ouvrir la bouche et d'en finir pour toujours.

Soudain ces images devinrent de plus en plus lancinantes, vives, insistantes. Je revis dix ou quinze scènes en une succession tellement rapide qu'elles paraissaient simultanées. Je touchai de nouveau mon jouet préféré, un chat en mousse bleu que j'appelais Taté. Je revécus aussi la tristesse du jour où ma mère était partie, quand nous avions lu pendant le petit-déjeuner sa lettre qui finissait par ces mots : « Jamais je ne me sentirai loin de mes enfants. » Je terminai de nouveau l'école primaire, en recevant un diplôme frappé justement d'un soleil. Je fis la connaissance de Selma lors d'une journée d'orientation où je faisais partie du petit groupe de garçons qui savaient déjà ce qu'ils voulaient faire. Je couchai avec elle chez ses parents, pendant qu'ils assistaient au théâtre à une représentation d'*Aïda*, de Verdi. Je me cassai la cheville. Je fis de l'aviron. J'achevai mon opuscule, raté mais glorieux, sur les bains romains. Je dis au revoir à ma sœur, à l'aéroport où elle partait pour son premier voyage en Europe, je portais ses deux énormes valises alors qu'elle n'avait à la main qu'un petit sac en plastique. Je fus suspendu à la faculté pour avoir fait s'écrouler l'échafaudage des menuisiers un jour où j'étais soûl. Je me rendis pour la première fois à un congrès dans un pays voisin, les mains moites et la voix tremblante comme une larve cachée dans mon larynx. J'allai voir Lucas à l'hôpital et m'endormis près de lui, assis sur une chaise et couvert de son manteau. J'appris de nouveau devant le téléviseur que mon père était mort. Mais au-dessus de toutes ces images, nombreuses et n'en formant qu'une en même temps, brillait, aussi lumineuse que le soleil qui inondait les eaux, celle du visage souriant de ma mère, tout près de moi, me regardant fixement dans les yeux, avec une expression sincère, souriante, ses doigts doux comme la peau d'un fruit me caressaient les joues, son autre main remontait mes cheveux sur mon front, la paume rosée, ouverte, fleurissait devant mon visage.

C'est alors que, sur l'image de cette paume, se produisit une autre irruption providentielle, car soudain, au milieu de cette éblouissante danse de feuilles et de scènes, surgit justement une main, celle-ci bien réelle, sombre et énorme. Je vis plonger vers moi de gros doigts qui tâtonnaient désespérément dans l'eau comme cherchant quelque chose, un objet perdu dont je mis un certain temps, dans ma transe funèbre, à comprendre qu'il s'agissait de ma tête. Je ne le compris que lorsque ces doigts grossiers touchèrent mon crâne et se refermèrent sur ma nuque comme une tenaille. Il me fallut encore un instant pour collaborer avec cette tentative de me ramener à l'air libre, et entre la force prodigieuse de ces doigts et mes battements de pied, je sentis que le lacet de ma chaussure avait fini par se rompre. Jamais une rupture – j'en avais tellement vécu jusque-là – n'avait eu pour moi un tel pouvoir libérateur et une telle profusion de joie inattendue.

J'agitai les pieds et en un instant je me retrouvai à l'air libre, soulevé par cette main avec une telle vigueur qu'elle me propulsa vers le mur du pavillon, auquel je tentai de m'agripper comme à un radeau. Je me retournai promptement pour voir qui m'avait sauvé. Debout non loin de moi, dans l'eau jusqu'aux oreilles, mais ayant encore pied, un Manzini haletant me regardait en souriant. Son visage brillait sous ce nouveau soleil d'été. Il avait cessé de pleuvoir et la scène de fin du monde qui avait précédé mon immersion s'était changée en un tableau estival dont il était le centre. Les gouttes brillaient sur son front, comme un fruit mis à sécher au soleil, et donnaient à son gros visage un air lumineux et innocent. Manzini, ce personnage qui jusque-là m'avait toujours paru sinistre, avait poussé à l'extrême sa tendance à s'immiscer dans mes affaires en me sauvant la vie au risque de perdre la sienne. Je me sentis alors obligé de le regarder sous un autre jour. Justement sous cette lumière d'été qui le faisait apparaître pour la première fois comme un de ces braves tontons capables de faire trempette avec nous tandis que les autres adultes restent au bord de la rivière ou de la mer, à contempler l'horizon ou à parler politique. La lumière frontale et dorée baignait son visage, lui donnant l'air d'un géant plein d'énergie, prêt à affronter l'adversité. Cette taille, qui m'avait paru démesurée, expliquait pourquoi non seulement il avait pu me sauver mais aussi s'offrir maintenant le luxe de me sourire.

Sa situation restait cependant incertaine, car il avait beau s'efforcer de me remonter le moral par son sourire, il était encore assez loin du pavillon et bien qu'il fût plus volumineux que moi et donc moins exposé à être emporté par le courant, nous avions vu tous les deux ce qui était arrivé à la camionnette, dix fois plus massive que lui et moi réunis. Ces trois mètres qui séparaient Manzini du mur auquel je m'agrippais étaient plus difficiles à franchir qu'ils ne l'avaient été pour moi, car il devait affronter le courant et éviter l'arbuste où je m'étais coincé le pied sans pouvoir compter sur une main salvatrice qui l'arracherait aux eaux si tout devenait noir et fatal comme cela m'était arrivé.

J'observai le mur contre lequel je me pressais et remarquai, émergeant sous une moulure en ciment, une pièce de fer rouillée comme celles qu'on utilisait autrefois à l'extérieur des maisons pour monter l'installation électrique. De la pièce originale il ne restait qu'un moignon métallique, qui avait survécu au vent, à la pluie et à la rouille, mais semblait encore assez solide pour servir de point d'appui. Je saisis cette poignée providentielle et étendis mon corps sur l'eau en essayant de rapprocher mes jambes de Manzini, de façon à ce qu'il puisse s'y agripper. C'était de ma part un réflexe machinal, comme ordonné par un inconnu, car le peu qu'il me restait de conscience était encore convulsé de panique d'avoir frôlé la mort un instant plus tôt, et si j'avais demandé à cette pauvre lueur de lucidité si je devais me jeter de nouveau à l'eau, la réponse aurait été catégoriquement négative. Pourtant, je me surpris soudain à faire tous les efforts d'étirement possibles jusqu'à atteindre une position quasi horizontale sur l'eau, qui m'obligeait à me tenir à grand-peine à cette ferraille, car je voyais bien que l'avocat, malgré sa détermination et son gabarit, était lentement entraîné vers l'endroit où la camionnette s'était écrasée. Perspective plus que noire, car au-delà de cet arbre, le terrain descendait vers le lit de la rivière, là où la profondeur de l'eau devait, me disais-je, faire trois ou quatre fois la taille du bonhomme.

À un de mes mouvements de jambes, Manzini parvint à saisir une chaussure, ce qui me plongea quasiment sous l'eau. Je fis un nouvel effort pour rester agrippé à cette ferraille bénie, qui se révélait comme le pire des appuis, car plus je la serrais plus j'en détachais des écailles de rouille, ce qui m'obligeait à resserrer ma prise sur ce bout de métal qui menaçait de s'effriter sous mes doigts. Mais une espèce d'impératif corporel, supérieur à mon pouvoir de décision, m'imposait de faire mon possible pour secourir Manzini, dont une main tirait maintenant mon pied de toutes ses forces pour échapper au tourbillon. Le sourire avait déserté son visage qu'agitaient maintenant de multiples expressions et ses sourcils froncés par l'effort évoquaient le regard d'un animal qui veut échapper à la mort, dans son cas pas celui d'une vache, ni d'un agneau désespéré, mais plutôt celui d'un lynx lançant de furieux coups de griffes sur les eaux torrentueuses. Il était livide, décomposé, mais son visage n'avait rien perdu de son air astucieux. Bien sûr, il n'avait pas la même expression que lorsqu'il m'avait lu le testament de mon père, mais il conservait cependant un peu de cette malice avec laquelle il parlait de « Trésor », cette lueur du regard, détestable et enviable à la fois. Encore que dans la situation présente où il se débattait pour sauver sa peau, cette lueur révélât sa dernière et animale réserve d'humanité. C'était un être dominé par les éléments, le visage inondé, les cheveux fouettés par un tourbillon, redressant plus que jamais la tête et tendant un bras vers un congénère, qui se trouvait dans une position instable. Qui aurait cru que cette masse vibrante d'énergie, cette espèce d'enfant désespéré, vulnérable, était capable de la moindre perversion ? Cet individu agrippé à mon pied n'était-il pas le véritable Manzini, l'être humain, alors que l'avocat que je connaissais n'était qu'une façade, une tromperie engendrée par le sédiment de centaines d'actes indifférents, d'horribles pièges légaux, un masque qui avait fini par cacher complètement la nature cristalline qui se manifestait maintenant en émergeant de l'eau ? Et si je m'étais trompé depuis le début sur Manzini ? Peut-être que cette image initiale qu'avait perçue Alicia dans son bureau – avant que son jugement soit affecté par le filtre grossier de mon pessimisme et le témoignage douteux des sœurs Blumenthal – selon laquelle Manzini était simplement un ami bien intentionné de mon père, qui souhaitait m'aider, n'était pas dénuée de raison. Il me fallait peut-être me trouver dans une situation aussi désespérée que celle que je traversais maintenant pour être capable de voir cet homme avec la même pureté de cœur qu'Alicia au premier abord. Soudain je me rendis compte que la récente apparition du visage de ma mère pesait encore sur ma poitrine, car ses yeux et ceux d'Alicia se superposaient comme s'ils étaient deux et non pas quatre, et leur sourire me parvenait comme un souffle qui soutenait mes efforts pour sauver cet homme au mépris du danger.

Lorsque je sentis que Manzini se tenait fermement à mon pied, je pliai les jambes et cette brève secousse l'aida à faire le pas nécessaire pour se rapprocher de moi. Mais l'enjambée faite à l'improviste le fit glisser et perdre pied. Il s'enfonça dans l'eau près de moi, en battant des mains dans tous les sens, sans parvenir à remonter à l'air libre. Je me demandai s'il y avait à proximité un autre invincible tourbillon, mais la raison pour laquelle Manzini n'arrivait pas à remonter était plus simple et plus terre à terre. Il était évident que ce géant costaud et redoutable ne savait pas nager. Ses bras cherchaient davantage à écarter furieusement l'eau qu'à s'élancer, ses jambes restaient inertes, comme si en l'absence de contact avec le sol, elles avaient perdu leur fonction, il secouait la tête affolé, craignant de ne plus pouvoir respirer de nouveau un jour. Comme nageur, c'était un cas désespéré.

Je m'agrippai plus fermement encore au bout de ferraille et, par un effort abdominal, quasi herculéen, je parvins à hisser Manzini en attrapant son torse entre mes jambes. Il remonta alors à la surface et respira violemment sans cesser de gesticuler.

– Arrêtez de remuer, lui dis-je d'un ton impératif. Accrochez-vous à moi et à mes vêtements.

Il ne pouvait pas se calmer tant qu'il n'aurait pas pied et il continua d'agiter les bras.

– Allez, accrochez-vous, tenez-vous à mes vêtements. Au pantalon, voilà, c'est bien. Et maintenant essayez de vous tenir à mon épaule. Allez, l'épaule, je vous dis. Comme ça.

Peu à peu Manzini obéissait à mes indications et finit agrippé à mon épaule. Inutile de dire que notre position était précaire. Ma main était engourdie par l'effort, j'avais les doigts rougis et écorchés, et des crampes au bras. Lourd comme un bœuf, ce géant se cramponnait à mon épaule telle la fiancée d'un soldat le jour de son départ pour le front. Pendant plus d'une minute nous restâmes dans la même position, qui était de toute évidence intenable. En tout cas il fallait que ses mains remplacent les miennes.

– Vous qui êtes fort, tenez-vous à ce morceau de

fer et moi je me tiens à votre bras. Allez, n'ayez pas peur. Hissez-vous et accrochez-vous.

Au milieu de tous ces périls, ma voix était tout à coup pleine de conviction et de sereine bienveillance. Et Manzini semblait s'y raccrocher comme à une corde, car il me regardait dans les yeux, hébété, et suivait mes instructions à la lettre. Il y eut un moment où nous fûmes tous les deux soutenus par ce misérable bout de ferraille et où je dus suivre finalement ma décision de me fier à son habileté pour rester agrippé et de laisser ma vie sous sa responsabilité, alors je pris appui sur son poignet jusqu'à atteindre son épaule où je pus enfin me tenir à deux mains.

Je m'arrêtai un instant et le regardai dans les yeux. C'était une autre personne. Cette manœuvre l'avait libéré de la panique. Sur son visage était revenu ce sourire si particulier, qui éclairait ses yeux plus que sa bouche.

– Vous ne savez pas nager ? lui demandai-je pour dire quelque chose, bien que ma question tienne plutôt de l'affirmation. Je suppose que je n'étais pas encore tout à fait revenu de l'impression d'avoir vu en lui un individu capable de sombrer dans le malheur comme n'importe quel autre.

– Non. Je ne sais pas nager. Je pensais que je pouvais marcher jusqu'à l'endroit où je vous ai vu couler, puis arriver ici.

Il se tut. Puis il se tourna vers le lit de la rivière.

– L'eau n'était jamais autant montée. Jamais elle n'était arrivée au pavillon, dit-il sans trahir le moindre signe d'inquiétude, comme s'il n'avait pas failli mourir quelques secondes plus tôt. – Mais il ne pleut plus, j'ai l'impression que le niveau va commencer à baisser.

– Comment le savez-vous ?

– Regardez la camionnette. L'eau ne monte plus. De

toute façon on ne peut pas rester des heures accrochés à cette ferraille. Si vous grimpez sur mes épaules, vous pouvez atteindre le toit et de là me hisser.

J'étais surpris par son audace, c'était un homme courageux, ou suicidaire. Il voulait, en se tenant à ce malheureux bout de ferraille, soutenir non seulement son poids mais aussi le mien hors de l'eau, avec mes vêtements et mes chaussures trempés, et il espérait que j'allais accomplir l'improbable exploit de le hisser avec mes bras, sur presque un mètre jusqu'au toit. Il attendait ma réponse en me regardant avec une candeur anxieuse.

Bien sûr, bien sûr que je pouvais grimper sur ses épaules et monter sur le toit. Mais une fois là-haut j'allais devoir, le torse appuyé sur un plan incliné, le hisser comme un baleinier soulève sa proie, sans compter pour cette opération sur l'aide de la grue dont se servent les bateaux. J'avais pour seule référence en la matière un lointain passage dans le monde de l'aviron, dont j'avais dilapidé les profits musculaires au moins deux décennies plus tôt. Et avec les bras rescapés de cette ruine je devais maintenant, selon l'idée ambitieuse de Manzini, être capable de soulever une fois et demie mon poids. Ce doux rêveur avait une curieuse image de moi.

– Allez, montez, me dit-il alors que je continuais de le regarder embarrassé.

Il était redevenu celui qui donne des ordres. Je vis ses gros doigts trembler en serrant le bout de ferraille, comme si au lieu de s'y tenir ils le tourmentaient, et je décidai alors de commencer à me hisser en m'appuyant sur ses épaules. Je lui pris l'avant-bras avec la main gauche, celle qui était la moins écorchée par le fer, puis je m'efforçai de lever le genou gauche jusqu'à sa clavicule. Quand je l'eus atteinte, j'y appuyai la jambe et y posai l'autre, lui laissant un moment l'aine devant le visage, à quelques doigts du nez. Pour éviter cette position gênante, je me redressai le plus vite possible en tendant le bras vers le toit avec une telle violence que je lui enfouis la tête à moitié sous l'eau.

Dès que j'eus touché le toit, je saisis des deux mains la gouttière métallique et entrepris de me hisser sur les tuiles. Ne pouvant parvenir, par la seule force des bras, à élever ma poitrine jusque-là, je dus balancer mes jambes pour atteindre le rebord avec la droite et me hisser avec la force conjointe des trois extrémités. De là, je vis Manzini émerger de nouveau à l'air libre. Je suis sûr qu'à ce moment-là, il comprit qu'il avait fait un très mauvais calcul en me confiant la mission de le hisser avec mes pauvres bras, car il était évident que la tâche, quelle que fût ma bonne volonté, allait être au-dessus de mes forces.

Mais d'une certaine façon s'était déjà formé un cercle, qui, vertueux, devait se clore vertueusement. Manzini m'avait d'abord arraché à la noirceur des eaux, puis c'était moi qui l'avais sauvé. Ensuite, il m'avait aidé à monter sur le toit, et maintenant, pour conclure dignement la séquence, j'étais obligé de le hisser. Comment j'allais m'y prendre paraissait à cet instant une question secondaire.

Je finis de poser ma jambe sur le toit avec une infinie et lente maladresse. Le corps me pesait, déjà bien éprouvé, mou et trempé, mais la tâche qui m'attendait m'accablait plus encore. Je me mis à quatre pattes, l'air vide et absent d'un chien, et regardai dans toutes les directions. La rivière avait gonflé, mais pas autant que je le supposais. Notre position sur une pente prononcée était particulièrement périlleuse, mais non loin de la maison il y avait une rive visible et atteignable, où

Húber et Cándido se déchaussaient, l'air impuissant et inquiet. J'imaginais que l'eau avait dû envahir le salon de la maison, mais probablement pas encore atteindre les vitrines ni les gobelins, et je me surpris à éprouver, au moment le plus inattendu, une bouffée de commisération pour les éventuelles pertes matérielles de Manzini et de Matilde.

Je me tournai vers les fenêtres de la maison. J'aperçus de biais la fenêtre de la chambre où je m'étais trouvé un moment plus tôt, qui me paraissait maintenant une éternité. Les têtes du professeur Mainers, d'Alicia et de Selma émergeaient de cette fenêtre. Je me rendis compte qu'ils avaient suivi tout ce temps mon expédition précipitée dans et hors de l'eau et que dans une certaine mesure leur regard m'obligeait à amender, même tardivement, la succession de bêtises qui avaient conduit ma vie et celle de Manzini tout près de la fin.

Pour rendre ma situation plus délicate encore, Selma tendit à cet instant précis son bras et agita la main comme pour exprimer à sa façon sa foi inébranlable en ma conduite des opérations. Il n'y avait pas d'autre signification possible à ce salut, puisque quelques minutes plus tôt nous nous étions salués de vive voix, il n'y avait donc pas de raison d'insister sur ce point, si ce n'est pour me faire comprendre : « Nous te regardons et nous avons confiance en toi. » J'eus l'impression que son mari la surveillait du coin de l'œil, car une seconde après lui-même m'adressa un hochement de tête l'air de dire « ce n'est pas seulement ma femme qui vous salue, mais le couple Mainers ». Le côté involontairement humoristique de cette suggestion gestuelle ne fit qu'accroître ma nervosité. Je devais me comporter sinon comme un paladin de la justice, du moins comme un individu moyennement digne de la confiance qu'ils semblaient déposer dans mes actes.

Je m'allongeai à plat ventre sur le toit, en me tenant à la gouttière pour ne pas être entraîné par le poids de Manzini et je lui tendis le bras. Je le vis hésiter un instant en comparant la relative stabilité de la ferraille et le faible mouvement de ma main, puis choisir inexplicablement la seconde. Dès que je sentis ses ongles se planter dans mon poignet, je compris que son poids, même dans l'eau, était supérieur à ce que j'avais imaginé. Mais avant que je puisse me demander comment diable le hisser, il grimpait déjà le long de mon bras, comme d'une corde, au risque de me disloquer les os à chaque progression de ses mains. On aurait dit un jeune homme qui, tentant d'obtenir un prix dans une fête de village, grimpait sur un mât de cocagne en haut duquel l'attendait une bague ou une médaille du mérite. Malgré l'étirement de mon épaule et de mon cou, qui m'empêchait de voir son visage, j'aurais juré qu'il souriait.

Avant que je comprenne comment il avait fait, l'avocat refermait ses doigts sur la gouttière et se hissait sur le toit avec la vigueur et la résolution d'un gymnaste. Le bras me faisait mal comme si on l'avait haché menu, mais j'étais content. Je me redressai vaille que vaille et m'assis près de lui. Nous haletions tous les deux en essayant de reprendre souffle. Je me massais le bras tout en tentant de dissimuler la profonde douleur que l'ascension de Manzini m'avait causée. Je venais d'accomplir l'acte le plus viril de ces dernières années et je n'allais pas le gâcher par des chichis et des gémissements. J'avais soulevé, fût-ce passivement, un individu plus volumineux que Berta et son malheureux mari réunis, et contribué, au moins de façon instrumentale, à ce que cet homme échappe à la mort.

Bien sûr, je l'avais en tout premier lieu rapproché de cet instant précis de la mort, car il était venu jusqu'ici sans autre intention que celle de me sauver de ma propre déraison. Mais c'était déjà de l'histoire ancienne, et l'individu en question me regardait en respirant tranquillement, souriant et plein de gratitude.

– Il faut se déchausser, dis-je.

Je savais que les héros, au point culminant de leurs exploits, doivent garder le silence, ou en tout cas mentionner un détail mineur et matériel, qui rende leur humilité plus patente. Observer le vol d'un oiseau ou retirer du doigt la poussière d'une corniche. J'avais envie de profiter au maximum de cette minute de gloire, car il était clair que bien peu souvent dans ma vie j'avais été aussi bénéfique à quelqu'un, alors je voulais, au moins pour y penser la prochaine fois que je me sentirais inutile, être capable de me rappeler ce moment en détail.

Je commençai à dénouer mes lacets. Les chaussures collées à mes chaussettes boueuses pesaient comme des filets de pêche chargés de poissons. J'avais des plaies sur toute la main droite, ce qui rendait l'opération lente et compliquée, mais en quelques minutes je parvins à défaire ces maudits doubles nœuds. Lorsque je fus déchaussé, je jetai de côté ces chaussettes immondes et étirai mes orteils sous un rutilant soleil estival. Je me sentis soudain plus léger que jamais, et même un instant plus jeune, presque autant qu'à l'époque déjà lointaine où je ramais à contre-courant sans souffler ni me plaindre, et où j'étais capable, sans perdre la cadence, de concentrer ma vue sur la rive, d'observer le vol des oiseaux, de deviner les formes suggérées par les nuages ou de tendre l'oreille à la caresse cyclique des rames qui entraient et sortaient de l'eau. Ces après-midi ensoleillés et de camaraderie n'étaient pas différents de celui-ci, surtout maintenant que le soleil se frayait un chemin dans ce ciel d'orage et peut-être justement pour cela, je me sentais comblé, satisfait du contact de l'air sur mes doigts de pied, de la chaleur de l'après-midi sur mon visage et de la fraîcheur persistante de la rivière dans mes cheveux. J'observai l'eau un instant, le regard dans le vague, comme si son alarmante proximité du toit où nous étions ne comportait pas de véritable risque, mais pouvait même être considérée comme belle et bienvenue.

Il est clair ce sentiment tenait au fait d'avoir frôlé la mort, une chance qui avait été suivie peu après du privilège de permettre à un autre être humain d'échapper à un tel destin. Mais quelque chose de plus palpitait dans mon ventre, ma gorge, ma poitrine, quelque chose d'intangible qui s'était réveillé avec ce plongeon dans la rivière. Je venais de retrouver la sensation d'avoir un corps au-dessous du cou, un corps dont l'histoire frémissait sur toute l'étendue de sa peau. Cette nouvelle perception corporelle tenait peut-être à ce que mon escarmouche avec la mort avait eu lieu sur un plan nettement physique, étranger à mes doutes et mes obsessions habituelles. J'avais affronté la mort comme n'importe qui, comme un chien ou comme un oiseau, sans une ombre de gloire, sans épitaphe, sans proches. Et cette idée dévastatrice, à peine résumée par « quelle manière horrible de mourir », avait eu paradoxalement le pouvoir de me ramener au fait essentiel d'être vivant, d'être né un jour, d'avoir eu une mère et d'avoir été aimé. Car de cette demi-minute passée sous l'eau, me restait surtout l'image de ma mère, mais aussi la sensation corporelle de sa présence. Ce visage gigantesque, brillant devant mes yeux comme une visitation angélique, m'avait fait revivre cette proximité que j'avais sentie dans tant et tant de nuits froides, lorsque maman venait me border dans mon lit et caresser mes joues, en partageant avec moi la chaleur de son haleine comme une sorte d'*élan vital*[1]. Et j'emploie cette expression sans aucune exagération, car pendant ces moments-là j'avais l'impression de pouvoir inhaler exactement la bouffée qu'elle venait d'inspirer et que cet air, ainsi enrichi, me protégerait pour traverser les longues incertitudes de la nuit. La sensation d'avoir un nez, et qu'il soit si près du sien, la sensation d'avoir une poitrine étroite et nouvelle, comme d'un pigeon, qu'elle emmitouflait avec soin, comme si c'était la sienne, ou même plus, comme si elle logeait dans un coin de cette minuscule cage d'os, toutes ces réminiscences de la petite enfance – cette époque où avoir une mère représentait une puissance évidente, inaliénable et éternelle – avaient été réactivées d'un coup et palpitaient aux tempes, aux oreilles et au nez, comme disant : « Aníbal est toujours là, caché : cherchez-le. » Et bien que j'aie déjà eu plusieurs fois l'impression d'être resté plus ou moins le même enfant – c'est-à-dire d'avoir les mêmes os, mais plus grands, le même froid essentiel, mais plus enraciné dans la chair – jamais je n'avais senti déborder le lit de ma mémoire d'une façon aussi vive qu'à l'instant précédant mon sauvetage. J'étais certes infiniment reconnaissant d'avoir pu rester vivant, mais j'étais aussi conscient que cette manière de mourir, cette « horrible manière » que le destin semblait avoir choisi pour moi, n'aurait pas été en fin de compte aussi horrible que cela, car au

1. En français dans le texte. *(NdT)*

moins au moment même de mourir j'avais eu l'occasion de faire la paix avec la mort réelle, mais aussi, par extension, avec toutes les souffrances qui m'avaient permis d'avoir une vie.

Au fil de l'eau, qui coulait à présent placidement autour de nous, comme la chose la plus inoffensive du monde, je vis passer des feuilles de magnolia sur une branche. Elles fendaient les crêtes brillantes de l'eau comme une flottille de petites chaloupes. Perché sur une fourche haute de cette branche, un petit scarabée s'accrochait à l'écorce. Il s'était éloigné de l'eau mais allait être malgré tout avalé par le courant. Ce danger ne semblait pas du tout l'agiter. Il évoquait le capitaine d'un bateau sur le point de sombrer, tête haute, torse bombé contre une douce brise. En observant ses pattes de devant haussées vers l'horizon, je me rappelai soudain tous ces scarabées que j'avais vu périr d'une mort obscure, lente et ignominieuse entre les parois du terrarium, sans que le tyran qui les y avait enfermés leur permette le moindre héroïsme. Cette image de sombre et involontaire dégradation me fit sourire. Craignant que Manzini ne me prenne pour un fou, je dissimulai aussitôt cet accès d'allégresse par une toux soudaine. Mais l'instant d'après, je décidai qu'il n'était plus temps de prendre ce genre de précautions. Je serais de toute façon sauvé par Érasme et sa *stultitiam*.

Je levai les yeux vers Selma. J'apercevais à peine son visage, car nous étions séparés d'une bonne trentaine de mètres, mais son expression était la même que si nous avions été face à face. Elle me regardait avec son air si charmant que je connaissais comme la paume de ma main. Elle avait depuis toujours cette habitude de me regarder – par exemple au milieu d'une dispute – le cou légèrement incliné en une espèce de révérence à peine suggérée, voulant ainsi signifier qu'on était digne de son respect, quel que fût l'objet de la dispute. Je me rappelai l'insistance avec laquelle elle avait souligné le fait que j'étais en train « d'écrire un livre ». C'était comme si elle avait voulu, dès l'instant que nous nous retrouvions, confirmer que ses vieilles attentes sur mon éventuel succès dans la vie s'étaient pleinement accomplies. Nul doute que, dans son fantasme, Aníbal Brener était son égal, une idée qui se nourrissait clairement de la circonstance que, semblait-il, cet individu portant mon nom écrivait des livres, et elle n'avait donc pas honte de m'exposer au regard scrutateur de son mari, car dans son bilan de ce qu'avait été ma vie après son départ elle s'imaginait peut-être que, au moins dans une discrète sphère locale, j'avais publié des dizaines d'articles et un ou deux ouvrages. Bien qu'elle eût connu de première main une bonne partie de mes déboires filiaux, elle me considérait encore comme un Brener, élevé dans un authentique berceau de papyrus et de manuscrits, et attendait de moi un comportement conforme à une telle lignée. Mais de toute évidence elle n'avait rien su de ma disgrâce, ni de ma vie à la pension, de mon goût inexorable pour le Port-au-Prince, ou de mon expulsion de la faculté. Et si elle était au courant de la mort de mon père, le plus probable est qu'elle imaginait que depuis des années je me chargeais de son œuvre académique et que je gérais majestueusement sa fortune. Ah, comme il était embarrassant de savoir que le charme de cette illusion allait être rompu ! Comment était-il possible que, de toutes les maisons de campagne du monde, elle soit venue justement dans celle-là ? Par quel obscur dessein avions-nous fini par nous retrouver au moment le plus bas de ma vie ? Si quelqu'un avait conçu exprès sa venue comme une façon d'aggraver ma punition, il n'aurait pu choisir pour l'accueillir un ensemble plus précis de circonstances.

Et pourtant, privé de mes chaussures et commençant à ôter ma chemise, je sentais qu'il n'y avait pas place dans ma poitrine pour cette sorte de récriminations. Le visage de ma mère continuait de m'inviter à prendre l'affaire avec indulgence et à être plutôt reconnaissant du privilège de pouvoir respirer. De plus, en y regardant de près, il fallait convenir que j'avais eu au moins, au milieu de ce malheur général, quelques marques inattendues de bonne fortune, car certains hasards contribuaient à produire, sur Selma, l'illusion que ma vie n'était pas aussi moche que cela. Le fait, plutôt fortuit, d'être employé dans cette propriété, m'avait valu de lui apparaître comme un invité d'une rencontre académique, sollicité en fonction de mérites supposés, qui se présentait bien vêtu et rasé de frais, auteur d'un livre en gestation, lecteur avide des écrits de son célèbre mari, et imminent bénéficiaire d'un substantiel héritage, sur le point d'étrenner ses abondantes possessions matérielles et une rente à vie. J'étais vraiment un bon parti, fût-ce pour une femme totalement et irrémissiblement mariée ! Même maintenant, en analysant l'affaire avec une certaine hauteur de vue, on pouvait considérer que la présence de l'inquiète Alicia contribuait aussi à offrir un tableau d'une grande plénitude, riche en perspectives, car j'étais sûr qu'en parlant de « mon livre » à Selma elle avait dû laisser entrevoir que nous allions travailler ensemble – ou quel que fût le mot définissant ce que nous nous apprêtions à faire –, lui donnant ainsi l'occasion de se livrer à tout type de suppositions sur ma vie sentimentale. On aurait pu dire, en observant ma situation à vol d'oiseau, que non seulement j'avais une vie très normale, mais que j'étais aussi un type bien et vigoureux. Je préférais faire jouer ces malentendus à mon bénéfice, au moins pour aujourd'hui, même si je ne pouvais leur prévoir aucune perspective ultérieure.

Je m'absorbai de nouveau dans la contemplation de la rivière et je me dis soudain que cette sorte de raisonnement était inutile, absurde cette obsession de me demander comment les autres me voyaient. Quelle importance de leur apparaître rasé et bien peigné, d'être considéré ou non comme un bon historien, capable de faire honneur à mon patronyme ou de le traîner ignominieusement dans la boue ? Était-il donc si important pour un Brener, un Badembauer ou un Gómez d'être unique aux yeux des autres ? Me revint en mémoire une citation de Marc Antoine, reprochant à Octave de n'avoir d'autre mérite que celui d'être le fils de César : *O puer, qui omnia nomini debes.* « Oh, enfant, qui doit tout à un nom. » Comment était-il possible que durant toutes ces années je n'aie pas associé cette phrase bénie, lue et relue mille fois, aux inutiles études que j'avais entreprises sous l'influence de mon patronyme ? J'avais manifestement évité de me voir dans la peau d'Octave, peut-être parce que je ne me résignais pas à accorder au professeur le titre de césar. Mais je ne pouvais pas accuser sempiternellement mon père d'être responsable de toutes mes faiblesses. Lui, de son côté, n'avait jamais porté de moindre poids lié à son nom. Il marchait dans le monde léger et libre de tout bagage généalogique, comme s'il était né d'un chou. À peine était-il, à sa manière, l'individu qu'il était devenu, sans s'opposer à personne en particulier. C'était moi, en l'occurrence, qui avait tenté en vain de lui disputer son sceptre et de me mesurer à sa stature, en perdant ainsi des années de mon temps et du sien, tandis que lui, dans sa position de fils, n'avait fait que reléguer ses lointains parents dans une jolie fable bucolique, ranger le patrimoine familial dans le fond d'une malle et jeter la clé dans le premier terrain vague. Ses parents n'avaient pas d'existence réelle. S'il ne les avait cités une ou deux fois en passant, dans des anecdotes pleines de l'ineffable brume germaine, on aurait pu dire qu'ils avaient un jour quitté la planète à bord d'une soucoupe volante. Et je serais prêt à parier que le professeur n'aurait pas nagé un mètre pour récupérer les souvenirs de ces planteurs de navets inconnus. La dynastie du professeur était née avec lui, comme celle de Vespasien, et était destinée, comme on le voyait, à être brève.

Je me rappelai soudain la pensée qui m'avait lancé à l'eau. Je voulais sauver ses affaires. Cet élan avait suffi, un moment plus tôt, à éclipser complètement mon instinct de survie. Et maintenant je perdais des secondes cruciales pour ce sauvetage, plongé dans des divagations philosophiques, tandis que l'eau était sûrement en train de noyer ces cahiers et ces documents bénis. Je tournai la tête et regardai Manzini.

– Je sais à quoi vous pensez, me dit-il d'un air compatissant et assuré de curé confesseur. Les archives avec lesquelles vous alliez composer votre livre, toutes ces lettres, notes, photos et documents viennent de se disperser dans la région. Toutes ces archives enrichies, complétées, étoffées au fil des années ont été emportées par les eaux...

L'avocat avait sans aucun doute un côté humain et il était capable de se jeter à l'eau, sans savoir nager, pour sauver un congénère, mais il ignorait complètement à quoi diable pouvaient penser les autres. Car, bien sûr, je n'avais pas pensé un seul instant à Dogliani. Il ne m'aurait plus manqué que ça : à peine sorti de l'eau, faire mon deuil de la perte de cette collection de niaiseries. Rien n'était plus éloigné de mon état d'esprit. Si l'écriture du livre résumant la vie du célèbre satyre local devait être repoussée indéfiniment, cela m'était indifférent, car je venais de mourir et de renaître, la tête d'abord, les pieds ensuite, comme tout nouveau-né, et Dogliani, son œuvre civilisatrice et ses horribles habitudes charnelles étaient pour le moment le cadet de mes soucis. En revanche, mon père, si opposés que fussent mes sentiments à son égard, avait déjà gagné en toute justice une place privilégiée dans ma contemplation insistante de la rivière. Je pensai très angoissé aux trois boîtes. Je les imaginai baignant dans l'eau boueuse et je sentis ma gorge se nouer. Je me vis en train de sécher et de repasser ces reliques de papier, de nettoyer avec une brosse les croûtes de boue et d'empiler délicatement les résultats de cette opération de sauvetage.

– J'avais fermé la porte. On pourra sûrement récupérer de nombreux papiers, dis-je sur un ton neutre, comme pour suggérer avec le mot « papiers » que je me souciais aussi de ceux de Dogliani.

– Vous avez peut-être fermé la porte, mais pas la fenêtre. Regardez, me répondit-il en indiquant un côté du pavillon.

Là, un reflux des eaux emportait feuilles et photos comme pour les distribuer au coin d'une place à une foule invisible. Consterné, le cœur serré, je vis passer une radiographie de poumons qui flottait, à moitié sortie de son enveloppe.

Je me levai aussitôt. La manœuvre n'était pas aisée sur un toit de tuiles, mais rien ni personne n'aurait pu m'en empêcher. Je devais au moins tenter de repérer l'endroit où se dirigeait cette radiographie. Il m'avait fallu des années pour prendre contact avec les souffrances de mon père et voir maintenant cette image glisser sur l'eau me transperçait la moelle des os. C'était comme si je pouvais, enfin, être témoin de sa mort. Wolfgang Brener, le vieillard inconnu qui était parvenu à me communiquer ses douleurs à travers cette collection de reliques, m'échappait une fois de plus, sauf qu'aujourd'hui je me tenais près de lui, debout et sobre. La poitrine oppressée, je découvris que de pouvoir l'accompagner au moment de ce nouveau départ n'allégeait en rien ma peine. Bien au contraire.

– Il faut retenir ces papiers. D'où sortent-ils ? dis-je exalté, comme si ce ton allait me faire gagner en autorité sur Manzini.

– Que voulez-vous qu'on fasse ? Qu'on se jette à l'eau et qu'on se noie ? J'ai consacré la moitié de ma vie aux archives de Dogliani. Vous allez m'excuser, mais je n'ai pas envie en ce moment de livrer l'autre moitié. Je vous remercie de tout cœur de ce zèle. De toute façon, ce n'est pas votre faute. C'est moi qui ai déposé sur votre table les dossiers et les coupures de presse. J'ai pris ces documents dans la mansarde où il les rangeait habituellement. Je l'ai fait tout en sachant que c'était une journée pluvieuse et en ayant en mémoire l'expérience des trois inondations précédentes. Comme vous voyez, je n'ai pas appris la leçon. Alors, c'est bien mérité. Je regrette pour le grand-père, mais le fait est là.

Pendant que Manzini prononçait ce long dithyrambe autocompatissant, je m'étais déplacé sur les tuiles jusqu'au coin ouest du pavillon. De là, je regardai la portion de mur où se trouvait la fenêtre dont je ne voyais même pas l'encadrement. En effet, un flux de papiers et de chiffons en sortait, trahissant la présence d'une fenêtre ouverte. C'était comme si, sous ces eaux insondables et sombres, il y avait un cratère dont l'éruption dégorgeait, au lieu de lave, des vêtements, des lettres, des documents.

Je m'allongeai à plat ventre sur les tuiles en essayant d'atteindre l'eau avec ma main. Il me manquait un bon mètre et demi pour la toucher, car l'inclinaison du toit me séparait beaucoup plus de la surface qu'à l'endroit où nous nous étions hissés. J'étirai néanmoins les doigts inutilement comme si les misérables centimètres ainsi gagnés m'allégeaient en quelque sorte de la culpabilité de perdre tant d'irremplaçables souvenirs. Pendant que je m'escrimais ainsi à m'allonger le bras, je vis émerger à la surface ridée de l'eau cinq disques que je reconnus comme ceux de Dixieland. En scrutant attentivement, je pus même lire la pochette trempée de trois d'entre eux : un de Jelly Roll Morton, que j'avais vu une seule fois dans la bibliothèque de mon père, quand j'avais quatorze ans ; un autre de King Oliver, souriant sur la photo estompée de la pochette ; et un de Louis Armstrong, encore jeune, mince et lumineux. Ces visages connus et réunis par le désastre, qui me regardaient dans les yeux comme on regarde un proche, accentuèrent encore plus la sensation de perte. Je savais que mon père considérait ces disques comme un trésor sans prix, et les voir s'éloigner à la dérive témoignait de façon quasi insupportable que j'avais gravement négligé son legs. Bien sûr, bien sûr que sa cruauté avait beaucoup fait pour me pousser sur le chemin de l'échec, mais il était aussi indéniable que même longtemps après, tout au long de la précaire vie que j'avais dû aborder seul, j'avais été capable de me gâcher très efficacement l'existence et que seule une outrancière hypocrisie aurait pu le rendre responsable de cette longue succession d'erreurs. Les fois où j'avais repoussé la dactylographie d'une thèse jusqu'à ce que le pauvre étudiant qui m'en avait chargé rate la date de sa soutenance, ou les innombrables occasions où j'avais perdu un travail pour avoir oublié de répondre à un appel, par exemple, cela concernait-il le professeur, sa relation avec moi, ou l'absence de relation ? Même maintenant, en voyant l'eau s'approprier les boîtes, je devais accepter que ma négligence n'ait rien à voir avec ses fameuses conditions. Cette fois, je devais simplement m'occuper d'un pauvre tas de papiers et je n'avais même pas été capable d'accomplir une mission aussi élémentaire. C'était comme si un démon intérieur s'était chargé d'empêcher une victoire possible dans tout ce qui relevait, fût-ce indirectement, du monde de mon père. Si j'obtenais un poste dans son département, je me consacrais à écrire des articles qui allaient à coup sûr l'irriter ; si je devais assister à une réunion de professeurs, je me débrouillais pour arriver en retard, avec la flasque d'alcool faisant une bosse dans la poche intérieure de ma veste et une haleine de barrique de chêne qui aurait soûlé un marin ; si ma petite amie essayait de l'impressionner par une étude, je m'arrangeais pour la propulser avec une catapulte argumentaire à dix mille kilomètres de distance. Il fallait reconnaître que, pour ce qui était de me déshonorer, j'avais été son collaborateur le plus assidu.

Lorsque le visage du pauvre Jelly Roll Morton devint indiscernable, la bouche effacée et le regard perdu entre des tiges de fougère, je remarquai qu'un nouveau bouillonnement de bulles montait de cette obscure source de souvenirs. Cette éruption, précédée par de tels spasmes, ne pouvait être simplement causée par une autre dispersion de lettres et de documents. Il semblait y avoir quelque chose de plus, en train de tourbillonner contre l'irrépressible flux ascensionnel qui agitait les eaux, car la turbulence révélait la résistance circulaire d'un objet encombrant dont le volume paraissait proportionnel au déplacement occasionné par les bulles. Sous ce bouillonnement soudain il devait y avoir un gros poisson, une espèce d'ampoule dotée de la même vocation ascendante qu'une bulle géante. Et cependant, malgré un élan si manifeste, le mystérieux objet n'émergeait pas. Si prolixe était l'annonce de son imminente apparition, que j'en arrivai à craindre que ce soit un ouvrier agricole surpris par l'inondation, coincé dans les broussailles, qui se débattait pour remonter à l'air libre. Y avait-il là quelque souffle de vie qui s'éteignait sous l'eau épaisse et noire ? Pendant un long et aveuglant clignement d'yeux face aux reflets de l'eau, j'eus une espèce de vision, de rêve éclair, dans lequel mon père, invoqué magiquement par ses papiers et animé par la boue et l'eau, se manifestait soudain comme un brillant mirage, non moins argenté que le délicat cocon de bulles qui l'enveloppait et qui, surgissant de ce berceau aquatique, me regardait comme j'avais un instant plus tôt regardé ma mère, avec des yeux démesurément écarquillés et le cœur fondant d'adoration.

Mais avant que cette image m'abandonne, le mystérieux objet coincé dans le bouillonnement se libéra de ce qui l'entravait, car tout à coup et après un dernier tourbillon agité, je vis émerger le fond noir de mon sac de voyage, ce gros sac imperméable où j'avais rangé mes chemises avant d'aller à la maison pour prendre congé de mes hôtes. Tel un baril échappé d'un bateau naufragé, le sac tournoyait jusqu'à gîter sur l'eau, m'offrant de façon tentatrice et désespérante, à quelques empans de ma main, sa poignée renforcée, la fermeture éclair bien fermée, et une pochette extérieure d'où sortait, trempé, un foulard marron. Je tendis alors les doigts au maximum, en me rappelant soudain qu'à l'intérieur, à l'abri d'un sac en plastique d'une de mes ridicules chemises neuves, se trouvait le fameux tome VI du journal intime de mon père, le volume où justement il évoquait sa relation avec moi, avec ma sœur et avec ma mère, en plus de confesser certaines faiblesses et quelques éléments insoupçonnés sur son propre échec. C'était un tome qui distillait par tous ses bouts ce « bon matériau » qu'il avait si modestement annoncé et duquel, par crainte, paresse spirituelle ou dépit, j'avais lu à peine deux pages isolées de tout contexte, deux misérables petites pages qui avaient cependant suffi à secouer toute ma charpente déjà bien esquintée et qui annonçaient à chaque ligne plus de défis et de révélations. De sorte qu'imaginer maintenant ce cahier à l'intérieur du sac filant à la dérive était comme sentir s'éloigner au fil de l'eau une jambe ou un bras. Et comme pour aggraver ce douloureux arrachement du corps, le sac était encore assez près pour entrevoir la possibilité de sa récupération et déjà si loin que, malgré tous mes espoirs, ce sauvetage paraissait hors d'atteinte. L'aisselle, qui me faisait si mal depuis que Manzini me l'avait quasiment déchirée, était maintenant engourdie par ce nouvel étirement acharné, une véritable torture qui au bout de quelques secondes s'avéra inutile, car j'avais beau frôler la poignée, le courant qui avançait dans le sens contraire de mon bras était plus rapide, énergique et imparable que n'importe quel effort humain. Je repliai finalement le bras et me penchai à mi-corps au bord du toit. Au tremblement de l'épuisement s'ajoutait une espèce de convulsion interne, produite par l'impuissance et l'extrême violence que je ressentais, car ce sac qui s'enfuyait était un nouveau témoignage de mon incapacité à m'accrocher à la vie, une preuve supplémentaire que tout ce que je pensais m'appartenir finissait par me glisser entre les doigts, une confirmation de mon exil profond de tout lieu possible, mais surtout de ces souvenirs et de ces endroits que je concevais, avec une puérile illusion, comme ma patrie.

Les yeux injectés de sang, je me relevai et commençai à marcher au bord du toit en suivant des yeux le déplacement du sac. Je le vis glisser et toucher l'angle du pavillon, puis s'éloigner vers la camionnette. Il m'était difficile d'avancer déchaussé car les aspérités des tuiles se clouaient dans la plante de mes pieds, provoquant de fréquentes contractions. Mais je suivis néanmoins le déplacement de cette espèce de bouée jusqu'à l'angle opposé du pavillon.

– Qu'est-ce que vous faites ? me demanda Manzini alarmé. Vous voulez vous tuer ou quoi ? Restez assis mon garçon, on a eu assez d'ennuis comme ça !

Mais je ne l'entendais pas. Mon regard était rivé sur ce sac comme une moule au rocher, et même s'il y avait eu un orchestre entier jouant dans mon dos, je ne me serais pas retourné un seul instant. Il m'avait fallu quarante ans pour commencer à entrevoir les mystères de ma place dans le monde et une voix intérieure me disait que ce cahier en contenait la clé, la pierre de Rosette où se croisaient la langue de mon père et la mienne, et qu'abandonner un tel trésor serait la dernière et définitive acceptation de ma débilité. N'avais-je pas été un rameur ? Et même un sauveteur ? Rien ne m'empêchait, maintenant que j'étais déchaussé, de me jeter à l'eau pour récupérer mon sac. Qu'est-ce que j'attendais ? Que la vie se présente ponctuellement, aux heures de bureau, pour me demander pardon des privations infligées et me rendre, en petits paquets bien emballés tout ce qui m'avait été volé ?

Je me tournai une dernière fois vers Selma et la regardai dans les yeux. À l'expression de son visage, je compris qu'elle pressentait ce que j'allais faire. Je ne sais si ce fut mon imagination, l'incertitude de la distance ou le sens précis de son geste, mais il me sembla que malgré sa panique évidente, elle m'approuvait. Elle hochait la tête vers le bas de façon à peine perceptible, comme pour dire : « Fais ce que tu dois faire. » Je fis alors un grand pas, qui me parut mesurer bien des mètres et aussi bien des heures. Un pas substantiel, de ceux qui font sentir qu'enfin on avance, qu'on va quelque part. Puis je posai fermement mes deux pieds au bord de la gouttière, je fléchis les genoux et me jetai enfin à l'eau comme on saute d'un immeuble en flammes.

8

J'ouvris les yeux. La lumière avait filtré entre mes paupières jusqu'à ce qu'un bruit insistant, semblable à celui d'un tambour battu sans entrain et sans objet, finisse par m'arracher au sommeil. Alors, les yeux ouverts, éblouis par la clarté du jour, je constatai qu'il y avait près de moi une fenêtre et qu'une mouche ne cessait de se heurter à cette barrière inexplicable entre la lumière qui l'attirait à l'extérieur et la pénombre épuisante de la pièce. Chaque nouvel impact sur la vitre, au lieu de la décourager, paraissait renforcer sa volonté ou sa furie.

Cette espèce de message en morse m'avait accompagné pendant un bon moment, c'est du moins ce que je déduisis, car quelques instants avant d'ouvrir les yeux j'avais rêvé de piverts qui avançaient vers moi sur un long madrier grâce auquel je flottais, en picorant le bois de plus en plus près de l'endroit où je me cramponnais à deux mains. À chaque coup de bec – c'est-à-dire chaque fois que la mouche se cognait contre la vitre que mon rêve avait changé en madrier – je m'agrippais avec plus de désespoir à ce radeau improvisé. Jusqu'à ce qu'un assaut particulièrement intrépide de la mouche me donne l'impression, dans mon pauvre univers parallèle, qu'un coup de bec de ces piverts avait atteint le dos de ma main. De sorte qu'en me réveillant, j'avais été secoué, moins par la peur ou l'angoisse, que par le tressaillement de mon bras replié par réflexe et par une curieuse brûlure à l'épaule.

Et la rivière ? Où était passée la rivière ? Je regardai plus attentivement la fenêtre où la mouche poursuivait sa course folle vers le néant, ce néant dur et froid que l'insecte refusait évidemment d'accepter. Le cadre de la fenêtre était en métal et peint avec cette finition grossière des établissements publics qui inspire l'indifférence et l'ennui. Bien sûr que sur le moment je ne pensais à rien de tel. Je percevais à peine le manège de la mouche et de sa seule présence devant cette vitre grossièrement encadrée je conclus que la rivière s'en était allée quelque part. Bien que ma position fût horizontale comme je me l'étais figuré, il était tout aussi clair et manifeste que je ne flottais pas mais que j'étais couché immobile sur une surface ferme, en ayant en outre la sensation d'être resté dans cette position de très nombreuses heures, car mon corps paraissait victime d'un engourdissement général, proche de la paralysie.

Malgré mon envie de comprendre la situation, je dus aussi constater que la lumière de la fenêtre m'aveuglait, m'obligeant au bout de quelques secondes à refermer les yeux. En me retrouvant dans l'obscurité, je plongeai de nouveau dans un tourbillon mental de gesticulations des pieds et des mains, et je fus envahi par une sensation subite et suffocante d'épuisement. L'eau semblait pénétrer brusquement dans les espaces que mes yeux avaient abandonnés la seconde d'avant, et comme ce sursaut alarmant m'obligeait à me cramponner à un madrier, je me voyais de nouveau forcé de me le rappeler, de le chercher ou d'en inventer un. Mais comme il n'y avait là aucun madrier, mes gesticulations perdirent soudain leur fébrilité initiale. Par ailleurs, le silence régnant, à peine troublé par les efforts inutiles de la mouche, rendait évident qu'il n'y avait autour de moi ni remous, ni rivière, ni eau. Je me concentrai sur ce silence comme s'il y subsistait un murmure, un filet de voix qui allait m'indiquer où je me trouvais et depuis quand.

J'entendis alors un bruit strident provenant de l'extérieur. On aurait dit des plateaux métalliques tombés sur un sol de marbre ou de granit. J'imaginai une surface compacte et vaste, car le fracas avait été assourdissant. Quelle sorte de sol, et surtout quelle sorte d'enceinte permettait une telle amplification ? Avant que je puisse formuler clairement cette question, l'écho de ce bruit avait fini d'emporter les dernières menaces de coups de bec. C'était comme si le rêve, avant d'éloigner de moi ces oiseaux, avait décidé de conclure la scène de leur fuite par un coup de cymbales final.

Quoi qu'il en soit, il était de plus en plus indéniable qu'il n'y avait pas la moindre rivière à proximité. Je voulus voir au-delà de la fenêtre. En tentant de tourner la tête, je sentis sur le cou une brûlure cuisante, soudaine et quasi insupportable qui m'obligea à m'immobiliser aussitôt. D'où venait ce coup de tison ardent ? J'avais l'impression qu'on m'avait pincé le cou avec des tenailles et arraché la peau ! Je voulus regarder mes mains. En les levant devant mes yeux, je ressentis de nouveau cette brûlure atroce, maintenant dans les bras, mais je m'obstinai cette fois à poursuivre mon geste jusqu'au bout. Les épaules, les omoplates, les avant-bras, chaque parcelle de peau semblait répondre « présente » lorsque je convoquais leur participation. C'était comme si quelqu'un avait décidé de marquer au fer rouge toutes les zones de mon corps qu'il avait négligées jusque-là, pour s'assurer que je n'oublierais jamais plus leur maudite existence. Je n'en poursuivis pas moins mes efforts en interposant mes mains tendues entre mes yeux et la fenêtre. Apparurent alors deux avant-bras enflés comme des saucissons, sillonnés de petites lacérations et d'ampoules, et enduits d'une espèce de pommade blanchâtre qui contrastait avec le pourpre de la peau.

Le spectacle était horrible. Ces mains étaient-elles les miennes ou celles d'un autre ? La douleur de les lever ayant été intolérable, ce devait être les miennes, mais leur couleur, les brûlures et cette pommade infecte me les présentaient comme la chose la plus étrangère du monde. Elles me faisaient penser à celles d'un vieillard décrépit avant l'âge, violacé, d'un aborigène paré de ses peintures pour une cérémonie, ou d'un lépreux, à tout sauf à ma familière paume de la main. Je les retournai pour savoir si en observant leur dos j'allais éprouver la sensation de retrouver de vieilles connaissances. Le simple fait d'être capable de commander ce mouvement me permit de constater que c'étaient bel et bien mes propres mains, mais ce fut au prix de brûlures indicibles pour découvrir de nouveau une peau rouge et enflammée. Comment une métamorphose si alarmante avait-elle été possible sans que j'en garde le moindre souvenir ? Je me demandai si les bruits alentour pouvaient me donner un autre indice sur l'endroit où je me trouvais.

J'entendis alors des pas pressés qui traversaient ce long creux que j'avais perçu avant et qui à chaque foulée se révélait clairement comme un couloir. Je les entendis s'arrêter au point précis où j'avais situé l'épicentre du fracas. Puis la personne – une femme, pensai-je en l'entendant pousser un long soupir aigu –

entreprit de ramasser les plateaux avec délicatesse. J'imaginais qu'elle faisait un effort particulier pour préserver le silence du couloir, car elle exécuta son opération avec une parcimonie presque énervante et des gestes mesurés qui se révélèrent inutiles car en ramassant le troisième objet deux autres glissèrent de nouveau en tombant par terre avec un fracas encore plus retentissant.

Ce vacarme fut suivi du grincement lointain d'une porte et de nouveaux pas, encore plus pressés, dont le volume augmentait à mesure qu'ils se rapprochaient de l'endroit du tintamarre. Comme cette petite comédie de bruits m'avait au moins distrait un instant des brûlures et de l'incertitude, je décidai de l'écouter avec la plus grande attention. Les pas s'arrêtèrent enfin et, après un bref raclement de gorge, une voix aiguë et véhémente se mit à murmurer.

– Vous voulez réveiller cet homme, ou quoi ? Et qu'il faille ensuite lui administrer des sédatifs ? Vous ne voyez pas qu'il n'y a pas assez de personnel pour s'occuper de lui et le rafraîchir en permanence ? Vous pourriez faire un peu plus attention !

L'autre femme garda le silence.

– Vous savez ce qu'a enduré cet homme ? Ce serait possible qu'il ait quelques heures de paix avant que son séjour ici commence à lui être insupportable ? dit la femme à la voix criarde, en finissant par un soupir bruyant aussi théâtral qu'inutile.

– En bas, il y a sept autres personnes qui ont besoin de plus de soins. Ceux-là ont vraiment traversé un enfer. Mais bien sûr, aucun avocat n'est venu s'occuper d'eux, répliqua enfin celle qui se taisait. Il y eut alors un silence tendu.

Le commentaire semblait s'élever contre un obscur

trafic d'influences. Mais je n'avais encore ni la clarté ni la force pour élucider si l'avocat en question était Manzini, ou si ma situation personnelle s'inscrivait à la marge d'une catastrophe majeure dont mon cas ne représentait qu'un détail, car je ne pouvais formuler aucune considération argumentée avant de m'être assuré que j'étais bien moi, que mes jambes se terminaient toujours par un pied et non par un moignon, que ma tête conservait quelques facultés et que j'allais survivre jusqu'au lendemain matin. Autrement dit, je ne pouvais me mettre en quête d'un article de luxe, comme l'est la connaissance de la place que l'on occupe dans une intrigue, avant de disposer des moyens nécessaires à la subsistance la plus élémentaire. Savoir par exemple ce qui m'était arrivé, où j'étais, qu'était cette brûlure insupportable qui accompagnait chaque ébauche d'un geste, à travers quelle sorte de langue cette mouche communiquait avec mon esprit et ce qu'elle voulait me dire, combien d'heures ou de jours j'allais encore être plongé dans cette douloureuse incertitude, quand ou si j'allais redevenir l'individu que je connaissais, aimais et détestais.

– Vous avez les mêmes obligations avec tous. Et aussi, bien sûr, des obligations à mon égard parce que vous êtes ma subalterne. Aussi, je vous demanderais de mesurer votre ton lorsque vous me parlez, dit la voix militaire qui avait entamé ce dialogue.

C'était curieux, car bien que celle-ci parût veiller sur mon bien-être, je me sentais plus naturellement enclin à privilégier l'autre voix, celle qui protestait contre mes supposés privilèges, comme appartenant à une personne susceptible de recevoir mon amitié. Je ne sais pourquoi, je l'imaginais grosse, douce, et en essayant de mettre un visage sur cette voix – ce ton qui irritait tant sa supérieure –, il me venait à l'esprit l'image de ma tante Almita, mais plus grande, robuste et musclée. Une variante d'Almita capable de se défendre, de regarder son interlocuteur dans les yeux et d'affronter une dispute dans un couloir d'hôpital, trois conduites très éloignées du répertoire de ma tante. Mais de toute façon l'imaginer ainsi atténuait mon angoisse et me faisait sentir moins seul.

– Ne vous inquiétez pas, dit Almita, je n'oublierai pas votre position. Et aussitôt elle se dirigea vers ma porte.

Le mot « position » résonna dans mon oreille pendant tout son trajet. Je l'entendis ouvrir méticuleusement la porte, tandis que j'anticipais la douleur que j'allais éprouver en me retournant pour pouvoir découvrir son visage. Je la sentis respirer derrière moi, debout dans le coin opposé à la fenêtre, surveiller quelques secondes ma respiration, puis s'apprêter à ressortir. Je voulus lui demander d'attendre, de rester un instant et qu'elle me dise ce qui s'était passé, mais les mots ne sortaient pas de ma gorge.

– Eau, dis-je enfin. C'était une demande d'aide brève et concrète. Je n'avais pas encore conscience d'être assoiffé et d'avoir la langue sèche, mais la montée subite du mot dans mon larynx fut providentielle, car le verre d'eau qui se dessina alors dans mon esprit devint aussitôt l'objet central de mon existence.

– Ah, monsieur ! s'exclama Almita dans mon dos. Il y a longtemps que vous êtes réveillé ? Comment vous sentez-vous ?

Je l'entendis s'approcher et sa silhouette entra dans le cadre de la fenêtre comme une énorme apparition bénéfique. Dès que je vis son visage, l'air consterné avec lequel elle me scrutait et son front vaste et haut, je constatai qu'elle ne ressemblait pas beaucoup à ma tante, du moins sur le plan physique, même si elle s'adressait aux désemparés avec le même ton maternel.

– J'ai mal, dis-je sobrement. À cet instant les mots ne me venaient pas, mais mon esprit était assez alerte pour comprendre les siens.

– Vous êtes très brûlé. Mais ce sont des coups de soleil qui ne sont pas graves, ils vont juste être douloureux quelques jours. On vous a appliqué une pommade qui hydrate la peau et on attendait que vous vous réveilliez pour vous en remettre. Je vais vous servir un peu d'eau, dit-elle en s'approchant de la table de nuit sur laquelle je vis du coin de l'œil une carafe et une glacière.

Elle prit un verre, y mit deux glaçons et versa de l'eau de la carafe, opérations que je suivis avec une attention anxieuse et puérile, comme si c'était la première fois que j'assistais à des gestes aussi merveilleux. Elle était réellement délicate dans son maniement des objets, cette bonne Almita. Je pensai que cette délicatesse excédait la simple efficacité professionnelle et entrait dans le champ de l'affection, du moins en avais-je alors l'impression, peut-être incité dans cette envie de familiarité par la situation malheureuse où je me trouvais, ou parce que s'y répétait toute ma longue histoire de carence affective, ou encore parce que cette voix me rappelait Almita et par extension celle de ma mère, ou tout simplement parce que c'était comme ça. Le fait est que l'image de ce verre se remplissant d'eau produisit en moi une sensation de dilatation et de soulagement, comme si en plus du verre, le geste emplissait aussi un espace vide de ma poitrine. J'eus soudain envie de pleurer, de demander à cette femme de s'occuper de moi, de s'asseoir près de moi et de m'accompagner pour toujours, et j'avais beau savoir que c'étaient là des sentiments disproportionnés, ma lucidité sur leur caractère irrationnel ne leur ôtait pas pour autant d'importance, ni n'allégeait leur vérité et leur profondeur dans mon cœur. Je savais que quelque chose en moi avait été bouleversé ces dernières heures, ou ces derniers jours. Il était plus qu'évident que je ne me percevais pas exactement comme le même individu et que je ne devais donc pas prendre mes impressions au pied de la lettre, mais tout en sachant cela je me laissais aussi emporter par ce courant imprévu de familiarité. L'assistance de cette femme, avec son verre à la main et sa généreuse carafe, m'était devenue nécessaire, quasi indispensable, et la perspective d'affronter sa perte d'un moment à l'autre me parut une menace terrifiante.

– La rivière, dis-je. Je ne savais pas si je voulais parler de la rivière de quelques minutes plus tôt, celle du rêve où je devais défendre mon radeau de l'attaque des piverts, ou de ces eaux dans lesquelles j'avais plongé d'un toit de tuiles, à un moment qui pouvait remonter à quelques heures, à un jour ou une semaine.

Elle m'approcha le verre des lèvres.

– Je vais vous faire boire, ne vous redressez pas.

À ces mots, je me rendis compte que j'étais appuyé sur plusieurs oreillers et que ma position était beaucoup moins horizontale que je l'imaginais. Le contact avec le verre rafraîchit mes lèvres avant l'eau dont un petit filet inonda ma langue, les muqueuses des joues et enfin ma gorge. J'avais l'impression de boire le premier verre d'eau de ma vie. Après quelques gorgées, elle le retira comme une mère retire un biberon. Jamais je ne m'étais senti aussi inutile, aussi vulnérable.

– On vous donnera une autre gorgée dans quelques

minutes. Mais petit à petit, parce qu'il ne faut pas vous réhydrater d'un coup, dit-elle.

L'éloignement du verre fut pour moi une forme extrême de privation, mais je n'opposai pas de résistance.

– La rivière, répétai-je après avoir dégluti. Qu'est-ce qui s'est passé avec la rivière ?

– Ne vous inquiétez pas. Il n'y a plus de rivière. Il y a eu une inondation dans la région, la plus grande de ces dernières années, et beaucoup de personnes ont besoin d'aide. On vous a trouvé dans l'état ou vous êtes, mais en réalité vous êtes plutôt en bonne santé. Vous avez dû rester longtemps exposé au soleil, mais malgré les brûlures, les signes vitaux sont normaux et vous êtes sain et sauf. Vous allez rester hospitalisé le temps qu'on vous soigne et que le neurologue vous examine, il va venir dans quelques minutes.

– Pourquoi ? Qu'est-ce que j'ai ? dis-je en décollant à peine mon torse du lit en un réflexe qui provoqua une nouvelle et déchirante sensation de brûlure. Elle me regarda avec indulgence et replaça un oreiller.

– Ne vous redressez pas, faites-moi ce plaisir. Vous n'avez rien de grave, mais vous avez passé un jour et demi inconscient et quelqu'un doit vous examiner avant de vous laisser sortir. Pendant ce temps, vous aurez un bon lit et de bons repas, et je m'occuperai personnellement de vous. Que voulez-vous de plus ? me demanda-t-elle avec un sourire maternel.

Elle regarda de nouveau mes mains. Je m'imaginai en plein soleil, vulnérable, à la dérive. Comment était-il possible que je sois resté inconscient au milieu de la rivière ? N'aurais-je pas dû me noyer si cela s'était passé ainsi ? Je tentai de me rappeler le déroulement des événements depuis le moment où j'avais sauté à l'eau, mais tout était confus et les faits ne semblaient pas former une séquence logique. En revanche, j'étais sûr et certain d'avoir sauté à l'eau. Ensuite, selon ce que je me rappelais, je m'étais retrouvé au milieu de plantes flottant à la surface, emmêlé un instant dans les feuilles, puis libéré. À un moment, j'avais vu passer deux vaches qui tentaient de nager, les yeux exorbités, et poussaient des mugissements effrayés. Cet instant d'inattention m'avait empêché d'atteindre mon sac, qui s'éloigna inexorablement dans le courant. J'avais fait alors une longue série de brasses inutiles pour échapper au torrent qui descendait vers le lit du fleuve, une pente où la profondeur de l'eau devait atteindre plusieurs mètres. À partir de là, tout devenait de plus en plus confus et même s'il me restait le souvenir angoissant d'être sur le point de succomber d'épuisement, l'issue de ce long moment critique avait disparu de ma mémoire. Il se perdait, s'étirait sans présenter aucun incident auquel le souvenir aurait pu se raccrocher, jusqu'à ce que, de but en blanc, je me retrouve fébrilement agrippé à un morceau de bois, un madrier que je n'avais pas vu venir vers moi et qui était devenu mon radeau, ma maison et mon seul espoir. N'aurais-je donc pas pu, grâce à mon proverbial talent de nageur, m'éloigner du courant, rejoindre la rive et oublier ce mauvais pas ? Bien sûr que non. Le courant filait vers le lit de la rivière en m'éloignant des deux berges. Il y eut un moment, que je ne saurais pas situer dans le temps, où la poursuite de mon sac cessa d'être prioritaire. Il disparut de mon champ visuel, et de mon intérêt, dès l'instant où je sentis que j'allais mourir. De tous mes désirs et de mes projets, toujours aussi brillants que frustrés, il ne me restait plus qu'à m'agripper à cette planche de salut imprévue comme à un dernier amour, serrer les doigts jusqu'à les incruster dans les veines du bois et m'en remettre au destin.

Après, tout devenait brumeux, il ne m'était pas possible de distinguer le souvenir du rêve. Il ne restait que la vision d'oiseaux noirs et le souvenir prolongé d'une atroce migraine, les yeux fermés et la gorge brûlante comme si je flottais sur du feu à la place de l'eau. Et à partir de là, presque plus rien.

– Eau ? dis-je de nouveau, comme si j'adorais ce mot et devais le répéter à tout bout de champ. En vérité, je ne savais pas si je voulais de l'eau. Je ne savais pas si je voulais, maintenant, autre chose que la voix de ma regrettée tante Almita. L'entendre refuser ma demande par une autre phrase balsamique. « Non, reposez votre tête sur l'oreiller. » Ou peut-être, avec un peu de chance : « Tenez, ne vous désespérez pas. » Mais je n'eus droit qu'à son regard attentif, quasi contemplatif, et un silence hospitalier.

– Eau, répétai-je sur un ton plus impératif.

À cet instant la porte s'ouvrit et j'entendis des pas qui semblaient plus sautiller que marcher. Un bruit de talons décidé, de longues enjambées et un rythme régulier, comme de danseur.

– Je vous ai entendus parler depuis le couloir. Quel soulagement, dit une voix masculine, dont le corps m'apparut l'instant d'après.

Un torse mince et long, revêtu d'une blouse blanche, se matérialisa derrière Almita, près de la fenêtre. Il tenait à la main une enveloppe jaune, qui devait contenir des radiographies, et qu'il agitait nerveusement. Sur son visage coexistaient un franc sourire, des dents blanches et des sourcils froncés et inquiets qui surmontaient des yeux d'aigle. Il semblait m'observer à travers une loupe, car le centre de son regard se perdait dans les détails de mon visage sans jamais s'arrêter sur mes yeux. Je me troublai de sentir qu'il m'évitait.

– Oui, il est lucide et il réagit, répondit Almita réjouie, presque fière. Elle semblait parler des progrès d'un élève appliqué.

– Ah, très bien, fit l'homme, sans pour autant détendre ses sourcils.

Il remarqua que j'observais sa façon d'agiter l'enveloppe et s'arrêta aussi sec, comme si ce mouvement pouvait être révélateur de l'inquiétude qui le provoquait. C'est du moins ce que j'imaginai. Il y avait sur son visage un air de dissimulation, de honte, comme s'il craignait que son regard trahît une faute.

– Je vous laisse ? demanda Almita avec naturel.

– Non ! fis-je sans réfléchir, presque avec désespoir. Un vieillard de mon conseil intérieur s'était soudain dressé en pleine assemblée pour réagir avec ma voix. Il y eut un silence, dont Almita et l'homme aux radiographies profitèrent pour échanger des regards. Bien que la question à laquelle j'avais répondu avec virulence ne m'eût pas été adressée, Almita m'accorda la faveur de rester. Elle recula simplement d'un pas vers la fenêtre, d'où elle me sourit en silence. L'homme fit alors une brève moue, déglutit – autre signe de mauvais augure – et leva la main qui tenait les radios.

– Bon, voyons cela. Je vais vous dire un peu ce que nous avons trouvé. Comme vous avez passé beaucoup de temps inconscient, et pour écarter la possibilité d'une attaque, nous avons pris ces radiographies du crâne, dit-il comme s'il décrivait un petit problème technique, qui ne me concernait qu'accessoirement. – Alors… nous avons trouvé quelques détails qui méritent un entretien et de nouvelles recherches.

– Pourquoi ? Qu'est-ce que j'ai ?

Je commençai à avoir sérieusement besoin de ce verre d'eau, ou d'autre chose, pour calmer mon exaspération croissante. Il me manquait quelque chose, bien que je ne sache pas exactement quoi. Je me rappelai alors, comme s'il s'agissait d'une lointaine image de mon enfance, l'étiquette du Port-au-Prince. Je pensai ensuite à mon père, à sa façon de tenir les verres, les coupes. Je revoyais la posture solennelle qu'il adoptait sur la terrasse donnant sur le jardin, ces lointains après-midi où il se félicitait, tout seul et en marmonnant, de quelque succès académique dont en général il n'avait pas pris la peine d'informer les autres. Ces soirées où il semblait trinquer avec lui-même, en prenant l'air seigneurial avec lequel on sirote un cocktail à la résidence d'un ambassadeur, mais seulement jusqu'au moment où il portait le verre à ses lèvres et où sa figure semblait fondre soudain, lâcher la bride à une ancestrale angoisse et où il absorbait une suite désespérée de gorgées infantiles. J'imaginai qu'en ayant de nouveau devant moi le verre d'eau, je le boirais aussi avidement que lui le sien, en le pressant dans ma main comme s'il allait m'échapper, ou pis encore me trahir. Alors, avec l'écho de la question « qu'est-ce que j'ai » encore bourdonnant à mes tempes, je me rendis compte que cette réminiscence de mon père et de ses accès d'angoisse, était aussi un indice de son extrême fragilité. Bien sûr, la circonstance qui me permettait de voir aussi clairement sa faiblesse était le fait inévitable et évident que face à moi ondoyait une enveloppe de radiographies, des clichés crâniens qui n'étaient pas cette fois ceux de mon père mais les miens, et m'obligeaient, plus que jamais, à me mettre à sa place.

– Qu'est-ce que j'ai ? répétai-je comme si ma question n'avait pas été assez claire la première fois.

Je crois qu'au manque d'explication concise de ce que j'avais, s'ajoutait cet incessant et hypnotique balancement de l'enveloppe, qui me donnait l'impression d'être une sorte de code secret, un langage de signes par lequel m'était communiqué le véritable diagnostic de ma situation, mais en cachette, tandis que les bouches se taisaient et arboraient des sourires forcés. Ils me cachaient quelque chose, car ce n'était pas pour rien qu'ils me parlaient comme à un débile mental ! Ah, si cet homme avait prolongé son silence une seconde de plus, je l'aurais pris par le revers de sa blouse. Du moins si mes brûlures me l'avaient permis. Enfin, heureusement pour lui, le médecin se décida à relever la tête et à poursuivre avant que ma bulle d'anxiété n'explose.

– Il y a une portion de tissu, dit-il en sortant une radio de l'enveloppe et en la plaçant entre mes yeux et la fenêtre, là sur la zone basse du pariétal, qui semble présenter une plus grande densité que les zones voisines… Vous voyez ? Là… fit-il en indiquant l'endroit.

Je cherchai près de son doigt en m'attendant à découvrir, avant de me demander pourquoi, une réplique de l'horrible amande de mon père. Mais à sa place je trouvai une tache différente, une floraison irrégulière et hérissée, comme une espèce de chardon pointant ses piquants dans toutes les directions, enclavé dans un coin à force de planter dans la chair ses longues épines. En reprenant mon souffle avant de jeter sur cette fleur un deuxième coup d'œil, j'observai de nouveau le profil qui se dessinait sur cette radiographie. C'était ma vieille silhouette de toujours, à laquelle s'ajoutait cet indice imprévu du paysage intérieur. Je voulus tirer quelque consolation du fait que, du moins sur ce cliché, je ne ressemblais guère au profil que j'avais vu sur les radios de mon père. Mais je ne me faisais pas d'illusion. Il était vrai qu'au premier coup d'œil, je ne lui ressemblais pas. Mais ensuite, si on gonflait par l'imagination le revêtement potelé qui entourait le visage, on commençait à s'approcher inéluctablement du visage qu'il m'avait légué. C'était sur la forme générale du visage que se manifestait la ressemblance. Car je n'étais pas structurellement différent du dernier professeur Brener. À peine avais-je souffert plus que lui de la faim et des privations, et mon enveloppe charnelle était alors insuffisante pour personnifier, comme lui, la belle vie. Et bien que ma dentition fût beaucoup plus complète et plus régulière, elle témoignait aussi d'une enfance sans mère, sans desserts et sans friandises. Mais je ne cédai pas à la tentation de retomber dans un puits de sentimentalisme. Je me rendis compte que l'objectif de ma démarche comparative était d'éviter de toutes les façons possibles de m'appesantir sur la tache qui m'était signalée. Assez, me dis-je. Ici, il n'y a pas de professeur qui tienne. Tu vas regarder ce maudit chardon bien en face. Regarder chaque épine avec courage et retenue, car cette radiographie n'est pas celle de deux personnes mais d'une seule : toi-même.

Alors je regardai, au début comme on observe une gravure ou un timbre rare, de ceux qui tirent justement leur valeur d'avoir un défaut. Au bout de quelques secondes, je voulus croire que je me sentais serein. Je levai les yeux et soupirai, comme si quelque chose m'avait soulagé. Je me persuadai que cette tache n'était pas une tumeur. Les tumeurs ont une forme d'amande. C'est archi connu. Une forme d'amande et elles grossissent de façon régulière et systématique jusqu'à tuer leur hôte, et cela après leur avoir laissé le temps de rédiger leur testament. Ou deux testaments, ou plus.

Cette petite fleur sombre doit être en réalité une sorte d'hématome. C'est sans doute cela, pensai-je, d'où sa forme arborescente. Elle tend les bras dans tous les sens parce que c'est un hématome qui implique un groupe réduit de vaisseaux sanguins et qu'un peu de repos suffira à résorber. En plus, je ne suis pas ici à cause d'une tumeur mais de ces coups de soleil, ça saute aux yeux, finis-je par me dire avec beaucoup d'aplomb. Mon diagnostic était posé.

– Cet hématome, c'est à cause de l'insolation ? dis-je en prenant un ton qui se voulait à la fois assuré et détaché, mais en sentant dans mon for intérieur que ces mots étaient un peu fuyants et malaisés à prononcer.

– Quelle insolation ? me demanda le médecin déconcerté.

Sa réaction me fit sortir de mes gonds. On ne lui avait donc pas expliqué ? S'il ne connaissait même pas mon dossier, pourquoi diable venait-il me coller ces radios sous le nez ? Était-ce un étudiant qui faisait son internat, un novice capable de confondre mes antécédents avec ceux d'un autre patient ? Mon visage ressemblait en effet à celui du cliché, avec ou sans fleur ! Et apparemment c'était moi, malgré ce sévère, très sévère hématome ! Comment se faisait-il que cet individu n'ait pas eu la correction élémentaire de s'imprégner de mon cas avant de venir me parler ? Bien sûr, bien sûr que j'avais été victime d'une grave insolation. Sinon, comment expliquer la confusion qui régnait dans ma tête et m'empêchait de savoir avec certitude si mon corps était bien le mien, si ces radios étaient les miennes ou celles de mon père, si aujourd'hui était aujourd'hui ou hier, ou seulement un rêve ?

– Mais l'insolation, enfin ! Vous ne voyez pas que je suis brûlé de partout ? Demandez à Almita, elle va vous expliquer ! répondis-je, écumant de rage, en haussant le ton.

– De quelle Almita parle-t-il ? Ce patient a-t-il eu la visite d'un proche ? demanda-t-il à l'infirmière en s'efforçant d'afficher un calme que son attitude démentait.

Il m'avait déjà donné l'impression d'être égaré au moment même où il était entré en sautillant vers mon lit comme un arlequin. J'avais remarqué ce regard torve qu'ont les employés des pompes funèbres. Et pourtant, il se pavanait en faisant des simagrées dans son déguisement de médecin, et il ne se tut pas avant de s'être offert le plaisir de tout confondre et de me rendre furieux !

J'essayai de me calmer et de récapituler la situation, car malgré la légitimité de ma colère, je pressentais qu'à cet instant je ne disposais pas de tous mes outils analytiques. Après tout, j'ignorais encore la succession des événements qui s'étaient déroulés jusqu'à mon arrivée ici, et ne comprenais pas clairement pourquoi j'étais seul ou, pis encore, accompagné de cet horrible individu, face aux augures duquel la présence de tante Almita, ou du moins sa voix, ne parvenait pas à me rasséréner.

– Vous avez des brûlures importantes, mais pas graves. Et même si vous êtes resté plusieurs heures au soleil, on vous a trouvé avec les cheveux et les vêtements encore humides. Une des raisons pour lesquelles on vous a fait ces radiographies, c'est que pendant ce très long moment où vous êtes resté inconscient, vous ouvriez souvent les yeux, vous réagissiez phobiquement à la lumière et faisiez des gestes désordonnés avec vos mains. Aucun de ces comportements n'est caractéristique d'une insolation, dit l'homme déguisé en médecin. Ou peut-être seulement une voix qui sortait de lui. Une voix étrangère.

Ah ! Je ne voyais pas où il voulait en venir. En tout cas, il fallait l'arrêter, le faire taire, ou au moins enrayer un instant son irritant baratin pseudo-clinique, car il continuait à lâcher la bride à ses insinuations que rien ne semblait pouvoir endiguer. Je lançai un regard insistant à Almita pour la prendre à témoin de l'humiliation qui m'était infligée. Hélas, elle eut à cet instant l'idée de sourire, ce qui finit par me faire mesurer la solitude dans laquelle j'allais désormais traverser cette situation. Si elle aussi m'abandonnait, si ma propre tante me laissait à la merci de l'effronterie hystérique de cet étudiant, alors tout espoir était perdu. N'importe qui pouvait entrer à tout moment, habillé en magicien ou en fée, pour me dire qu'on allait m'extirper la tête, et cette annonce ne provoquerait dans l'assistance qu'une nouvelle vague de sourires et d'applaudissements. Si je devais endurer ce calvaire sans aide, il me fallait du calme, être attentif à ce qu'on m'annonçait et accueillir avec froideur les décisions. Mais malgré cette nouvelle disposition d'établir des contacts avec ces visages et ces voix, je compris que toute tentative de suivre le fil était compromise par l'irruption continuelle de ma propre pensée. Un murmure circulaire roulait dans ma tête : « Insolation, insolation, insolation », répété sur un ton monocorde et feutré. Cette voix était la mienne, mais étrangère en même temps, et son insistante litanie m'empêchait de saisir ce que disait le médecin, quelques sons à peine qui se glissaient par les interstices de cette espèce de prière, des bribes détachées, comme l'écho lointain d'un tumulte dans une rue voisine, dont l'ouïe ne parvient pas à relier les mots.

– Avec ultraso… Probabili… Urge… Évanouissements répé… Aide… Docteur Manzini. – À cet instant, mon discours intérieur s'arrêta net, car ce dernier mot rompit soudain le cercle protecteur de ces insolations ininterrompues qui s'était établi autour de moi, et l'instant d'après j'étais revenu au centre de mes inquiétudes et avais complètement écarté ce petit docteur d'opérette que j'avais devant moi, au bénéfice de ma vieille terreur de Manzini, lequel, apparu dans ma vie comme avocat, puis comme professeur, jugeait bon maintenant d'être présenté comme médecin, c'est-à-dire, comme une présence impliquée dans ma récupération ou mon décès. Il allait m'opérer, ou quoi ?

Assez, bon Dieu ! me dis-je. Il fait chaud ici, ou c'est cette peau ampoulée qu'on m'a posée dessus ? Je fermai les yeux avec l'illusion que dans l'obscur paysage intérieur qui allait s'offrir alors, je me sentirais plus libre de l'influence de mon tuteur. Je respirai profondément en essayant de profiter de cette longue étendue noire qui emplissait ma tête, de m'y installer comme si c'était le dernier réduit de mon existence et de m'abandonner à ma propre dérive. Si je devais mourir à cet instant précis, ce serait en paix, ou du moins dans un état minimal de recueillement. J'attendis et serrai les paupières pour que ce noir soit plus douloureusement intense, fuyant ainsi les vestiges rougeâtres de la lumière et des choses de ce monde. Mais il n'y eut ni paix ni recueillement. Comme ce passage vers l'intérieur était ardu à entreprendre, je tentai de convoquer une présence amie pour me guider dans les ténèbres, qui me prendrait la main et me dirait qui j'étais, d'où je venais, ce qu'était devenue la personne que j'étais et où je pourrais la trouver. Je finis par exhaler le peu de souffle que j'avais retenu de ma dernière inspiration, en l'expirant par paliers, comme le font les fakirs, de façon à être délivré d'une partie des craintes qui brouillaient mon entendement.

Aníbal, me dis-je pendant cette exhalation, Aníbal, Aníbal, Aníbal… La sixième ou septième fois que le mot vint sur mes lèvres, je m'interdis de le répéter, sachant qu'au bout de dix énonciations machinales, tout mot perd son sens, et le nom de ce brave Aníbal avait déjà subi trop de dévaluations pour lui infliger un nouveau désastre. J'essayai alors de lui substituer une image. Celle de l'Aníbal le plus lointain que je puisse invoquer. Je voulais me revoir jeune, dans la tenue de l'équipe d'aviron, prêt pour la compétition, avec un grand sourire, mais ce garçon-là ne répondit pas à mon appel, peut-être parce qu'il s'agissait justement d'un appel désespéré. À cette invocation succéda un accès de vertige, que je pris un instant pour la mort. Je crus que cette chute en moi-même était une entrée dans le tunnel qui nous conduit dans l'autre monde. Mais je ne mourus pas. C'est à peine si s'alluma une lueur ténue, qui découpait la silhouette d'une tête humaine. Je sentis alors que je n'étais pas seul. Que quelqu'un me regardait dans l'ombre.

Vint alors à mon secours un enfant, mais si petit que je ne lui trouvai aucune ressemblance avec moi. Et pourtant je pus reconnaître qu'il tenait d'une main Taté par le cou, dont l'identité ne souffrait aucun doute, car ce museau en mousse semblait miauler, ou plus exactement miauler pour moi sans que les adultes le remarquent, prouesse que seul ce chat était capable d'accomplir. Alors, tandis que ma main répondait à ce miaulement en secouant Taté par le cou, je vis entrer par la grande porte de la salle à manger ma mère, ou du moins une jeune femme qui lui ressemblait beaucoup, sauf par ses vêtements que je ne reconnaissais pas. Elle bougeait comme ma mère, me regardait comme elle, et je venais de reconnaître mon chat en mousse comme l'habituel appendice de ma main, mais cette personne portait aussi sur la tête un plumet coloré et une cape, et ses yeux se cachaient derrière une espèce de masque orné de paillettes.

– C'est maman. On va au bal masqué. Je suis déguisée en oiseau de paradis.

Elle était jeune, cette maman si bizarrement habillée. Elle me regarda avec une indicible douceur, s'approcha et me caressa les joues de ses doigts légers comme l'écume. J'avais beau reconnaître son visage et sentir sa chaude présence, ça me gênait qu'elle soit déguisée, car tout ce qui déformait l'idée que ma mère était éternelle et immuable me perturbait. Mais cela l'amusait de me montrer son déguisement et moi j'aimais la voir sourire, fût-ce aux dépens de ma vie future.

Derrière elle entra une femme avec le visage de papa. Il portait des bas de femme montant jusqu'aux cuisses et une espèce de caleçon partiellement caché par un pourpoint. Au bout d'une bandoulière croisée sur sa poitrine pendait une longue épée dans son fourreau. Son visage maquillé était couronné d'une perruque tenue par une espèce de toque, pleine de rubans et de paillettes.

– Papa est une femme, dis-je épouvanté.

Je voulais éviter à tout prix que cette présence s'approche de moi. Je me cachai derrière une chaise en m'écartant de la table. Je n'avais jamais vu mon père quitter sa tenue habituelle, c'est-à-dire une veste de laine et une chemise blanche, de sorte que cette variante perverse de sa personne, mi-femme, mi-spadassin, était pour moi aussi intrigante que menaçante. Je sentis mon visage déformé par la terreur. Cela ne l'empêcha pas de faire deux pas vers moi et de commencer à me parler :

– Papa n'est pas une femme. Papa est un valet d'épées, la figure qui porte le numéro dix sur le jeu de cartes espagnoles, et qui ne représente pas une femme, mais un page, un personnage qui était souvent un serviteur du chevalier, mais aussi son messager et confident, et que l'on trouve pour cette raison dans les romans de chevalerie. Elle te plaît, l'épée ? dit ce personnage d'un air théâtral, comme s'il ne s'adressait pas à un enfant de quatre ans, mais à une foule muette de présences cachées.

Son explication ne m'encouragea guère à quitter mon abri derrière la chaise. Tout au contraire m'incita-t-elle à me cacher encore plus, car découvrir que la femme à l'épée avait la même voix que mon père ne faisait que confirmer mes raisons de m'enfuir en courant, augmentées par le surgissement de cette bande sonore. J'imaginais que cette femme avait dévoré mon père vivant, en le privant ainsi de certains de ses attributs, comme son regard ou sa voix, dans un acte horrible d'appropriation que la présence de ces cheveux raides et féminins ne faisait que rendre encore plus criminel.

Il y avait quelque chose de très perturbant dans le soin avec lequel la femme-père s'était pomponnée. Une longue mèche de la perruque lui tombait sur un œil, comme peignée avec application, et la position de son bonnet, incliné théâtralement de côté, semblait également parfaitement étudiée. Il me manquait encore bien des années pour affronter mon premier déguisement, qui fut alors ce malheureux petit costume d'Étrusque, mais la rigueur avec laquelle mon père avait composé ce valet d'épées anticipait les penchants obsessionnels dont j'allais avoir à souffrir un jour. Bien sûr, il n'y avait rien mal dans le fait qu'il se soit déguisé, à condition que je ne sois pas obligé de penser que cette femme avait assassiné mon père. Mais rien dans son attitude ne suggérait qu'il s'agissait en effet de mon père, donc il ne me restait plus qu'à croire que cette femme l'avait tout bonnement avalé. Je trouvais par ailleurs suspecte cette fascination, qui se lisait sur son visage lorsqu'il admirait l'épée. Il regardait sa poignée et son fil, comme voulant vraiment s'en servir. Cet amour pour l'arme et son costume me faisaient peur, et si à cet âge j'avais disposé des mots, j'y aurais vu une espèce de perversion. Car dans une certaine mesure, la preuve la plus patente que cette femme n'était pas mon père tenait à ce qu'en me parlant, elle ne parvenait pas à me persuader que je n'avais rien à craindre. Je savais, même à cet âge précoce, que de nombreux jeux supposent que l'on assume un rôle différent de ce que l'on est. Mais je savais aussi, en jouant avec un autre enfant, que sous le personnage qu'il choisissait d'incarner, il y avait un individu prompt à abandonner son rôle dès qu'il devait relacer ses chaussures, chasser une mouche ou répondre à l'appel de sa mère. Et que si sérieux soit le jeu, le personnage coexistait de toute façon avec un plan plus proche de la réalité, où on restait soi-même malgré ce que l'on prétendait. Le déguisement de mon père, en revanche, ne semblait pas un jeu, mais une tentative d'imposture qui, pour réussir, devait déplacer complètement l'image de l'homme qu'il était avant de devenir un valet d'épées. Ce qui expliquait le langage distant qu'il avait employé en me parlant, même après avoir constaté que j'étais terrorisé. Il ne voulait pas que la simple terreur d'un enfant, quel qu'il soit, fasse perdre de la hauteur à son personnage. Il ne voulait pas devoir être Wolfgang Brener en étant ainsi vêtu, mais un authentique valet d'épées. Il ne voulait pas être contraint d'être mon père pour des raisons banales après avoir mis tant d'application à être un autre.

Je compris soudain que cette scène avait été un

moment fondateur de la terreur que m'avait toujours inspiré sa personne. Mon père, comme je le voyais maintenant très clairement, était un individu qui n'aimait pas que son fils, en lui réclamant proximité ou consolation, risque de lui faire perdre importance, éclat ou grâce. Et tout comme il s'était comporté ce jour-là, dans ce déguisement, il se comporterait ensuite face au départ de ma mère, à mon expulsion de la faculté et à l'annonce de la maladie qui allait le tuer. Dans toutes ces circonstances, il préféra sauver les apparences et perdre quasiment tout le reste. Reproches mis à part, cette constatation me faisait plutôt éprouver pour lui une profonde peine, car quelles que fussent les conséquences de sa comédie permanente sur ma vie, le fait est qu'il avait agonisé sans lever le petit doigt pour demander de l'aide et qu'il avait préféré mourir seul et désemparé, plutôt que de se permettre un seul jour d'humanité.

Je serrai encore plus fort les paupières. Je remarquai qu'au cœur de ces ténèbres j'étais encore un individu sain, exempt de brûlures, d'hématomes ou de chardons sauvages, capable de suivre son propre fil, d'examiner les choses de sa vie et même d'aventurer des conclusions. Cependant, de tous ces brusques aperçus sur la vie et la mort de mon père, me restait maintenant, plus que n'importe quelle idée, la tristesse de n'avoir pu l'aider à mourir. De l'avoir laissé si seul, comme je l'étais maintenant, cerné d'ombres et de voix incertaines. Ce fut alors, au moment même où je me représentais encore son agonie, que je vis de nouveau déployées devant mes yeux ses radiographies (ou les miennes ?) et au souvenir de sa tumeur, cette fleur épineuse logée sur l'ouïe (ou était-ce une amande ?), je me sentis envahi par un courant de désespoir semblable à celui qui m'avait poussé à me jeter à l'eau pour récupérer mon sac.

– Et le sac ? dis-je alors tout à coup en revenant dans la chambre d'hôpital, sans avoir cessé de percevoir sur le côté le regard du valet d'épées, dont la présence m'obligeait à continuer de tenir le gentil Taté par le cou. – Le sac de mon père ! Quelqu'un a trouvé le sac ?

Cette question désarma complètement le petit docteur. L'imposteur se tourna de nouveau vers Almita en faisant des simagrées. Mes questions perturbaient son manège et il commençait à se demander – c'était évident – s'il devait persister dans sa farce clinique. Même mon pauvre père, malgré son déguisement et sa perruque, le regardait maintenant de son coin avec un œil réprobateur. Il y eut un très long silence, pendant lequel Almita s'approcha un peu et me regarda avec la plus grande douceur possible. Elle posa sa main au bord du lit comme si elle allait me caresser la jambe par-dessus le drap. C'était une gentille femme.

– Nous cherchons à comprendre si votre confusion est due aux événements de ces dernières heures, ou si vous êtes conscient d'avoir eu des évanouissements, des céphalées, ou des épisodes de désorientation, dit-elle enfin. Puis elle se tut, pleine de compassion.

Ah, Almita ! Qu'essayaient-ils donc de me dire tous les deux ? Je fus un instant plongé dans une grande perplexité. N'était-ce pas ce docteur qui voulait semer la confusion ? Maintenant on me disait que le désorienté, c'était moi et que cela remontait peut-être à loin ! J'hésitai avant de répondre. Je savais qu'en ce moment je ne disposais pas de toute la clarté que j'avais avant, dans ma jeunesse. Serait-ce que les lumières de la raison m'abandonnaient prématurément, comme m'avaient abandonné très tôt dans ma vie la tendresse et le dévouement de ma mère ? Je cherchai dans ma main le sourire de Taté, mais il n'était plus là. J'ouvris les doigts qui me brûlaient et vis ma paume vide. Le chat était parti. Je n'osai même pas regarder sur le côté par crainte de découvrir le valet d'épées en train de me surveiller. Bien qu'à tout moment, sur l'autre plan de ma conscience dédoublée, je sache avec certitude que cette femme était mon père et que mon père était mort. Et qu'Almita n'était pas Almita. Et pourtant, toutes ces visitations m'étaient si vitales, si nécessaires ! Était-il donc vrai que je sois en pleine confusion ?

– Écoutez, dit l'homme en blouse blanche après avoir poussé un long soupir. Je vais vous parler franchement, mais j'ai besoin de votre attention maximale, parce que je ne veux pas que vous traversiez cette situation à moitié endormi. Nous pensons, à cause de la forme de la tache sur la radio et parce que vos compagnons nous ont dit que vous aviez eu des épisodes d'évanouissement, qu'il peut s'agir d'un méningiome. Les méningiomes sont le plus souvent bénins, mais leur pouvoir destructeur tient à leur capacité à déplacer et à comprimer le tissu sain qui les entoure. Ils peuvent mettre des années à croître et ils ne développent pas de métastases, à condition qu'ils soient effectivement bénins. Mais nous pensons que le vôtre a déjà beaucoup grossi.

C'était donc le nom qu'ils donnaient à la tache et à mes problèmes. Méningiome. Et moi qui en toute candeur avait voulu voir dans cette tache une fleur, alors que cette maudite floraison avait déjà un nom on ne peut plus technique ! Comme je me trompais, alors, sur mes suffocations et mes insolations. Je me voyais déjà courir comme un doux rêveur dans un champ de méningiomes, me pencher pour en cueillir un et l'approcher joyeusement de mon nez avec un soupir énamouré !

Soudain, avant que je puisse me remettre de cette profusion florale, la porte de la chambre s'ouvrit sur la seule personne qui aurait été capable de me faire tomber par terre juste pour que je puisse sentir le parfum d'une fleur. D'un pas martial, mais aussi avec une expression d'infinie miséricorde, s'avança dans cette humble chambre d'hôpital Selma Badembauer, ma fiancée de toujours. Son entrée me parut tellement providentielle, tellement angélique, que je dus cligner des yeux et me demander si cette nouvelle apparition n'était pas un autre rêve né des affres de la mort. Mais après un premier clignement d'yeux, suivi d'un autre, il me sembla qu'elle était bien là. C'était la plus heureuse arrivée que j'avais en mémoire, car il me fallait de toute urgence la protection d'un ami, ou du moins de quelqu'un réunissant la double condition d'être une connaissance et d'avoir toute sa tête. Dans un coin de mon cœur, Selma était encore une amie, et bien qu'elle n'eût jamais été un modèle de raison, elle avait quand même trouvé le moyen d'obtenir une bourse qui aurait pu me revenir et de se marier avec l'auteur de… De quoi, au fait, son cher vieillard était-il l'auteur ? La liste de ses œuvres complètes s'était effacée de mes archives ! Quelle chaleur d'enfer il faisait dans cette chambre ! En tout cas, je souris au point de sentir des élancements au visage, le seul endroit de mon corps auquel avait été épargné le calvaire des brûlures et des tiraillements.

Derrière Selma venait Cándido, dont je me rappelai le nom malgré mon état confusionnel, sans doute parce qu'il était irrémédiablement associé au mot « imbécile », un vocable que je n'oubliais jamais, même endormi.

Je m'étais senti jusque-là si triste et si seul, que même l'arrivée d'un individu aussi banal me réjouissait. C'était, après tout, quelqu'un qui connaissait mon testament et qui m'avait vu sauter dans la rivière en crue. Et cela suffisait pour que je me fasse au moins une ébauche de ma situation.

Selma s'approcha du lit et s'assit au bord, sans se rendre compte que le déplacement des draps avait réveillé mes brûlures, cette fois sur les jambes. Mais sa présence était tellement bienvenue que j'aurais accepté avec plaisir des tapotements amicaux. Elle avait une expression qui se voulait allègre, mais trahissait son inquiétude à la vue de mon visage. Ce devait être un spectacle terrible, car garder ce sourire lui demandait un effort notoire. Ah, Selma ! Je l'aimais autant que je la détestais, mais à cet instant elle était la personne la plus proche de moi dans ce monde et je n'aurais pas échangé sa présence contre le plus flatteur des cadeaux. Je voulais à tout prix lui parler de mon père, de son amande et de ma fleur, de nos radiographies et de leur alarmante coïncidence, de la disparition subite de Taté et des divagations du médecin, mais cet inventaire pressant se coinçait dans ma gorge, refluait sans pouvoir sortir et lorsque je pus articuler un mot, je parvins à peine à balbutier :

– Ils me confondent…

Mais je n'arrivai pas à conclure ce pauvre préambule par le moindre corollaire.

De toute façon, Selma parut deviner ce que je voulais dire, car elle acquiesça nettement et me posa une main sur l'avant-bras. Comme elle ignorait la présence du personnel médical, j'en arrivai à me demander s'ils existaient ou s'ils étaient, comme la femme qu'était papa, une sorte d'apparition.

– Je sais, je sais ! dit Selma inexplicablement, car pour le moment j'ignorais ce qu'elle prétendait savoir. – En te voyant si mal en point avant-hier, j'ai eu l'impression que quelque chose ne tournait pas rond. Puis je t'ai vu sauter dans l'eau comme un fou et j'ai commencé à demander des explications. Ce matin, M. Lutz, dit-elle en désignant Cándido, après avoir eu pendant des semaines honte de la conduite de son associé, m'a expliqué l'iniquité du testament et de ses conditions, il m'a révélé comment tu avais été exclu de la vie de ton père pendant les dernières années, et aussi les circonstances de tes déboires professionnels et financiers. La cruauté de ces personnes m'a glacé le sang. J'ai eu une discussion des plus abruptes avec le professeur Manzini, qui vient d'emmener Rolf dans un café pour tenter de se justifier. Il n'a pas eu le bon sens de comprendre que la personne auprès de laquelle il devait se justifier, c'était moi.

Elle marqua alors une pause seigneuriale, dont je profitai pour me demander comment diable il était possible que Cándido Lutz, l'imbécile, ait appris que j'étais un traîne-savate, alors que je m'étais tellement efforcé de le lui cacher. Malgré ma désorientation, je compris vite que tant lui que Manzini avaient dû se renseigner bien avant sur ma pauvreté et qu'ils avaient voulu s'en servir comme le principal aiguillon leur permettant de me manipuler à leur guise.

Je voulus vérifier que mon père était encore là, caché sous sa perruque, afin de pouvoir le regarder fugacement dans les yeux et lui faire savoir que je lui pardonnais, mais en tournant la tête il n'y avait à l'endroit où il se tenait qu'un grand porte-sérum et, sur un flacon en plastique, la mouche qui tentait un peu plus tôt de traverser la fenêtre. Derrière cette perche métallique, il n'y avait rien ni personne. Mon père, la femme, ou qui que ce fût, s'en était allé. Maintenant que j'étais redevenu orphelin, il valait mieux me placer sous la protection de Selma et la laisser s'occuper de moi. Je me rendrais compte, peu à peu, quelles présences étaient réelles et lesquelles étaient imaginaires.

– Que s'est-il passé ? Comment m'as-tu retrouvé ? lui demandai-je avec un regard plein d'amour, d'espoir, ou plus exactement, de désespoir. J'avais envie qu'elle pousse mon lit dans un patio, sous un figuier, qu'elle me donne un verre de limonade et m'explique tout depuis le début. Où en était-elle de ses vieux projets, de sa vie de femme mariée, que pensaient de ses aventures les implacables Badembauer ? Mais évidemment elle avait un ordre du jour plus strict et plus urgent.

– Quand nous avons reçu cette très étrange invitation qui devait nous amener ici, j'ai convaincu Rolf de l'accepter. Je pensais que participer aux rencontres de Manzini me permettrait, outre de prendre des vacances et d'aller voir ma mère, d'avoir l'occasion de savoir où tu étais et de parler avec toi. Il y a longtemps que je voulais reprendre contact avec toi, mais après la mort de ton père, j'ai perdu ta trace. Je voulais régler au plus vite avec toi des affaires restées en suspens. Alors, avant-hier, quand nous sommes arrivés à la propriété et que je t'ai trouvé sur place, je n'en revenais pas que tu sois là. C'était une extraordinaire coïncidence. J'ai voulu te parler dès que je t'ai vu, mais il y avait beaucoup de monde et en plus tu t'es jeté à l'eau quelques minutes après mon arrivée. Au début, j'ai pensé que ma présence te gênait tellement que tu étais parti en courant. Alicia m'a tout expliqué. Ensuite, il a fallu des heures pour te retrouver, parce que le courant t'avait entraîné jusqu'à un endroit qu'il n'était pas possible d'atteindre sans la camionnette, qui avait coulé dans le jardin. Alors, on t'a perdu de vue. Tu as dû dériver vers un affluent de la rivière, car lorsqu'on a suivi le lit principal, on n'a pas trouvé trace de toi. On t'a cru noyé. Tu as réapparu le soir, couché sur une planche, dans un ruisseau moins profond qu'une baignoire. On a supposé qu'avant que les eaux se retirent, ce bras de la rivière était assez profond pour flotter. Mais une fois revenu à son lit normal, il était inimaginable que tu sois entraîné jusque-là. En plus, ce bras d'eau débouchait justement dans un petit champ à quelques kilomètres de la propriété, qui appartient à deux vieilles femmes en conflit avec Manzini et sa famille depuis toujours. Si bien que personne n'a songé à te chercher dans cette zone. On te croyait perdu, lorsqu'une des sœurs est venue à pied à la maison. Il était près de minuit. Elle nous a dit qu'il y avait dans sa ferme un homme d'aspect citadin, à moitié nu, qui ouvrait parfois les yeux mais ne réagissait pas, et qui était brûlé par le soleil. Pendant que je l'abritais sous mon imperméable, cette dame m'a demandé à voix basse des nouvelles d'Alicia, en se montrant très inquiète pour sa sécurité. J'ai compris alors que c'était une des sœurs Blumenthal. En l'écoutant parler, je n'ai pas du tout eu l'impression d'une mythomane. Ni de quelqu'un d'enclin à la diffamation. Bien au contraire, elle avait l'air sincère, affable et affectée. Cela a commencé à m'inspirer une méfiance croissante envers Manzini. S'il était réellement un individu correct, pourquoi avait-il pris la peine, le jour de notre arrivée, de se lancer dans une démolition en règle de ces pauvres vieilles, avant même qu'on ait défait nos bagages ou pris un bain ? Pourquoi était-il si urgent de discréditer le témoignage de ce couple de folles, si justement elles étaient folles ?

À ce moment de son récit, je me rendis compte que Selma déclamait. Il y avait des années que je n'avais pas eu l'occasion de l'entendre verser dans ses extases oratoires et, un instant, je me sentis transporté, comme dans mon rêve un peu plus tôt, dans le jardin de la maison de mon père, et plus précisément dans le rocking-chair, peut-être un après-midi où elle discourait sur le « sens vocationnel de l'existence ». Ah ! Quel dommage, quel dommage de l'avoir vue partir et me quitter pour un vieux professeur, m'ôtant ainsi toute illusion future sur elle, car quelque part en moi, je l'aimais. Je l'aimais comme on aime une grand-tante folle, ou une cousine impertinente, mais je l'aimais. Je pensai que c'était une espèce de bénédiction de l'avoir près de moi, pour vérifier que je n'étais plus amoureux d'elle, que je ne nourrissais aucun espoir de réconciliation et que, malgré cette certitude, son souvenir et sa présence éveillaient une lueur de tendresse. Je ne me sentais plus comme un de ses scarabées, abandonné au milieu d'épluchures de patate moisies, mais bien plutôt comme Badembauer en personne, ce lointain naturaliste condamné à observer ses erreurs depuis l'au-delà et à sourire avec indulgence. D'une certaine manière, sa présence brouillait encore plus les lignes du temps et perturbait la séquence correcte des faits, mais m'aidait aussi à me sentir moins confus, du moins sur le plan sentimental. Malgré ma désorientation, c'était bon de sentir mon âme libre du moindre aiguillon de dépit. Je désirais son bien de tout mon cœur.

– J'ai mal à la tête, lui dis-je en souriant comme un aliéné, car ma phrase ne convoquait aucune joie.

– Oui, excuse-moi, répondit-elle en souriant elle aussi. Je me suis un peu égarée. Je voulais juste te dire que d'avoir cru ces femmes m'a incité à me méfier de Manzini et à vouloir vérifier ce que faisait un Aníbal Brener avec de tels individus. Lutz nous a révélé, à moi et à Alicia, des détails qu'elle-même n'avait pas eu l'occasion d'éclaircir, puis il a amplifié le panorama en ajoutant d'autres détails terribles. C'est un brave homme – et elle se tourna vers lui –, n'est-ce pas ? Un brave homme uni à son associé par des liens contractuels qui l'emprisonnent comme toi.

– Pourquoi voulais-tu me voir ? Quelles affaires en suspens y a-t-il entre nous ? Moi, je n'ai aucune rancœur, dis-je avec une concision qui ne me ressemblait pas.

C'était étrange d'être aussi direct. Je me rendis compte que je commençais à me comporter comme un malade en phase terminale, pressé de laisser ses affaires en ordre. En quelque endroit de l'inconscient, l'image de la fleur avait continué à grandir, en étirant ses pétales et ses piquants jusqu'à prendre toute la place qu'occupaient avant mes anciennes peurs. Mais cela faisait du bien de pouvoir dire sans détour ce qu'on avait réellement envie de dire, même si cette nouvelle disposition tenait à une origine terrible.

– Eh bien, voilà. Après l'obtention de ma bourse, tout s'est très bien passé, dans tous les sens. Ma vie, qui était désastreuse, s'est brusquement structurée. Ma vocation, ma carrière, même ma vie sentimentale, tout s'est mis en place. C'est arrivé du jour au lendemain. Et je ne pouvais pas m'empêcher de penser que je devais tous ces bienfaits à ton idée. Avant de partir au Canada, j'ai pris sur le bureau de ton père *Conception et distribution des services dans les bains publics selon les strates sociales dans la Rome classique*. Le texte était ouvert sous sa lampe de lecture. Si bien qu'avant même de partir j'étais pleinement consciente de l'étude brillante que tu avais réalisée. Mais j'étais aussi contrariée que tu ne m'aies jamais parlé de cet essai, que tu ne me l'aies pas fait lire, que tu me l'aies simplement livré comme une idée lancée au vent, et même si j'ai apprécié, en apprenant toute l'histoire, la générosité de ton cadeau, je me suis quand même sentie flouée. Le fait est que, à chaque nouvelle conséquence bénéfique après avoir exposé ces idées comme si elles étaient les miennes, ma gratitude pour ton aide n'a fait que croître, mais aussi ma culpabilité. C'est sans doute pourquoi, lorsque j'ai préparé ma thèse, j'ai choisi comme sujet central de mon étude la façon dont l'université distingue et récompense ce qu'elle considère comme des idées neuves et originales. J'ai décidé que le mieux, le plus simple pour moi, était de faire une étude sur la manière dont ma version de ton essai s'était frayée un chemin dans les milieux académiques jusqu'à devenir un texte reconnu et même, dans une certaine mesure, un classique. J'ai fait un recensement des réactions qu'il avait suscitées dans d'innombrables colloques, des discussions où il avait été dénigré, accepté et finalement loué, et j'ai confronté chaque réponse avec les normes qui régissent les institutions universitaires qui s'en étaient occupées. Le résultat a été une grosse thèse de plus de huit cents pages. Après l'avoir terminée, et à la suite d'une longue séquence de cauchemars, de contractures et autres réactions de culpabilité, j'ai décidé d'y inclure un très long premier chapitre dans lequel j'expliquais ma vocation confuse, la façon dont j'avais été impliquée dans un conflit père-fils irrésolu, et comment j'avais fini par m'approprier le brillant travail d'un autre et de bâtir dessus un véritable succès. Mon idée était, et pour cela je voulais te demander la permission, d'inclure ton essai à ma thèse, et que l'on cosigne toi et moi l'ouvrage pour sa publication. Ton nom apparaîtrait à côté du mien. Je ne veux le publier qu'à cette condition, car c'est pour moi le seul acte de justice minimalement proportionnel au succès que ton idée m'a valu. J'ai déjà eu quatre propositions de publication, et à toutes j'ai répondu qu'avant de me prononcer je devais remplir cette condition préalable. C'est pour ça que je suis venue.

À cet instant, Cándido s'approcha, sortit de la poche intérieure de sa veste un papier qu'il me tendit en disant :

– C'est à cause de vous que je suis venu avant-hier. – Il baissa les yeux et poursuivit : – J'ai assisté très indigné à la lecture du testament de votre père ce jour-là, et j'ai constaté que Manzini ne vous avait guère laissé le choix pour remplir les conditions exigées. Il voulait à tout prix tenir une promesse qu'il avait faite des années plus tôt à Matilde, celle que son grand-père fasse un jour l'objet d'un livre écrit par un auteur prestigieux. Ce n'était pas vrai qu'il n'avait jamais pu écrire sur Dogliani. Il avait déjà griffonné d'innombrables pages, que son épouse avait toujours rejetées, car son grand-père ayant été un homme éminent, ce livre devait être écrit par une plume illustre. C'est pour cela qu'il vous a traité avec cette pompe absurde. Mais Manzini ne vous a jamais dit que l'ouvrage pouvait, par exemple, être cosigné par deux auteurs. De fait, je me souviens que votre père pensait que faire partie d'une équipe était une bonne façon de vous faire reprendre le chemin de l'université. Il n'a pas non plus mentionné que ce pouvait être un ensemble de textes brefs sur divers sujets. Car dans la lettre portant sur les conditions, rien n'interdit de telles possibilités. Mais Manzini voulait vous faire croire que votre seul choix était d'écrire sur Dogliani. J'ai étudié à fond ces clauses, car j'étais présent pendant leur rédaction et elles sont plus ouvertes qu'elles ne le paraissent. Si bien qu'accepter la proposition que vous fait maintenant Mme Mainers signifierait que ces conditions ont été respectées. Le mérite de ce livre en question vous revient indéniablement et le sujet en est de fait contemporain. Si vous acceptiez, vous seriez à l'abri de toute requête ultérieure et vous recevriez enfin l'héritage qui vous revient de droit.

Comment ? Comment ? Quoi… ? C'était impossible ! Je devais déjà être à l'entrée du tunnel et recevoir de nouvelles visites spectrales qui me présentaient des scènes, des retables en carton de vies que j'aurais pu avoir si j'avais été un individu plus accompli, plus humble, plus humain. Non, celui qui parlait à cet instant ne pouvait être Cándido. Même ce prénom de « Cándido » ne lui allait pas du tout. Et cette Mme Mainers ne pouvait être Selma Badembauer, car tout simplement le tableau qu'on dressait devant moi ne pouvait être réel. La lumière oblique qui entrait par la fenêtre et semblait peindre les visages, plus que les éclairer, les rendait invraisemblables. Où que l'on regarde, la chambre entière semblait irréelle. À peine quelques minutes auparavant, mon père n'avait-il pas été là, venu de ma lointaine enfance ou de l'au-delà pour m'annoncer que mon destin avait été scellé ? Je m'étais peut-être noyé dans la rivière quelques heures ou quelques jours plus tôt, de sorte que la scène présente ne cadrait pas avec la logique. Était-il possible que je sois déjà mort ? Si c'était le cas, cela expliquerait mon absence de souvenirs de mon arrivée dans cette chambre et un contact si ténu et confus avec mon environnement. C'était peut-être cela, l'éternité, l'endroit où l'on revivait les moments douloureux de notre vie, jusqu'à ce qu'on puisse pardonner, enfin, à tous ceux qui nous ont brisé le cœur.

Et peut-être qu'après cet épisode de pardon venait le ciel. Ou l'enfer. Ou l'endroit où sont envoyés les noyés.

Et si je m'étais noyé, je ne pouvais accuser que moi-même. Je m'étais jeté volontairement dans la rivière. Il me restait assez de conscience pour le savoir. Peut-être que dans ma noyade, mon âme ne s'était pas résignée à abandonner le monde des vivants et que ces scènes fantomatiques étaient ma pénitence pour m'accrocher à mes pauvres douleurs. Les morts allaient bientôt m'alerter sur ma nouvelle condition. Je m'imaginai bientôt confronté à Hamilcar Barca, le célèbre Carthaginois, père de l'Hannibal des éléphants, dont on disait qu'il était mort noyé lors du naufrage de son bateau sur le fleuve Vinalopó. Je me le représentai à la tête d'un grand comité d'accueil, formé exclusivement de noyés de premier rang : Ptolémée XIII, Marc Aurèle Maxence, Frédéric Barberousse, Aristobule, Commode, Ramsès, Antinoos, Enée, Protagoras… Tous heureux, pâles, humides, le regard triste, mais le sourire aux lèvres… Morts. Morts ? Mais… qu'est ce que je racontais maintenant ? D'où avait affleuré à la conscience cette longue et inutile liste de noms ? Justement en un moment de totale confusion, de désarroi, qui un instant plus tôt comportait des dates et des noms, et que j'avais du mal à comprendre, par exemple lorsque Cándido Lutz parlait de « Mme Mainers » pour désigner Selma ! D'où surgissait donc ainsi ma vieille et notoire capacité à énumérer ? Je récapitulai un instant les noms de cet absurde groupe de noyés et la seconde d'après je regardai mes mains abîmées et couvertes d'ampoules. Bien sûr que j'étais vivant ! Mille petites brûlures me prouvaient que j'avais encore un corps. On pouvait même dire qu'en ce moment, j'étais plus vivant que jamais, car je venais de me retrouver en face d'une des sources de mon malheur et d'en recevoir le premier souffle de justice qui m'était accordé depuis de longues années ! Si ce que disaient Selma et Cándido était vrai, Aníbal Brener était un individu sur le point de devenir très prospère. Et si toutes ces hallucinations devaient m'accompagner pour toujours, le décor de ces visites angéliques allait être la maison de mon enfance, avec son vaste jardin, sa terrasse et ma chambre du premier étage. Si j'étais à l'article de la mort, cette mort aurait lieu dans le lit où j'avais reçu les dernières caresses de ma mère, et en fermant pour toujours les yeux, ma dernière image serait celle de la grande fenêtre où les branches du châtaignier se balanceraient au vent comme des mains m'adressant un signe d'adieu.

Tout à coup, je me dis que cette espèce de bénédiction – avoir la possibilité de recevoir rétroactivement une reconnaissance pour mes malheureux bains romains – m'arrivait bien tard. Non pas parce qu'à ce moment de ma vie j'avais déjà des cheveux blancs, ou que j'avais trop souffert, mais tard parce que la récompense venait alors que j'avais notoirement perdu quelques-unes de mes meilleures facultés, au profit de la fleur que je venais de découvrir. S'il était vrai que je n'avais pas été victime d'une insolation, alors je devais accepter que ma confusion mentale, comme le disaient Almita et l'homme en blouse blanche, était due à cette tache sur la radiographie. Et si j'avais bel et bien un méningiome, ou quel que soit son nom, il n'allait me servir à rien de recevoir une fortune, car celle-ci n'avait guère servi à mon père pour lutter contre sa maladie. Il avait eu beau posséder maison, incunables et argent, il était mort seul, amer et sans le réconfort d'une caresse.

Je regardai Selma. Pauvre Selma avec son vieux

mari et son illusion de prendre d'assaut le monde universitaire. Elle était encore jeune. Quel dommage que parmi les multiples aventures où elle m'avait permis de l'accompagner, il n'y ait pas eu celle de la maternité. Si nous avions eu un enfant, tout se serait bien passé. Je pourrais au moins quitter cette vie en laissant une trace de mon existence. Quelqu'un pourrait se demander un jour qui j'avais été. Je me consolai en pensant que j'allais au moins laisser, dans le dernier chapitre d'un livre de Selma Badembauer, une version complète de mes bains romains, nos bains, le seul rejeton que nous ayons engendré ensemble. Je lui fis adieu de la main. Puis je demandai à tous de me laisser seul, je fermai les yeux et me livrai en souriant au sommeil.

9

Le lecteur aura compris que si j'ai pu raconter la scène précédente, c'est que la tumeur était bénigne. Mais elle ne fut pas la seule à être bénigne. Son extraction et la convalescence qui suivit furent encore plus bénignes, dans tous les sens possibles. En salle d'opération on découvrit qu'il s'agissait en effet d'un méningiome et que si la fleur était son image la plus saillante, la tumeur comprenait aussi des ramifications moins visibles, l'ensemble formant une espèce de sphère aplatie qui évoquait plutôt une mandarine. Cependant, malgré cette frontière floue entre la tumeur et les zones voisines, l'opération fut nette et rapide.

La convalescence, en revanche, me prit plus de huit mois, et fut désordonnée, capricieuse et imprévisiblement heureuse. Les fonctions motrices m'abandonnèrent un temps et revinrent, comme si elles avaient émigré de mon corps à la fin de l'été pour y revenir par vagues, à mesure que le permettait l'arrivée de nouvelles chaleurs. C'est ainsi que me revint d'abord la continence, qui m'avait abandonné pendant presque deux mois, puis l'usage de la main gauche. J'eus aussi une légère claudication qui donnait l'impression que ma jambe gauche était appareillée et qu'il me fallut corriger par de longues et fatigantes marches, et beaucoup de patience.

Mais en m'occupant de questions aussi triviales que celles de pouvoir uriner quand je le voulais au lieu d'y être contraint par ma vessie, ou de prendre un verre sans renverser son contenu sur mon lit, je vivais chaque petit progrès comme une victoire pleine de sens et plutôt que d'affronter les obstacles en grimaçant, je les accueillais comme un stimulant pour me réveiller le matin et ma dernière pensée avant de fermer les yeux la nuit. Tout au long de ce processus, je fus surpris de ne pas éprouver une seule fois mon vieux découragement. M'occuper de ma personne était comme fréquenter un inconnu, même pour moi. Mais aussi quelqu'un qui finalement m'était sympathique.

Le neurologue de la capitale qui me suivait, un homme des plus affables, qui se consacra à mon cas comme si j'étais le dernier survivant d'une tribu, m'apprit que ma tumeur était ancienne, que c'était une catégorie de méningiome qui devient souvent chronique et grandit au même rythme que grandissent le nez ou les oreilles des personnes âgées, c'est-à-dire un petit millimètre par-ci, un autre par-là, sans hâte et sans pause. Il spéculait qu'il était probablement logé dans ma tête depuis six ou sept ans. Il m'expliqua aussi qu'il avait lu en détail, avant de m'opérer, les antécédents cliniques de mon père, pour savoir si j'avais des prédispositions familiales, et que sa tumeur était aussi un méningiome. Il était bénin, mais avait été découvert quand il avait déjà déplacé trop de tissu et comprimé plusieurs régions saines au point de les rendre inutiles. Ce que j'avais vu sur sa radio comme une amande n'était que le noyau le plus dense. L'ensemble, c'est-à-dire le noyau et son voisinage, tenait plus de l'artichaut. Et, selon le neurologue, il avait grossi dans sa tête pendant au moins cinq ans.

Sa tumeur et la mienne étaient donc plus ou moins contemporaines.

Quand je consultai le médecin pour comprendre les raisons de mon nouvel enthousiasme, il me dit que tant la tumeur que son extraction pouvaient provoquer des réactions inattendues. Il me parla de personnes qui trouvaient, quelques mois après avoir quitté la salle d'opération, qu'elles avaient un meilleur odorat, ou une capacité inhabituelle de se rappeler des numéros, ou une facilité inédite à jouer du piano. Dans le cas de patients affectés d'une tumeur pendant de nombreuses années, il était impossible d'établir dans quelle mesure les modulations de leur état d'esprit étaient dues à la tumeur, car la conduite quotidienne avait subi si longtemps des altérations physiologiques, que celles-ci finissaient par être vécues comme « normales ». Je me rappelai que, sept ans avant d'être opéré, j'étais encore candidat à un poste universitaire et que j'avais assez d'enthousiasme pour écrire, l'un après l'autre, mes malheureux projets de livres. De toute façon, le médecin me dit que je devais vaincre la tentation d'attribuer au méningiome une valeur magique. Selon lui, il était possible que la tumeur ou son évolution aient altéré d'une façon ou d'une autre ma capacité de vivre, mais je n'étais pas prêt à parier un centime sur cette hypothèse.

De toute façon, pendant ces mois où je recouvrais le contrôle de mes facultés, je pensais de moins en moins que le monde entier s'était ligué contre moi, et de plus en plus souvent je riais, je mangeais en compagnie de vieux camarades de classe ou je me promenais dans des quartiers que j'avais peu fréquentés avant. Au mariage d'Alicia et de Húber, la première fête à laquelle on m'invitait depuis de nombreuses années, je me retrouvai en train de danser avec une fille de laquelle je pris ensuite très poliment congé sans même lui demander son nom. C'était nouveau et émouvant d'être de retour dans le monde et je ne voulais pas que ma fixation sur une de ses parties me prive encore de profiter du tout. J'étais subitement satisfait et bien que développant certaines habitudes légèrement obsessionnelles, comme celle de me raser tous les matins avec une mousse à la lavande et un rasoir à main, ou de me couper les ongles deux fois par semaine, je me voyais comme un individu normal, et à part cette insistance exagérée pour la toilette, je ne trouvais rien d'étrange à cet Aníbal postopératoire.

J'étrennai un nouveau costume pour l'enterrement de Lucas, qui mourut quelques mois après mon hospitalisation et trouvai, tandis que je portais son cercueil, avec cinq autres locataires de la pension, ce vêtement plus confortable que le pyjama. Je me rendis sur sa tombe la semaine suivante avec le même costume et décidai ce jour-là de présenter mes respects à mon père, car la Rotonde des Hommes Illustres était à l'autre extrémité de ce cimetière. De part et d'autre de sa tombe quelqu'un avait récemment déposé des fleurs. Je ne voulais pas savoir de qui il s'agissait. Non que cela m'indiffère, mais parce que j'estimais avoir assez fouillé dans sa mémoire. Être devant sa tombe, bien habillé, rasé et silencieux, était suffisant pour cette journée. Ensuite, je décidai de ne lui rendre visite que lorsque je n'aurais plus rien à lui reprocher.

Pendant mon hospitalisation, j'eus la surprise de recevoir la visite des sœurs Blumenthal, qui s'appelaient en réalité Sara et Damiana Benítez. Elles me firent un exposé complet de l'histoire de Dogliani, qui reprenait en détail ce que m'avait rapporté Alicia. Cet homme ne méritait pas un livre, ni de moi ni de personne. Et sa petite-fille aurait beau s'obstiner à vouloir recueillir sous son ombre une part de gloire, ce ne serait pas par ma plume qu'elle y parviendrait.

Il y eut aussi de l'imprévu dans cette visite : les sœurs m'apportaient, enveloppé dans une toile, mon sac perdu. Elles l'avaient trouvé dans un champ, enfoui dans la boue. Elles l'avaient déposé parmi une multitude d'objets perdus et mis des semaines à l'ouvrir. Bien que son contenu fût trempé, moisi, boueux, cette housse de chemises bénie avait parfaitement protégé le tome VI du journal de mon père, qui était à peine humide.

Il me fallut un autre mois pour être capable d'en commencer la lecture, car je n'arrivais pas encore à bien coordonner le mouvement des yeux. Quand je fus prêt, j'entrai dans ce journal comme dans un pays inconnu et n'en sortis pas avant de l'avoir terminé. Au cours de cette longue expédition, je compris peu à peu que mon père, à l'instar d'un pays, abritait en son sein des forces en lutte, des héros et des salauds, des prodigues et des avares, et qu'il n'était pas possible de le comprendre d'un simple coup d'œil, de le définir d'un mot ou de le réduire à un seul sentiment. J'appris en le lisant certaines raisons de son succès et de son échec, mais je découvris surtout que j'aimais sa façon de raconter, sa manière quasi aberrante d'énumérer dix faits apparemment sans lien dans une seule phrase. Stimulé par cette lecture, je lus aussi *En lisant Gibbon*. Ce livre était à mes yeux le meilleur prologue pour affronter *Histoire du déclin et de la chute de l'Empire romain*, dont j'entrepris aussi la lecture. Le cadre idéal pour céder au charme de ce livre était la petite pièce sur la terrasse de la maison : là, entouré de la cime des arbres, je constatai que les longs soliloques auxquels se livrait Gibbon résonnaient pendant des heures dans mon cœur ému, et que le soir je me couchais la tête pleine d'images, d'illusion et d'affection.

Il est clair que le journal de mon père me laissa, comme le lecteur peut le supposer, beaucoup plus que cette nouvelle disposition à la lecture. Accueillir ces mots en silence comme s'ils m'étaient prononcés à l'oreille, me dédommageait tardivement de tous les contes dont sa tristesse d'homme seul m'avait privé dans mon enfance, ainsi que de sa présence près de mon lit. Je compris aussi que, malgré son silence à leur sujet, il avait eu des parents non exempts de cruauté. Et qu'inventer et cimenter ensuite avec des faits le professeur Brener, ce personnage que j'avais craint et recherché toute ma vie, avait été sa façon particulière de surmonter les privations de son enfance.

Son journal me révéla aussi une multitude de secrets que je ne reproduirai pas ici. Non que je ne les trouve pas importants ou même essentiels pour expliquer sa vie, mais pour trois raisons qui me sont apparues au cours de la lecture. La première est que je compris que Voltaire et mon père avaient tous deux raison de dire que le secret pour ennuyer les autres consiste à tout dire. Je me rendis compte que la longue recherche à laquelle j'avais consacré tant d'années de ma vie était aussi une manière d'évacuer le sens sous-jacent des faits, ce modèle subtil qui leur donne un fil conducteur et qui est toujours leur part la plus douloureuse et la plus vraie.

La deuxième raison est que si mon père avait été capable de me voir souffrir de son indifférence, sans pour cela daigner me parler des peines qui le tourmentaient, les révéler ici dans toute leur étendue serait dans le pire des cas une forme de vengeance, et dans le meilleur, un manque de respect.

La troisième est que ce récit que je viens de faire ne porte pas en vérité sur mon père mais sur moi. Faire alors état de toutes ses mésaventures serait une façon de me cacher de nouveau dans les plis de sa figure statufiée. Je laisse le récit de ses nombreux revers à l'improbable futur chercheur auquel il s'adressait dans les pages les plus inspirées de son journal.

Je ne citerai qu'une note des plus succinctes qui se trouve à la dernière page du tome VI, écrite d'une plume tremblante et quasi illisible, à la suite du mot « fin » :

Pour Aníbal :

Désolé pour le retard. L'adresse est : Sorveteria Os Dois Irmãos, Nossa Senhora de Copacabana 897, Rio De Janeiro.

Et rien de plus. Ni une date, ni un adieu. Juste une grosse tache de moisissure au bas de la page, posée là comme pour rappeler qu'après ce que l'on pourrait considérer comme une fin, il reste encore en suspens une éternelle série de circonstances aussi minuscules, imprévisibles et définitives que la vie, mais qu'il n'en fera pas état. Il s'agit de ce que les autres font de ce qu'on a vécu.

J'ai laissé plusieurs mois ce journal ouvert sur la table de mon nouveau bureau, que j'ai installé dans la chambre de Berta. Au début, ma sœur sembla accueillir avec une certaine stupéfaction les nouvelles de ma guérison, puis mon retour à la maison paternelle, mais au bout de quelques mois, je suppose qu'elle se résigna à l'idée qu'elle ne pouvait pas être plus Brener que mon père. C'est ainsi qu'un beau jour je reçus des dessins de Bastien, Odile et Cocó, dans une enveloppe kraft avec mon nom sur l'étiquette. Bien qu'il n'y eût aucune lettre d'accompagnement, je compris que c'était sa façon de dire qu'au moins elle tolérait la situation. À partir de ce geste, je me mis à penser souvent à notre enfance, cette époque où on ne se craignait pas encore et où on était capables de jouer ensemble, de rire et de passer des après-midi dans les branches du châtaignier. J'essayai alors, dans la mesure du possible, de faire en sorte que le mot Berta convoque cette image plutôt que celle de sa pénible tentative de tyrannie sur ma personne. Je suppose que découvrir les dernières volontés de mon père lui fit reconsidérer la place qu'elle avait occupée dans le jeu et se demander s'il valait la peine de continuer à le jouer avec la même ténacité qu'avant. En tout cas, j'ai encadré les dessins et les ai accrochés dans ma bibliothèque.

Sur l'étagère la plus proche de ces dessins, j'ai placé, dès réception, *Mémoire des bains*. Mon nom figurait sur la couverture, un peu plus petit que celui de Selma, sous une illustration où un universitaire contemporain et un patricien romain partageaient une baignoire fumante. Malgré le mauvais goût du titre et de la vignette, il s'agissait de ma première publication. Je relus mon essai, placé dans l'appendice de ce gros pavé consacré, avec une véritable passion, aux potins universitaires. C'était encore plus ennuyeux que *Autant en emporte l'eau*. Et malgré son aspect sérieux et documenté, ce travail me parut abstrait dans son raisonnement et confus dans ses affirmations. L'auteur semblait plus enclin à suggérer une idée en dix pages qu'à la formuler directement en une phrase. En tout cas, je ne le lus qu'une fois, avec attendrissement, et le reposai sur l'étagère, avec l'intention de ne plus jamais le rouvrir.

Entrer en possession de la maison fut beaucoup moins litigieux que ce à quoi je m'attendais. Cándido Lutz me conseilla avec générosité pendant la brève procédure. Lorsque Manzini s'obstina, par quelques arguties juridiques, à m'obliger d'écrire le livre sur Dogliani, je parvins à l'intimider par la seule menace qui ne m'était encore jamais passée par la tête : écrire un livre sur Dogliani. Mais un ouvrage qui comprendrait le témoignage des sœurs Benítez et celui d'une centaine d'autres paysannes. Je trouverais sans mal un éditeur, étant donné que le scandale a toujours été plus populaire et excitant que la vertu. Une semaine après lui avoir suggéré ce projet, je reçus des mains de la craintive Doris les clés de la maison et une boîte de chocolats. La transaction fut menée à bien sans nouveau contretemps, mais sans pour autant être aisée. De toute façon, j'avais décidé auparavant de traverser toute cette affaire en m'efforçant de ne pas compliquer les choses, car je commençais malgré tout à éprouver une inévitable gratitude envers Manzini. S'il n'avait pas mis un zèle particulier à me faire accepter ces conditions, je ne me serais pas trouvé à la campagne le jour de l'inondation, ni n'aurais subi ces brûlures qui m'avaient conduit à l'hôpital. Et si on ne m'avait pas fait ces radiographies, je serais probablement mort quelques mois plus tard, seul et cinglé. J'éprouvais aussi un sentiment de reconnaissance envers mon père, non seulement pour ce que mon intense et fugace contact avec son monde m'avait apporté, mais aussi pour la main imprévue qu'il m'avait tendue de l'au-delà. En fin de compte, j'avais reçu de lui une prédisposition héréditaire à développer des tumeurs, mais aussi ces conditions bénies du testament qui m'avaient sauvé la vie.

Il me fallut presque un an pour m'installer complètement, arranger la maison comme tout nouveau propriétaire et m'habituer à vivre comme un individu modérément riche. Même ainsi, il me fallut encore plusieurs mois pour entrer avec naturel dans toutes les pièces, réaménager les armoires à ma guise ou me déplacer nu dans le salon. Parfois j'entrais dans la bibliothèque les mains dans les poches, sans véritable intention, et je restais immobile, sans prendre un livre, je m'allongeais sur le lit turc, ou bien je ressortais comme j'étais entré. Avec le temps, je compris que je ne devais pas cette espèce de paralysie à un reste d'inhibition face aux choses de mon père, mais à une raison plus personnelle et ancienne. Il y avait si longtemps que je ne me demandais pas ce que diable je voulais faire, que l'absence d'obligation d'avoir une activité me confrontait au vide.

La première fois où je cherchai sérieusement à savoir ce que je voulais faire, je dus m'asseoir à une table, avec un crayon et du papier, et dresser une liste. De sa lecture je tirai la conclusion que les années avaient détruit ma capacité à me poser des questions et à dégager quelques priorités. Cette liste, qui me demanda une demi-heure de concentration ininterrompue, tenait à peine en deux lignes :

Manger des fraises à la crème.
Aller au parc.

Ce n'était guère différent de ce qu'aurait produit un enfant de six ans. Mais en renouvelant l'exercice une fois par semaine pendant deux mois, j'arrivai à définir avec assez de précision quelques ambitions un peu plus vastes, dont l'origine pouvait aussi se repérer dans l'enfance mais sans que cela amoindrisse l'illusion qu'elles pouvaient m'inspirer aujourd'hui.

Obéissant à ces appels, je sortis la semaine dernière acheter une grande valise, une sorte de malle, avec des compartiments et un petit portemanteau pour les costumes. Dans le même magasin, j'achetai des chemises à manches courtes, un vêtement que je ne portais plus depuis mon enfance, et deux chapeaux. Bien que mes cheveux aient beaucoup poussé et se soient épaissis, sous un certain angle on voyait encore la cicatrice, je préférais donc me couvrir la tête jusqu'à ce que je m'habitue à porter dignement cette marque.

Je me rendis timidement dans une agence de voyages, hésitant devant les photos touristiques qui couvraient les murs et je consultai les magazines de la salle d'attente avec une attention quasi scientifique. Quand mon tour fut venu, j'hésitai un moment, incertain et tremblotant telle une petite vieille indécise, de celles qui s'adressent au vendeur comme à un demi-dieu chargé de son destin et qui requièrent assistance pour prendre la plus petite décision. En tout cas, pendant la longue conversation qui s'ensuivit, je fus gratifié de brochures et de conseils en tout genre. À l'issue d'un long entretien, je repartis après avoir acheté un billet de première classe, conduite totalement inhabituelle pour moi, mais dont je me réjouis sur le moment. Pour la première fois, j'allais voyager en première, bonjour la redondance ! C'était ma manière de me rappeler que j'étais riche et le seul choix de voyage que j'avais trouvé conforme à mes nouveaux costumes et à mes chapeaux. J'imaginai que s'il avait pu me dire au revoir avant mon départ, Lucas m'aurait trouvé fière allure.

J'ai pris l'avion ce matin. Pendant le vol, j'ai lu un roman policier acheté à l'aéroport, plein d'assassinats gratuits et de dialogues d'inspiration franchement télévisuelle. Un livre absurde, qui empêchait d'avoir le moindre doute sur l'identité de l'assassin après les cinq premières pages. Je m'endormis en le lisant et c'est sans doute pourquoi je fis ensuite un long rêve perturbant ; j'étais libéré d'une prison au bout de quelques années, je découvrais déprimé que le monde avait changé en mon absence et que tout le monde portait l'uniforme en usage à la prison. Je fus réveillé par une voix du haut-parleur annonçant que nous étions sur le point d'atterrir. Je sursautai et ouvris les yeux. J'aperçus par le hublot la ville étendue et éparpillée entre les montagnes comme tombée du ciel.

J'arrivai en nage et épuisé à mon hôtel. Je fis une sieste et pris un bain. Devant le miroir je me peignai soigneusement et me coiffai d'un chapeau. Je ne voulais pas attendre un jour de plus. Le taxi prit son temps, j'eus l'impression qu'il s'enfonçait plus d'une fois dans un tunnel qui traversait les montagnes, ce qui me fit soupçonner qu'il décrivait des cercles pour me désorienter et exiger plus d'argent. Mais je chassai bientôt cette pensée de mon esprit, car l'homme, à en juger par la portion de visage que je voyais dans le rétroviseur, avait l'air honnête. Je décidai donc de lui demander dans mon très pauvre portugais :

– *Falta muito ?*

– *Essa rua aqui é Barão de Ipanema*, me dit-il en riant, comme si l'information qu'il me donnait était par définition excitante ou amusante, puis il ajouta :
– *E vai dar na Nossa Senhora de Copacabana.*

Il freina presque aussitôt, à une centaine de mètres de l'adresse que je lui avais indiquée. Je payai et descendis du taxi avec une sensation inconnue à l'estomac. J'avais l'impression que mes viscères avaient brusquement rapetissé et qu'ils flottaient sans lien dans un coin de l'abdomen. Je marchai jusqu'à la maison la plus proche, une boulangerie portant le numéro 825. La numérotation augmentait dans le sens de ma marche, alors je continuai le long du pâté de maisons, en me répétant mentalement l'adresse que j'avais mémorisée pendant des mois. Après avoir croisé un petit groupe de nonnes, j'aperçus au carrefour un gigantesque cône de glace en métal peint de couleurs criardes. Dessous, un panneau annonçait : « Sorveteria Os Dois Irmãos », et un peu plus bas, écrit en lettres rouges : « sorvetes, sucos, sobremesas geladas, lanchonete ». Sur le haut du panneau étaient dessinées deux montagnes reliées par un arc-en-ciel.

Je m'approchai à pas de plus en plus pressés. J'étais en proie à un emportement soudain, un mélange quasi insupportable d'enthousiasme et de crainte, si bien que je franchis le seuil du glacier dans un élan démesuré, comme s'il s'agissait d'un local gigantesque et qu'atteindre le comptoir allait me demander une longue marche. Mais lorsque je découvris qu'une fois passée la porte, je n'avais qu'un pas à faire pour atteindre une longue vitrine multicolore, je m'arrêtai brusquement pour ne pas m'écraser dessus.

Derrière le comptoir, un employé en uniforme me vit exécuter cette ridicule pantomime sans prononcer un mot. C'était un homme d'une soixantaine d'années, noir et menu. Il avait des yeux vifs et globuleux et une grande bouche charnue, peuplée de dents très blanches et d'une implantation parfaite, plus caractéristique d'un dentiste que d'un marchand de glaces. Il avait un petit sourire aux lèvres, mais m'observait d'un air sérieux et dans ses yeux légèrement rougis on devinait une vie longue et bien remplie, vécue sans hâte. Il rajusta sa casquette d'uniforme et me regarda un instant avant de m'adresser la parole :

– *Bom dia. O que deseja ?* (Bonjour. Que désirez-vous ?)

Je me rendis compte que je n'étais pas préparé à cette question, mais que c'était la seule concevable dans cet endroit et ce contexte. Je restai muet un instant, puis je répondis avec l'impression de parler vite et mal.

– *Um sorvete.* (Un sorbet)

– *Grande, medio ou pequeno ?* (Grand, moyen ou petit ?)

– Pardon ? – Jamais, sauf à l'occasion d'un ou deux colloques dans mon propre pays, je n'avais parlé portugais. Et même si le sens de sa question était évident, je m'étais senti obligé de répondre par une autre question.

– *O tamanho do sorvete. Grande, medio ou pequeno ?* (La taille du sorbet. Grand, moyen ou petit ?)

– Ah ! Grand.

– *Os sabores estão escritos lá* (les saveurs sont écrites là), dit-il en indiquant un écriteau derrière lui.

Je jetai un coup d'œil sur cet écriteau accroché au mur, en détournant à peine la tête du regard scrutateur du vendeur. Je voulais lire toute la liste, mais je ne comprenais pas la moitié des mots.

– *Morango* (fraise), dis-je un peu au hasard, avec l'espoir de pouvoir observer mon interlocuteur au moment où il se pencherait vers la vitrine. Mais il ne me quittait pas des yeux.

– *Vocé pode escolher dois sabores em um mesmo copo* (vous pouvez choisir deux saveurs dans une même coupe), dit-il en levant brièvement deux doigts.

– *Morango e baunilha* (fraise et vanille), répondis-je.

Je ne m'étais pas préparé à un tel dialogue. J'avais prévu une centaine d'échanges différents pour cette situation. Je m'étais imaginé pleurant, étreignant, découragé ou seul. Je m'étais vu cent fois brisé à la fin d'une recherche infructueuse et cent autres sautant de joie, heureux de voir s'accomplir mon rêve le plus intime. Mais je ne m'étais pas représenté cette scène.

Quand l'homme se pencha sur le bac de glace à la fraise, je pus observer son visage. Je pensai qu'il était grand-père, qu'il avait toujours vécu ici et qu'il n'avait pas eu dans la vie d'autre occupation que celle-ci. Il se penchait sur les glaces en tendant le bras sans effort, avec naturel et simplicité. Sa main noire, cerclée d'une petite gourmette en or, remuait la glace à la fraise avec une palette en métal. Il ajouta la vanille et me tendis le cône en souriant.

Je le pris et me dirigeai vers la caisse. Avoir demandé une glace m'obligeait à suivre le rituel jusqu'au bout.

– *São três reais* (c'est trois reais), dit-il.

Tandis que je fouillais dans mes poches à la recherche de monnaie, je remarquai un cadre accroché près de la caisse. Des photos étaient collées en désordre sur le verre. Sur l'une apparaissait une femme noire avec un bébé dans les bras. Sur une autre, un groupe de personnes attablées autour d'une guitare. Des vieux, des jeunes, des enfants. Dans un coin, loin de la guitare, une femme blanche, âgée, avec un sac en plastique sur la jupe. Une main en l'air lui couvrait partiellement le visage. Je sentis mon pouls s'accélérer et ma respiration se faire plus courte et oppressée. L'homme sembla remarquer mon trouble, car il baissa sa main qui attendait l'argent.

Sans plus me soucier de poursuivre la séquence logique de mon achat, je scrutai avec insistance le visage de cette femme, mais sans parvenir à une conclusion définitive. En tout cas, l'air de fête qui régnait sur la photo m'inspira un sentiment ambigu de tristesse, comme s'il s'agissait d'une fête que j'avais ratée. Ils paraissaient tous tellement heureux !

Puis, en baissant les yeux sur le cadre vitré, je découvris, près de ce qui semblait être un long document plastifié de registre du commerce, une petite photo en noir et blanc. Elle représentait deux enfants enlacés devant un poney, souriants. C'était Berta et moi. Je n'avais jamais vu cette photo, mais c'était incontestablement nous deux. Berta était toute belle, avec un sourire plein de candeur, et j'avais l'air d'être son petit admirateur, qui la tenait par l'épaule avec une infinie tendresse. Je sentis mes yeux se remplir de larmes.

– Mme Hilda Gómez est là ? demandai-je. Ma main tremblait, je n'avais même pas essayé de parler en portugais. J'en oubliais l'argent et la glace.

– *Ela está na praia. Ela vai volta rem uma meia hora, mais ou menos* (Elle est à la plage. Elle va revenir dans une demi-heure, plus ou moins), finit-il par dire, et je crus que mon cœur allait s'arrêter. À la plage… répéta-t-il en espagnol, en faisant de la main un mouvement oscillatoire qui suggérait des vagues, comme si son explication était insuffisante.

Au bord des larmes, je poussai un profond soupir. L'homme me dévisagea avec une subite étincelle de compréhension dans les yeux. Il ne me scrutait plus, ni moi non plus. Il me sembla au contraire qu'il voulait plutôt me transmettre quelque chose de l'ordre de l'affection. Il y eut une pause incompatible avec le fait de tenir une glace entière à la main.

– *Eu sei quem você é* (je sais qui vous êtes), dit-il

soudain. Il sortit de derrière le comptoir en s'essuyant les mains sur son tablier et vint se planter devant moi. Il me sourit avec franchise, me posa une main sur l'épaule et murmura : – *Seja bemvindo* (Soyez le bienvenu).

Il y avait des années que personne ne m'avait ainsi posé la main sur l'épaule. Ce n'était pas dans les habitudes de mon père, et par ailleurs je ne m'étais trouvé, cette dernière décennie, dans aucune situation assez méritoire pour pouvoir être gratifié de la sorte. Aussi ma première réaction fut-elle de reculer légèrement. Mais, malgré ma surprise, il garda sa main posée sur moi, comme s'il voulait me confirmer par ce geste que ce n'était pas chez lui une attitude habituelle. Au bout de quelques secondes, je trouvai que recevoir ce témoignage imprévu d'affection me faisait plaisir et apaisait mon désarroi. Il y avait une étrange familiarité dans son expression, comme si lui aussi avait déjà imaginé cette situation et comprenait maintenant, comme moi, que toutes ses prévisions avaient été inférieures à la réalité.

– *Eu acho que é uma boa hora para fechar a loja...* Non ? Je crois que c'est le moment de fermer boutique, traduisit-il en espagnol en remarquant ma perplexité.

Je m'écartai brusquement, comme si sa phrase impliquait que je devais partir à cet instant précis. Mais il leva la main pour me signifier de rester. Puis il se retourna, quitta la pièce par une petite porte derrière la vitrine pour revenir quelques secondes après avec une chaise dans chaque main. Il les souleva au-dessus du comptoir et passa par le côté pour me rejoindre. Il posa les chaises et m'invita d'un geste de la main à m'asseoir. Puis il se dirigea vers la porte, actionna le verrou et retourna l'écriteau indiquant que le magasin était ouvert. Il me souriait. Il revint près de moi et nous nous assîmes en silence pour attendre.

Je tenais encore ma glace à la main. Elle commençait à fondre. Je compris alors que le mieux à faire était de la manger et je me penchai pour en prendre une bouchée. Je n'avais jamais rien goûté d'aussi délicieux.

Rio de Janeiro, mars 2008

RÉALISATION : NORD COMPO À VILLENEUVE-D'ASCQ
IMPRESSION : CPI FRANCE
DÉPÔT LÉGAL : FÉVRIER 2016. N° 130548 (3014551)
IMPRIMÉ EN FRANCE